JN032553

おいしさの秘密を大解剖！

調理科学でひも解く

基本の料理

川上文代

朝日新聞出版

Prologue

『本当においしい』を作るということ

料理教室に初めて来る方は何から始めたらよいかなど、すべてに悩みがち。逆に慣れた方は頭と体が同時に動き、さまざまな作業を手早くこなします。その違いは、料理全体の流れをとらえ、時間がかかるものは何か、でき上がりの状態を把握できるかということ。煮込み料理を作るとき、鍋だけでなく鍋蓋を用意したり、煮込んでいる間に食器を用意したり。瞬時に行動できるようになるとスムーズです。とはいえ、慣れないうちは時間がかかるのは当然なので、あきらめずに日々料理を作っていただければと思います。

おいしい料理を作るには、コツやポイントを押さえることも大切。本書では、脂の多い肉をヘルシーに調理するコツや、パサつきがちな肉をしっとり仕上げるポイントなどをわかりやすく書いています。また、やわらかくなるまでに時間がかかるものや、ゆですぎると色が悪くなるものなど、食材の特徴を覚えるのも重要です。

料理が好きな人は少しでもおいしくできるようにコツをつかんで、工夫をしながら作るので上達がとても早いです。初めは慣れずに大変だと思いますが、料理作りを習慣にすると新たな発見もあるので、楽しみながら一歩ずつ上達していただければと思います。

料理がおいしくできると、思わず「おいしい〜!」と叫びたくなるものです。ご自身で作った料理を心からおいしいと感じられるよう、ポイントやコツを理解して感動を味わっていただければ幸いです。

料理作り、楽しみながらがんばってくださいね。

川上文代

料理をするうえで、先読みする大切さ

楽しく料理をするには、段取りが重要です。青菜をゆでるときにざるや水を張ったボウルを用意しておいたり、煮込んでいる間や時間が空いたときに、器を出したり、テーブルセッティングしたりすること。炒め物や焼き物、揚げ物など、熱々の焼きたてをおいしく食べるためにも、先読みをして準備をしましょう。

Contents

この本の使い方

この本は「料理がおいしい！」と感じるポイントを実現するために、川上文代先生のノウハウをギュッと詰め込んだ一冊です。作り方や調理のコツを大きなビジュアルとテキストで解説しています。

① 料理のおいしさのキーワードをレシピ名の前に記載。

② 一通りの作り方はテキストで確認を。

③ わかりやすいビジュアルと解説文でおいしく作るためのポイントがよくわかる！

④「調理科学のポイント」で、どうしておいしくなるのか？ の理由がわかる！

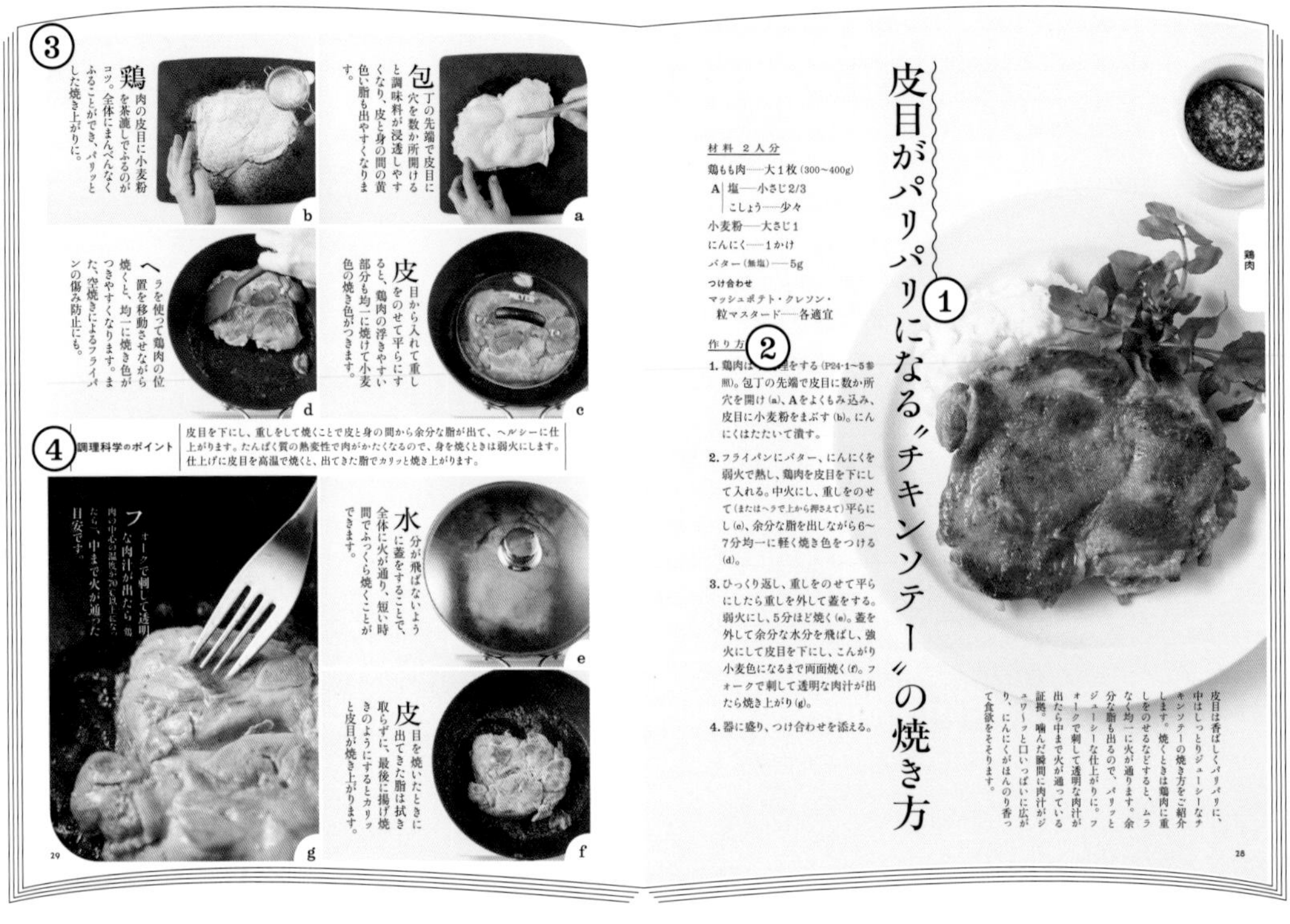

鶏肉

皮目がパリパリになる〝チキンソテー〟の焼き方

材料 2人分

鶏もも肉……大1枚（300〜400g）

A 塩――小さじ2/3
こしょう……少々

小麦粉――大さじ1

にんにく……1かけ

バター（無塩）――5g

つけ合わせ

マッシュポテト・クレソン・粒マスタード……各適宜

作り方

1. 鶏肉は[illegible]理をする（P24・1〜5参照）。包丁の先端で皮目に数か所穴を開け（a）、Aをよくもみ込み、皮目に小麦粉をまぶす（b）。にんにくはたたいて潰す。

2. フライパンにバター、にんにくを弱火で熱し、鶏肉を皮目を下にして入れる。中火にし、重しをのせて（またはヘラで上から押さえて）平らにし（c）、余分な脂を出しながら6〜7分均一に軽く焼き色をつける（d）。

3. ひっくり返し、重しをのせて平らにしたら重しを外して蓋をする。弱火にし、5分ほど焼く（e）。蓋を外して余分な水分を飛ばし、強火にして皮目を下にし、こんがり小麦色になるまで両面焼く（f）。フォークで刺して透明な肉汁が出たら焼き上がり（g）。

4. 器に盛り、つけ合わせを添える。

皮目は香ばしくパリパリに、中はしっとりジューシーなチキンソテーの焼き方をご紹介します。焼くときは鶏肉に重しをのせるなどすると、ムラなく均一に火が通ります。余分な脂も出るので、パリッとジューシーな仕上がりに。フォークで刺して透明な肉汁が出たら中まで火が通っている証拠。噛んだ瞬間に肉汁がジュワ〜ッと口いっぱいに広がり、にんにくがほんのり香って食欲をそそります。

28

包丁の先端で皮目に穴を数か所開けると調味料が浸透しやすくなり、皮と身の間の黄色い脂も出やすくなります。 a

鶏肉の皮目に小麦粉を茶漉しでふるのがコツ。全体にまんべんなくふることができ、パリッとした焼き上がりに。 b

皮目から入れて重しをのせて平らにすると、鶏肉の浮きやすい部分も均一に焼けて小麦色の焼き色がつきます。 c

ヘラを使って鶏肉の位置を移動させながら焼くと、均一に焼き色がつきやすくなります。また、空焼きによるフライパンの傷み防止にも。 d

調理科学のポイント　皮目を下にし、重しをして焼くことで皮と身の間から余分な脂が出て、ヘルシーに仕上がります。たんぱく質の熱変性で肉がかたくなるので、身を焼くときは弱火にします。仕上げに皮目を高温で焼くと、出てきた脂でカリッと焼き上がります。

水分が飛ばないように蓋をすることで、全体に火が通り、短い時間でふっくら焼くことができます。 e

皮目を焼いたときに出てきた脂は拭き取らずに、最後に揚げ焼きのようにするとカリッと皮目が焼き上がります。 f

フォークで刺して透明な肉汁が出たら 鶏肉の中心の温度が70℃以上になったら、中まで火が通った目安です。 g

29

この本のルール

・材料は２人分を基本としています。

・計量単位は大さじ１＝15mℓ、小さじ１＝5mℓ、１カップ＝200mℓ、米１合＝180mℓです。

・「ひとつまみ」は小さじ1/6、「少々」は小さじ1/6未満を、「適量」はほどよい量を入れること、「適宜」は好みで必要があれば入れる（または添える）ことを示します。

・本書で使用している小麦粉は、薄力粉の場合、かたまりやすいので必ずふるって使います。強力粉の場合、目が粗くてさらっとしているのでふるわなくてもよいです。混ぜると粘性が強くなるので肉や魚にまぶす場合は、強力粉が適しています。

・バターは無塩バターを使用しています。有塩バターの場合、塩を控えてください。

・レシピに記載している重量は、廃棄部分を除いたもの（正味）になります。

・野菜類は特に記載のない場合、皮をむくなどの下処理を済ませてからの手順を説明しています。

・だしは昆布と削り節でとったもの（P22参照）を使用しています。

・火加減は特に記載のない場合、中火で調理してください。

・電子レンジの加熱時間は600Wを基本としています。500Wの場合は加熱時間を1.2倍にしてください。機種によって差がありますので、様子を見ながら加減してください。

Part 1

調理前の基本のキ

調理をするときに準備しておきたいのが道具や調味料。
最低限必要なものやあると便利な調理道具、調味料をご紹介します。
また、調理をするうえで知っておきたい知識をわかりやすく説明しています。
知っているようで意外と知らない調理の基本をぜひ参考にしてください。

調理道具は本当に必要なものだけを

おいしい料理を作るためには、適切な調理道具が必要です。適当に調理道具を揃えてしまうと、調理がうまくいかない原因にも。まずは、本当に必要な調理道具を厳選します。食材を切るための道具としては、包丁とまな板。包丁は1本だけなら三徳包丁を。ほかは用途に合わせて4本ほど揃えて。まな板は料理用とパンやお菓子用の2枚を用意し、料理用で肉や魚を切ったらその都度漂白するのがベスト。調味料、粉、食材などの計量には計量カップ、計量スプーン、スケール。切った食材を入れるボウルとざる、バットはサイズ違いを用意しておくとよいでしょう。加熱調理には、浅型と深型でサイズ違いのフッ素樹脂加工のフライパンを。焼き物、炒め物、煮物、汁物、揚げ物などに活用できます。そのほか、ヘラや菜箸、トングなどの器具も揃えましょう。

包丁&まな板

包丁は、①魚をおろすための出刃包丁、②1本あれば肉、魚、野菜などなんでも切れる三徳包丁、③大きな肉や野菜が切りやすくて便利な牛刀、④野菜を小さく刻むためのペティナイフの4種類。1本だけにするなら三徳包丁を。まな板は木製よりもプラスチック製が使いやすい。

計量カップ・計量スプーン・スケール

水などの液体や塩、粉などを量るために必要な計量カップと計量スプーン。計量カップは透明なタイプが使いやすい。材料の重さを量るためのスケールは0.1g単位のものが◎。

フライパン&蓋

フッ素樹脂加工のフライパンは22cmと26cmが便利。浅型と深型があれば、炒める、煮る、ゆでるなどの調理が可能。中が見えるガラスの蓋も必要。

ざる・ストレーナー

ざるは主に食材の水けをきるのに使う。ボウルとセットになったものや持ち手のあるものが使いやすい。用意できれば、ゆでた野菜や卵液を漉すストレーナーもあると便利。

バット

角型で底が平らな調理道具。サイズと深さ違い、ざるつきがあると便利。切った材料を並べたり、衣をつけたりと、食材の下ごしらえに使用する。

ヘラ・菜箸・トング・カード

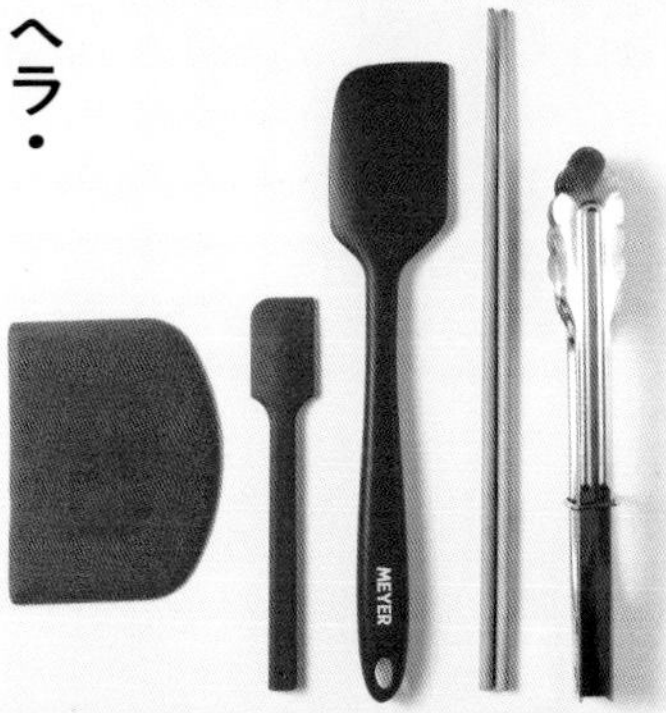

ヘラは200℃までの耐熱性のものを用意。炒めるなどの加熱調理にも使える。菜箸は食材を炒めたり、食材をひっくり返したりするときに、トングは食材をつかむときにあると便利。カードは切った食材を集めるときに使う。また、毛抜きがあれば肉の筋を取るのにも使える

ボウル

切った野菜を入れたり、水にさらしたり、ハンバーグのたねをこねたりするための調理道具。耐熱ガラス製でサイズ違いを揃えると、電子レンジ調理にも使えて便利。

調味料の効果を知っておいしく

調味料は食材に味をつけるだけのもの、と思っていませんか? 調味料の役割はそれだけではありません。例えば、砂糖やみりんは食材に照りやつやを出す、しょうゆは香りやうまみをプラスする、酢は食材の変色を防いだり、腐敗を防いだりする効果があります。このような効果を発揮させるための、調味料を入れる順番があり、砂糖、塩、酢、しょうゆ(せいゆ)、みその「さしすせそ」の順に加えるとよいといわれています。おいしい料理を作りたいなら、なにより良質なものを選ぶことが大切です。また、調味料は鮮度も大切なので、短期間で使い切れるサイズを選び、開封後は冷蔵庫に入れて保存しましょう。基本調味料としょうゆなどの発酵調味料、フレーバー違いの油など、料理の味を決めるのに欠かせない調味料の種類と役割を覚えましょう。

薄口しょうゆ
色が薄く、塩分が強いしょうゆ。食材の色を生かす効果も。

濃口しょうゆ
色や香り、コク、うまみが強く、和食など料理全般に使える。

しょうゆ

主原料の大豆や小麦に、麹と食塩を加えて発酵&熟成させた、液体の発酵調味料。料理に味をつけるほか、香りやうまみをプラスする。

天然塩
海水を天日干しして蒸発させた粗塩。うまみが強い。

精製塩
塩化ナトリウム99.5%以上で、サラサラしている。

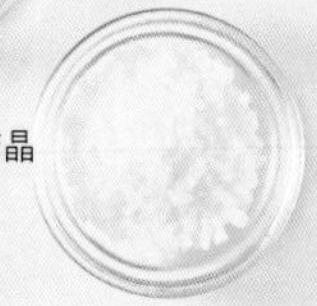

天然塩(粗)
海水を平釜で加熱して結晶化させた塩。粒が大きい。

塩

料理に塩味をつけるほかに、食材のうまみを引き出す、臭みを取る、水分を出して身を締める、保存性を高めるなどの効果がある。

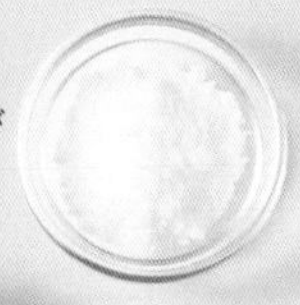

上白糖
精製して作る白砂糖。クセがなくあっさりとした甘み。

きび砂糖
さとうきびの液を煮詰めて作る砂糖。まろやかな甘み。

グラニュー糖
細粒状の結晶が特徴の砂糖。サラッとしてクセがない。

砂糖

料理に甘みをつけ、保存性を高める。つや出しや保水性を高める効果も。メレンゲを作るときに砂糖を加えると泡が消えにくくなる。

みりん
もち米、米麹、アルコールから作られる酒類調味料。

日本酒
アミノ酸などのうまみ成分が豊富で風味と香りづけに。

ワイン
アミノ酸を含むため、料理のコクづけや臭み消しに。

酒・みりん・ワイン

アルコールを含む調味料は、食材の組織を溶かして味を入りやすくする。酒とワインは香りづけに、みりんはつや出しに役立つ。

サラダ油
菜種、大豆、とうもろこしなどを原料にした植物油。

オリーブオイル
オリーブの果実を搾って作る油。洋風料理に。

ごま油
炒ったごまを搾った油。ごまの香りで中国料理に必須。

油

食材を炒める際に使用したり、風味や香りを保持する効果やコクを生み出す効果もある。種類によってさまざまな風味を楽しめる。

穀物酢
穀物を原料として作られる醸造酢。さっぱりとした味。

米酢
米が主原料。ほんのりとした甘みとまろやかな酸味。

白ワインビネガー
白ぶどうを原料とする酢。フルーティーでさわやかな酸味。

黒酢
長時間、発酵させた酢。まろやかな酸味と芳醇な香り。

酢

糖質を含む原料を発酵させた酸味のある調味料。酸味をつけるほか、変色や褐変《かっぺん》の防止、殺菌作用などがある。

豆板醤
蒸したそら豆に唐辛子などを加えて発酵させた中国の醤。

甜麺醤
小麦粉に麹を加えて発酵させたみそと砂糖、香辛料を主原料とする甘めの発酵調味料。

醤

中華料理や韓国料理に欠かせないペースト状の発酵調味料。唐辛子や魚介などを発酵させたものが多く、独特の風味がある。

信州みそ
色が淡く、あっさりとした辛みのある一般的な米みそ。

白みそ
関西で作られる白色の甘い米みそ。別名西京みそ。

赤みそ
2~3年じっくりと熟成した味が強い赤色辛口米みそ。

みそ

ゆでた大豆に、麹と塩を加えて発酵・熟成させたもの。独特の風味と香りをつけ、保存性を高めるほか、食材の生臭さを消す効果も。

量り方を再確認

料理を作る大切な要素として、計量があります。レシピ通りに作ったのに、なんとなく味が決まらないと感じることが多いとしたら、食材や調味料の量り方が間違っているのかもしれません。今一度、正しい量り方を再確認してみましょう。調味料を計量するときは、計量スプーンや計量カップを使います。どちらもつい手で持って量りがちですが、それだと水平ではないので、正確な量になりません。平らなところにおき、目盛りと同じ高さに目線を合わせましょう。正確な計量は、ちょうどよい味つけを再現するのはもちろん、健康管理のための塩分量把握や、塩分コントロールでも役に立ちます。また、食材の重量に対して、0・8〜1％の塩分量がおいしく感じる目安といわれているため、食材の重量も正しく量ることが重要です。

計量スプーン

計量スプーンは、調味料などの容量を量る道具。大さじ1＝15㎖、小さじ1＝5㎖が基本。調味料を入れる部分が深いタイプや浅いタイプなど、さまざまな形状のものがある。正しい使い方は左ページに。

計量カップ

計量カップは液体や粉の容量を量る道具。200㎖、500㎖など、容量もさまざま。液体を量るときは、平らなところにおき、真横から確認すること。粉末の場合は軽く揺すってならし、平らにして確認するのがポイント。

スケール

スケールは食材や調味料の重量を量る道具。ボウルやお皿をのせて、その上に食材や調味料を入れて重量を量る。レシピに掲載されている重量は、廃棄部分を除いたもの（正味）。下処理を終えた段階で量るのがベスト。

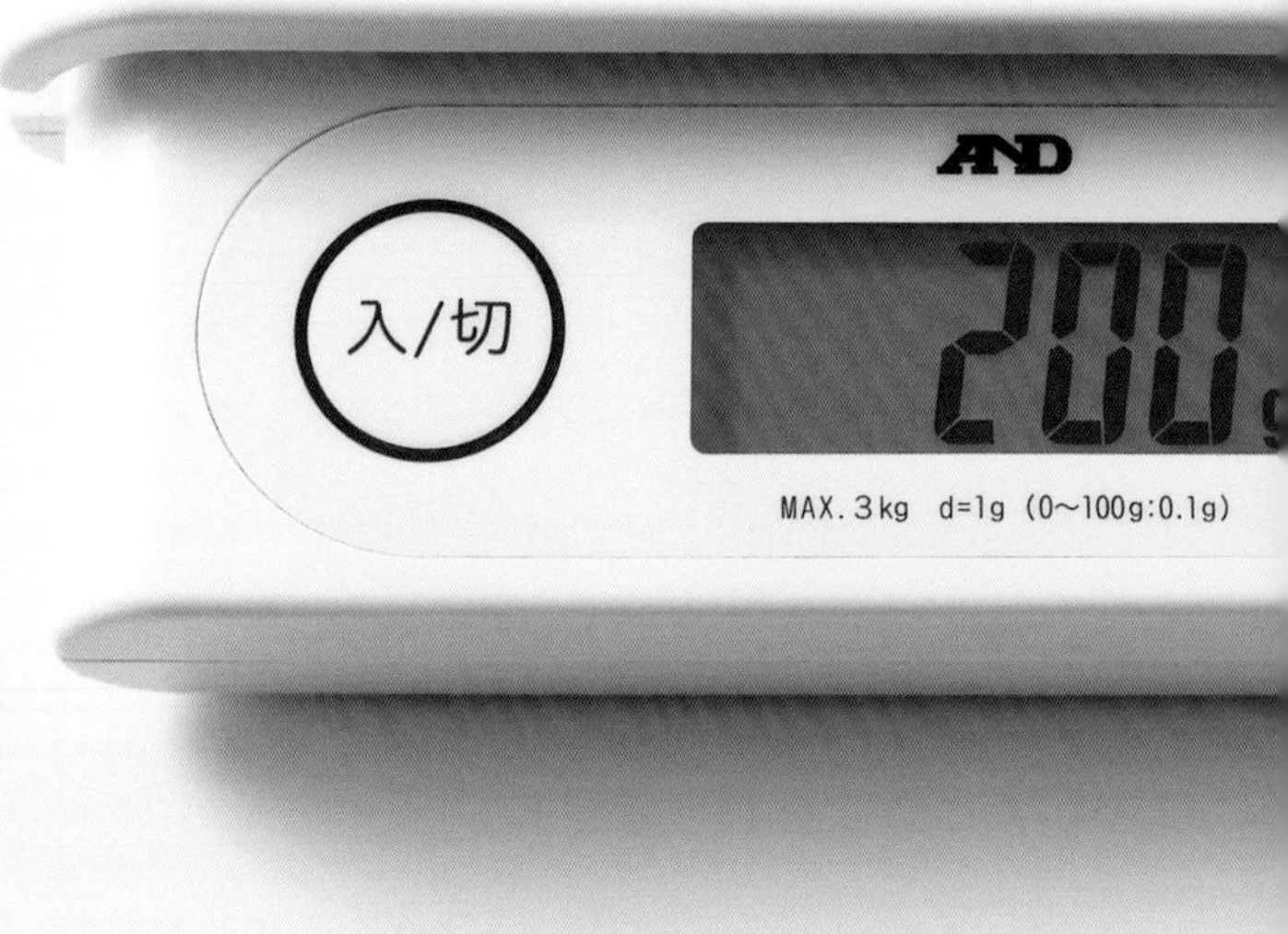

液体を量るとき	粉末を量るとき

大さじ1・小さじ1

液体は深めならギリギリ、浅めなら表面張力で少し盛り上がる量。粉末は深めなら山盛りにすくってすりきり、浅めなら少し盛り上がる量。

大さじ1/2・小さじ1/2

液体は深めなら6分目、浅めなら8分目の量。粉末は大さじ1を量ってから、1/2量をかき出す。

重量と容量はイコールではない

計量スプーンや計量カップで量った容量は、スケールで量った重量とは異なる場合が多いので、下記の表を見て確認するのがコツ。

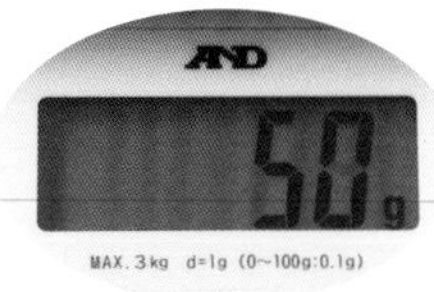

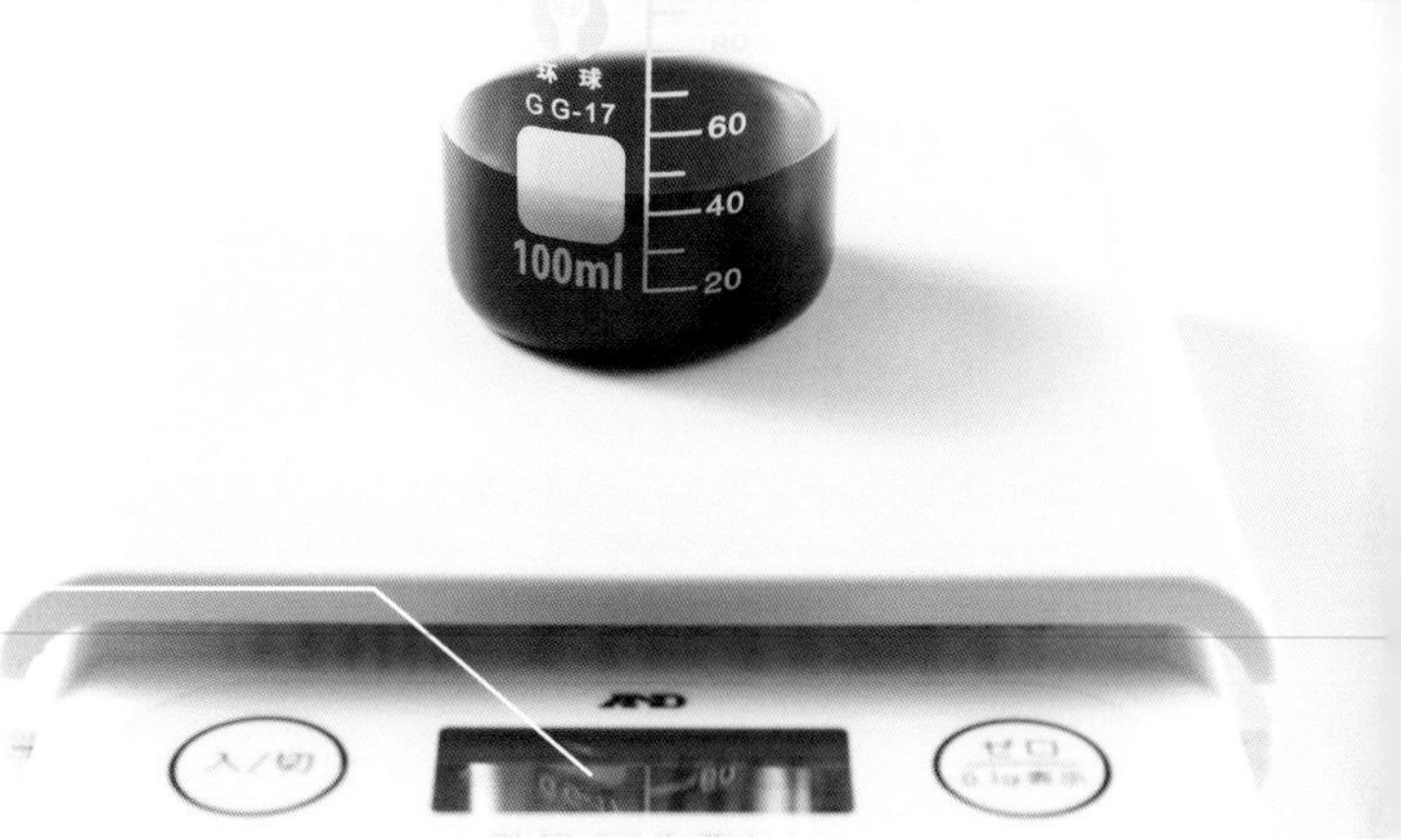

調味料の 重量早見表	小さじ1 5mℓ	大さじ1 15mℓ	カップ 200mℓ
水・酢・酒	5g	15g	200g
しょうゆ	6g	18g	230g
みりん	6g	18g	230g
みそ	6g	18g	230g
上白糖	3g	9g	130g
精製塩	6g	18g	240g
油・バター	4g	12g	180g
片栗粉	3g	9g	130g
トマトケチャップ	5g	15g	230g
マヨネーズ	5g	12g	190g

水加減のこと

おいしく仕上げるための大切な要素に、水加減があります。特に、煮物や煮込み料理などのレシピで、「たっぷり」「かぶるぐらい」「ひたひた」という表現をよく見るのではないでしょうか。これは、食材に対する水の適正量を表しています。水加減を誤り、煮崩れてしまったり、均一に火が通らなかったりするのを防ぐための目安です。ただし、食材が持つ水分量や火力などによっても微調整が必要です。これは、作りながら食材の状態を見て加減するのがポイント。それ以前に、「たっぷり」「かぶるぐらい」「ひたひた」の意味を正確に把握していない場合は、写真を見てこの機会に覚えましょう。食材を最適な状態で加熱し、レシピ通りのやわらかさにすることができるようになるはずです。

たっぷり

食材が完全に水につかっていて、食材の分量からさらに1/3量ほど多く水が入った状態。肉や青菜をゆでる、乾物を戻すときなどに。

ひたひた

食材が水につかるか、水面からわずかに出ているくらいの状態。かぼちゃやじゃがいもを煮崩れなしで煮上げたいときや、リゾットを作るときに。

かぶるぐらい

食材が水にちょうどつかるくらいの状態。煮汁を残しながらゆっくりと煮るときの量。ゆで卵やかたまり肉を煮るなどに。

火加減のこと

料理で最も重要なのが火加減です。料理によって火加減はさまざまですが、食材にどのように火を通すかでおいしさが左右されます。火が強すぎると煮崩れの原因になったり、火が弱すぎるとうまみが出なかったりします。レシピ通りの火加減にしてもうまくできないという場合は、強火、中火、弱火の正しい意味を理解できていないのかもしれません。強火といわれてコンロのつまみを全開にしていませんか？ 正しくは火がフライパンや鍋の底に勢いよくあたるくらいの火加減です。中火はフライパンや鍋の底に火がちょうど届いているかくらい。弱火はフライパンや鍋の底に火があたるかあたらないかくらい。ＩＨの場合、10段階調整で強火は7～9、中火は4～5、弱火は2～3が目安です。コンロやＩＨによって火力は違うので、鍋の中の状態を見て判断しましょう。

鍋肌の沸騰

鍋肌が沸騰していても、金属にあたっている部分に小さい気泡が出ているだけで、中心は100℃に達していない。すぐに火を弱めないこと。

弱すぎる火加減

弱火にするときは、食材にじっくり火を通したいとき。ただ、煮込み料理の場合、弱すぎると火が通らず、うまみやアクも出ない。

ぼこぼこ沸騰

ぼこぼこ沸騰している状態が強火。このままで煮続けると煮崩れてしまうので、煮汁が煮立つまでは強火、そのあとは中火～弱火に。

軽く対流するぐらい

食材を煮込むときは、基本的に煮汁が軽く対流する程度に調節するのがベスト。火加減でいうと弱めの中火～中火くらい。

フライパンや鍋の大きさや深さによる煮詰まり加減

火加減でもうひとつ大切なポイントが、フライパンや鍋の大きさによって火があたる面積が変わるということ。例えば、深型の大きいフライパンと小さい寸胴鍋では、同じ強火でも火のあたり具合が変わるので、煮詰まり加減も変わってきます。フライパンが大きすぎると蒸発量が多く、すぐに煮詰まって煮汁が足りなくなったり、逆に小さすぎると材料が重なるため火の通りにムラができたり、なかなか煮詰まらなかったりします。大切なのは、材料の分量に合った大きさのフライパンや鍋を選ぶこと。煮崩れしやすい食材を煮るときは、食材同士が重ならないような底面の大きいものを選びましょう。また、同じフライパンで4倍の分量の料理を作るときは、水分の蒸発量が減るので、味の濃いだしを使って調節します。

同じ深型のフライパンで倍以上の分量の料理を作るときは

例えば、同じ深型のフライパンで2人分のカレーと、その4倍の8人分のカレーを作る場合、水分の蒸発量が減るので、ブイヨンを溶かす水の量を減らし、濃いめにするなどの調節が必要。

寸胴鍋は煮詰まりにくい

寸胴鍋は口径がまっすぐ立ち上がっていて深さがあるので、水分が蒸発しにくく煮詰まりにくい。煮詰める際は浅型フライパンに移すなど調節を。

浅型フライパンは煮詰まりやすい

口がフレアになっている深型のフライパンや広口鍋、浅型のフライパンで煮物を作る場合、火のあたる面積が広くなり、水分が蒸発しやすいので煮詰まりやすい。

素材による違いのこと

料理を作る場合、素材によって脂身の量や水分量などが違うため、使う分量はもちろん、切り方や大きさ、加熱時間などが変わってきます。例えば豚の角煮なら、同じ豚バラ肉でも脂身の多い豚バラ肉を使うと、脂が溶けて可食部分が少なくなり、レシピ通りに作ると小さくなるうえ、脂っぽくなってしまいます。脂身は加熱することで溶ける量が多いため、脂身が多いバラ肉やベーコンなどを使うときは、量を多めにする、大きめに切るなどの工夫をしましょう。また、煮込み料理やスープなどは、具材の大きさを揃えることで火の通りが均一化され、見た目もきれいで食べやすくなります。

脂身の多い豚バラ肉と少ない豚バラ肉

赤身と脂身が1:1の肉が基本。脂身の多い豚バラ肉にあたったら、分量を増やして大きめに切ること。または、脂身を取ってラードとして使ったり、冷凍して赤身の多い肉のときに入れて調整します。

にんじんとベーコン

ベーコンを炒めると脂が溶けて小さくなるが、にんじんは煮込んでも大きさが変わらない。にんじんは色が目立つので小さめに、ベーコンは大きめに切る。

浸す豆と浸さない豆

大豆のように水に浸して戻すものと、レンズ豆のように水戻ししないで使えるものがあるので必ず確認して。

水分の多い白菜と少ない白菜

水分の多い白菜(右)は、サラダ向き。シャキッとした歯ごたえがあるが、加熱すると水分が出てうまみが薄くなる。水分の少ない白菜(左)は、水につけて水分を吸わせてから使う。

温度のこと

料理のおいしさと温度には密接な関係があります。人間には、甘味、塩味、酸味、苦味、うまみの五味（基本味）を感じる味蕾《みらい》と呼ばれる器官があり、その細胞が最も活性化するのが36℃前後です。甘味やうまみは体温に近い温度で、塩味は温度が低くなるほど強く感じるなど、食べ物の温度が味覚を左右するのです。総合して料理がおいしいと感じる温度は、温かいものは60〜70℃、冷たいものは5〜12℃。食卓に提供する際の参考にするといいでしょう。では、加熱調理をする際、食材の組織は温度によってどのように変化するのでしょうか。例えば肉の場合、

中心温度が30〜50℃になると、肉の脂肪が溶け始めます。種類によっても違いますが、この段階で脂肪が組織の外にしみ出し、肉がなめらかな食感になります。50〜55℃になるとたんぱく質の変性が起き始め、身が締まってきます。そして、60〜65℃になるとコラーゲンの収縮が始まり、かたくなりますが、75〜85℃で軟化（ゼラチン化）してやわらかく、ほぐれやすくなります。ステーキはこの温度を利用して、ベリーレア、ミディアムレア、ミディアム、ウェルダンなどと焼き分けています。

	ベリーレア	ミディアムレア	ミディアム	ウェルダン
中心温度	44℃	55℃	66℃	70℃以上
	生食用の魚の火入れなど、中はほとんど生の状態。なめらかな舌触りで体温より少し高い低温。	全体がロゼ色で生の部分が少し残っている状態。ジューシーで肉汁が溢れる。	肉全体がほんのりピンク色で、均一に火が入っていて生の部分がなく、弾力が少しある。	全体に火が入っていて、断面から肉汁はほとんど出ない状態で弾力がある。

たんぱく質の熱変性

肉や魚、卵、牛乳、乳製品などに含まれるたんぱく質は、加熱によって温度を変化させると、アミノ酸の立体構造が変化して性質が変わります。これをたんぱく質の熱変性といいます。肉や魚は主に「筋原繊維たんぱく質」「筋形質たんぱく質」「結合組織たんぱく質」の3種類のたんぱく質から構成されているため、それぞれの変性温度を覚えておくと失敗しません。肉を加熱調理するときは、肉の中心温度を60～65℃に保ち、30分以上加熱するか、70℃で3分以上加熱することでやわらかさをキープしつつ、肉汁をとどめるのでジューシーになります。また、生食用の魚は40～50℃台の低温に保つとしっとりやわらかく仕上げることができます。いかの場合、60℃まではやわらかくなり、それ以上煮るとかたくなります。

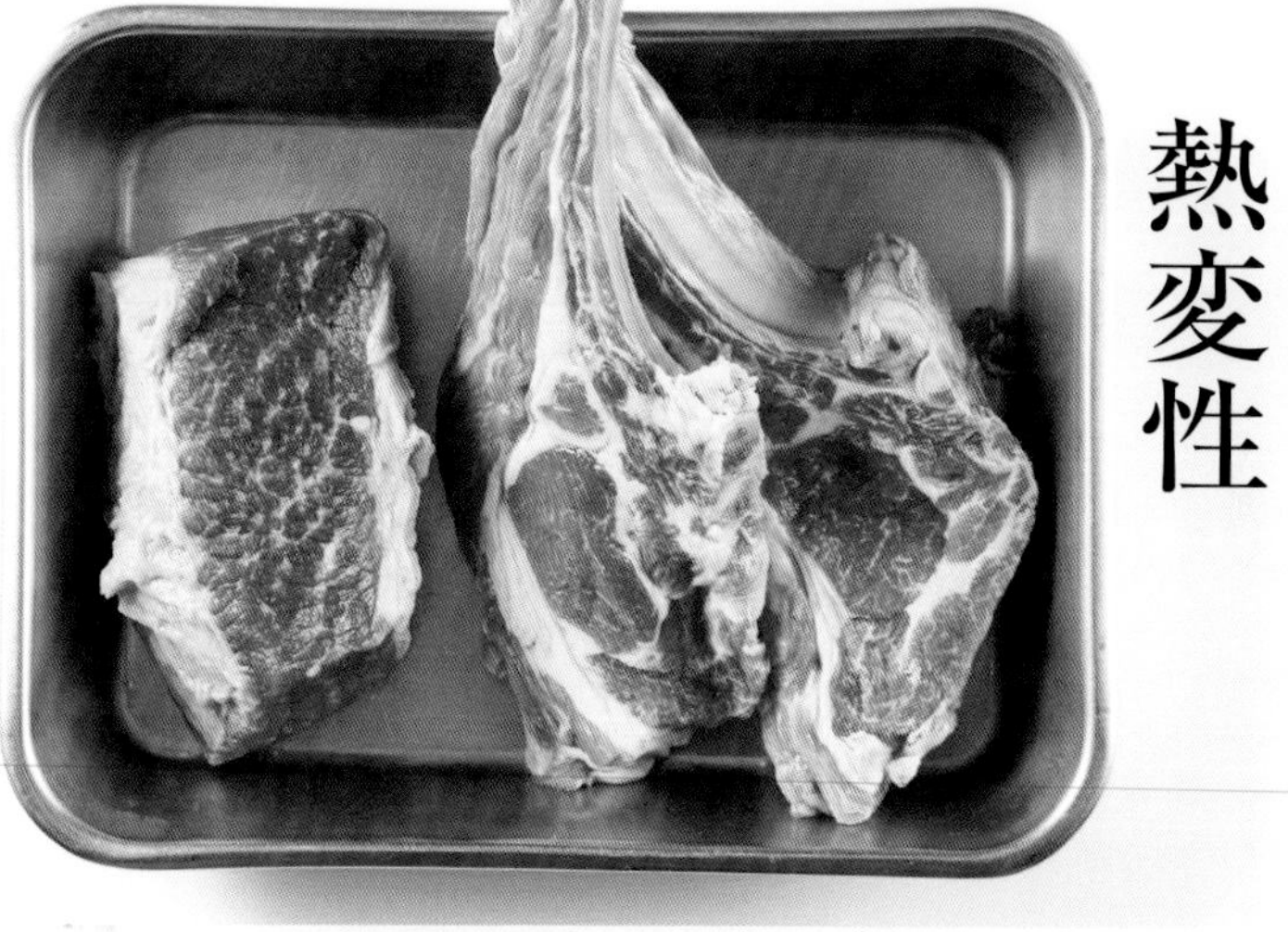

赤い肉は表面に火を通す

牛肉やラム肉などの赤い肉は表面に付着している細菌に火が通れば、中は生でも食べられるので、表面や側面を強火で香ばしく焼いて中心は美しいバラ色の状態を楽しむ。

魚の湯通しはペーパータオルをのせて

湯通しの際、熱のあたりをやわらげるためにペーパータオルをのせて湯をかける。

低温調理のこと

たんぱく質の変性温度を利用した調理法が低温調理。主に、肉や魚、卵をしっとりとするまでじっくり加熱する方法のこと。

白い肉は中心温度を63℃で30分以上

豚肉や鶏肉などの白い肉は、中心温度が63℃で30分以上、または70℃で3分以上加熱すると、食感がやわらかくジューシーになる。

160℃

根菜類を揚げるときにほっくりした甘みを引き出す。凍ったまま、または解凍しながら揚げる冷凍食品や、二度揚げの1回目でじっくり火を通す。

170℃

5〜6分かけて中までじっくり揚げる。しし唐辛子やハーブ類を素揚げするときは、水分が飛び、すぐに焦げるので基本温度より低温で揚げる。

揚げ物の温度

サクッとした食感ときつね色に仕上げるために、最も大切なのが適切な温度で揚げること。食材によって適温が違うので覚えておきましょう。根菜類などを揚げるときは、１６０℃からじっくり揚げます。メンチカツや天ぷらなどの衣をつける揚げ物は基本１８０℃の中温で、生食できるえびやほたてなどは水分をしっかり拭き取り、２００℃の高温で水けを飛ばすとサクッと揚がります。

揚げ物をするときに失敗する原因で多いのが、揚げ油の中に具材を入れすぎてしまうこと。揚げ油の温度が急激に下がるため、衣がベタついてしまいます。揚げ油の温度を一定に保つのは難しいので、ときどき温度を確認するのもポイント。また、最初に低めの温度で揚げたあと、高温でカリッと揚げる二度揚げも、外はカリッと中はジューシーなおいしさを実現します。

180℃

揚げ物の基本温度。材料を入れると160℃くらいに下がるので、加熱して180℃に戻すようにする。二度揚げの2回目で表面を色よくカリッと揚げるのもこの温度。

200℃

生食用の小さなえびやほたてなど、中心の温度はほんのり温める程度で、表面をからりと揚げる。

ゆでる温度

沸騰した湯に食材を入れるだけだからゆでるのはラクだと思われがちですが、そう簡単でもありません。食材の特性や料理の目的によって火の通し方を変えないと、やわらかくなりすぎて形が崩れたり、かたいままだったりと失敗の原因にもなるのでポイントを押さえましょう。火が通りにくい厚切りの根菜やいも類は、水からゆでて徐々に温度を上げることで中心までやわらかくなります。火が通りやすい青菜などの葉野菜は、沸騰した90℃以上のたっぷりの湯でさっと塩ゆですることで色よく仕上がります。独特の臭みのある肉や魚は、酒を入れた70～80℃の湯でゆでるのがベスト。アクを抜くことで身がしっとりしてやわらかく仕上がります。90℃以上の高温で加熱するとたんぱく質が縮んでかたくなってしまうので注意しましょう。

青菜は沸騰した湯で塩ゆで

青菜などすぐに火が通る野菜は、たっぷりの沸騰した湯の質量の1%の塩を入れてさっとゆでるとアクが抜ける。ゆでたあとはうちわで手早くあおいで冷ます。

根菜は水からゆでる

大きめに切った根菜やいも類などは、水からじっくりゆでる。アクを抜きながら少しずつ温度を上げ、中まで火を通していく。

根菜類は、低温からじっくり

さつまいもなど火の通りにくい根菜類は、160℃からじっくり揚げる。時間をかけて揚げることで、甘みも引き出される。

生食用の白身魚は半生に揚げる

白身魚など、生でも食べられる新鮮な魚介類は200℃ぐらいの高温でさっと揚げて、表面はカリッと、中は半生の状態で食べるのがおいしい。

column

基本のだしのひき方

汁物や煮物に欠かせない、削り節と昆布で作る
だしのひき方を紹介します。基本を覚えましょう。

1

昆布（5×10㎝1枚）の表面を布巾でさっと拭き、深型のフライパン（または鍋）に水1ℓとともに入れて3時間ほどおく。

2

弱めの中火にかけ、昆布の周りに泡がついてきたら、すぐに削り節を加える。

3

沸騰したら弱火にして1分ほど煮る。昆布は味が出るまで少し煮てから取り出す。

4

アクが浮いてきたら、丁寧にすくい取る。

5

火を止め、削り節がすべて沈むまで5分ほどおく。

6

ペーパータオル、または布巾をざるにのせ、上澄みをゆっくりと静かに漉す。

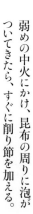

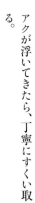

Part 2

目からウロコの基本の肉料理

この章では、鶏肉、豚肉、牛肉、ひき肉を使った定番おかずを
とびきりおいしく作るためのコツを惜しみなくご紹介します。
使う肉の種類によっても注意するポイントがそれぞれ異なるので、
川上先生から調理のコツを教わり、ぜひ作ってみてください。

肉の下処理

肉をおいしく調理するために、
押さえておきたい下処理のこと。
アクや雑味を取り除く、
肉をやわらかくするなどの
コツが満載です。

鶏肉の下処理

1.鶏肉に限らず、肉はペーパータオルで水けをしっかり拭き取るのが原則。パック入りの肉は蒸れていたら氷水で洗ってから水けを拭き取る。

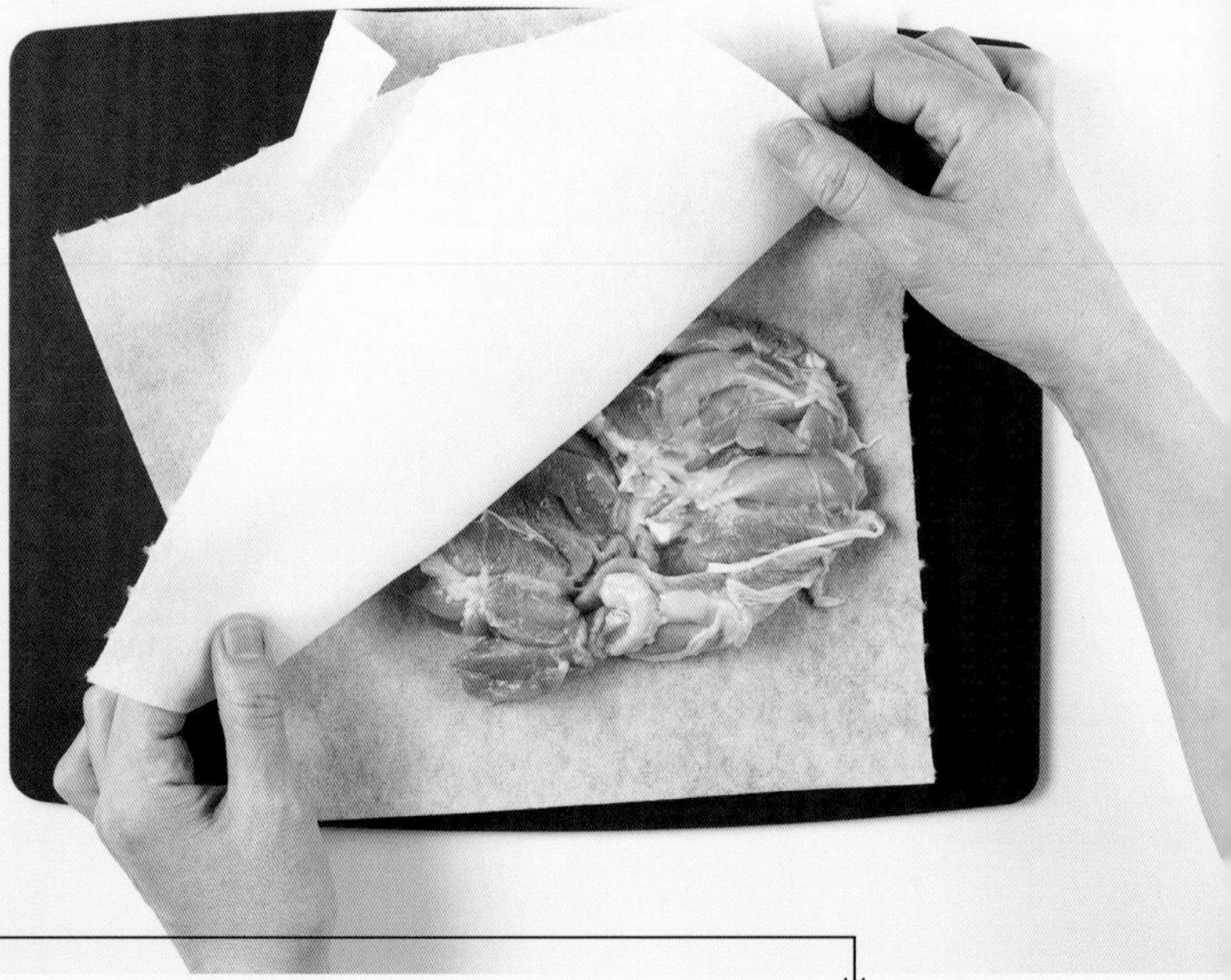

2.筋は毛抜きで引っ張りながら取り除く。

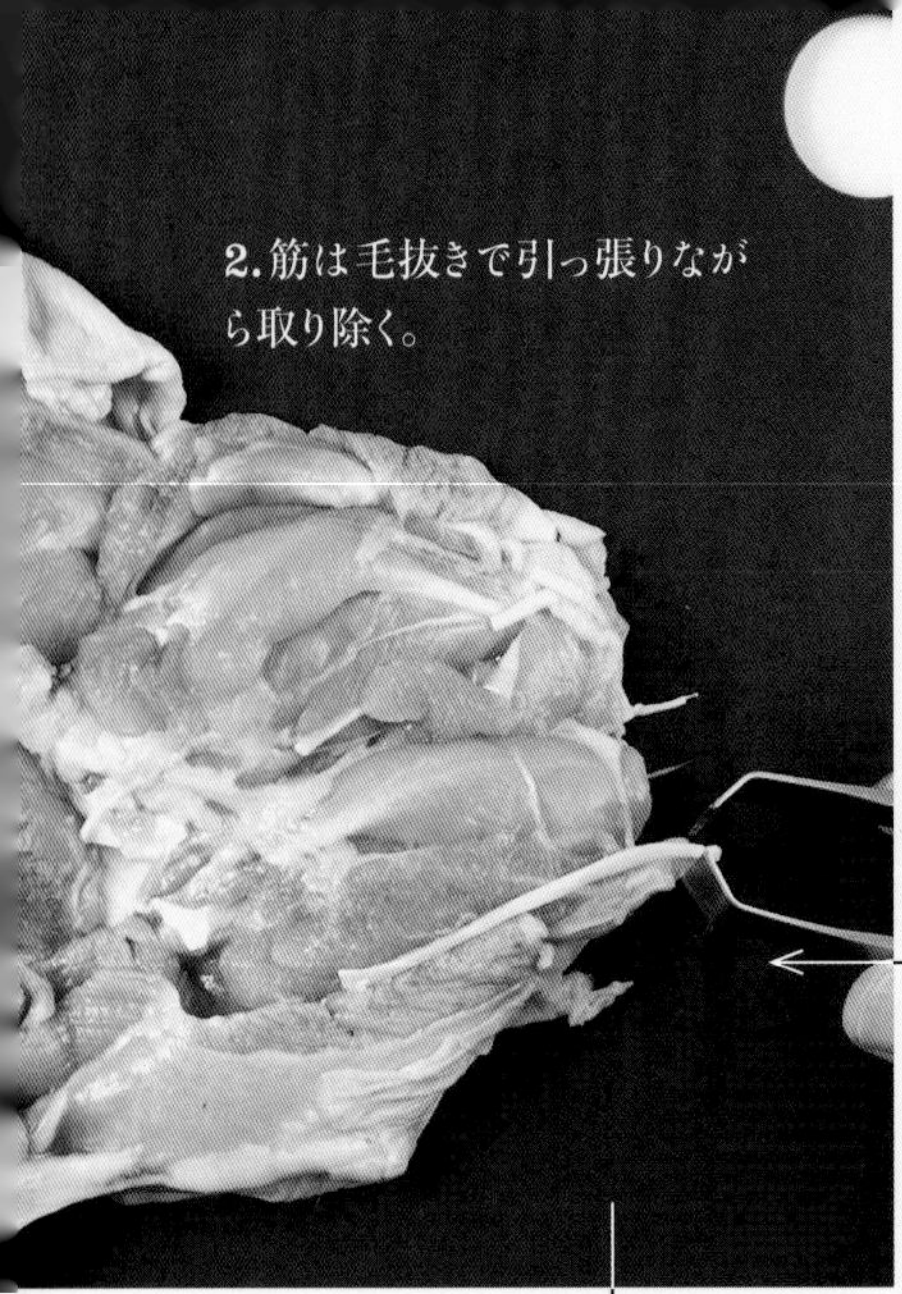

3.かたい軟骨は包丁で丁寧に取り除く。

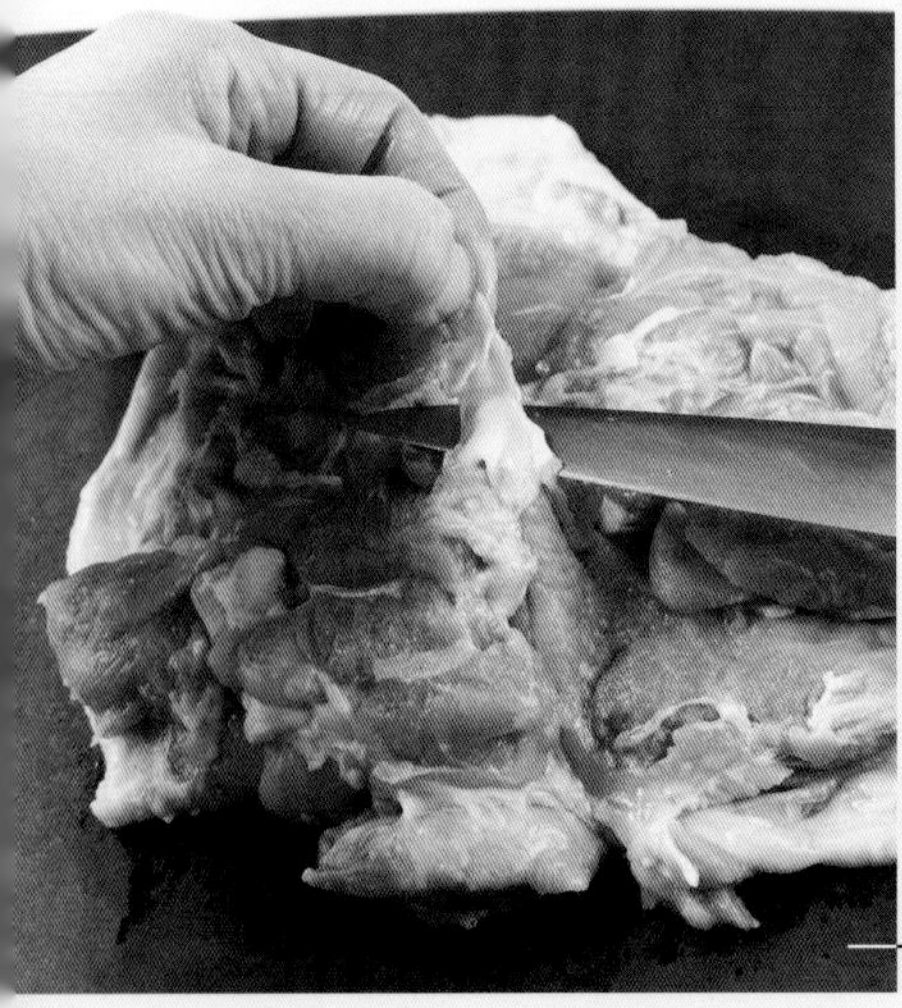

4.皮と身の間の脂を取り除く。臭みの原因なので丁寧に。

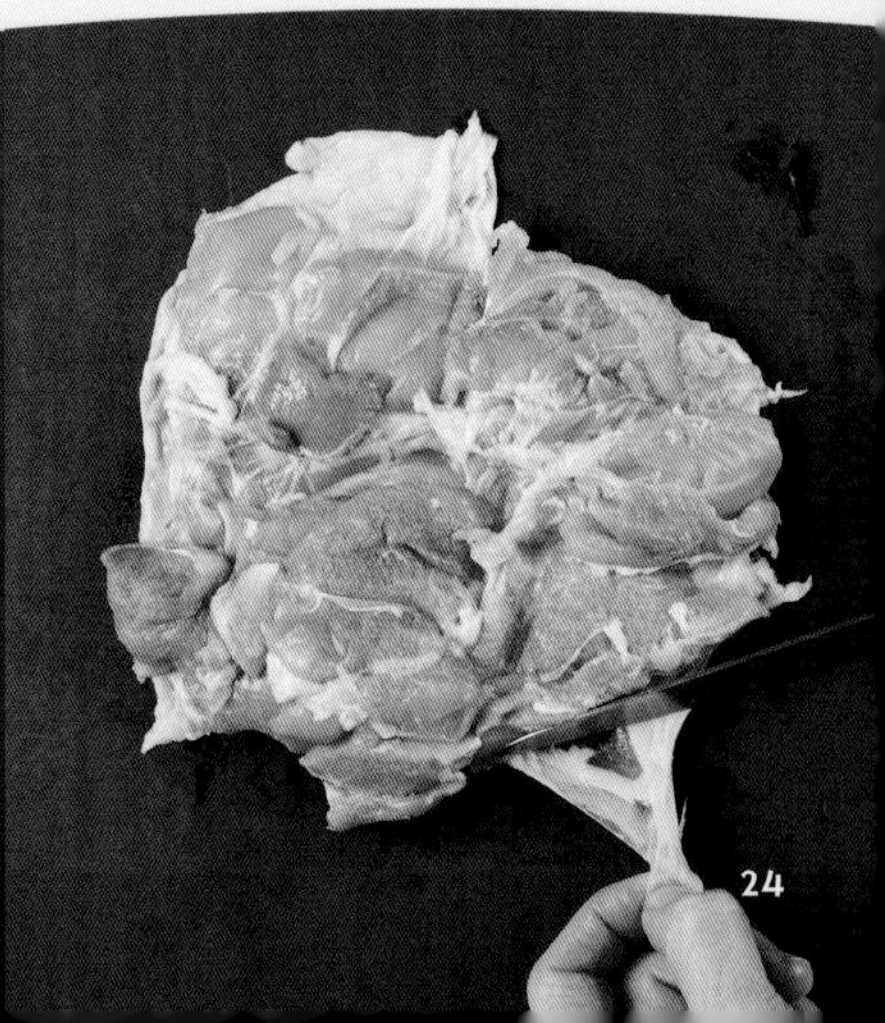

5.凹みのあるものは厚い部分に切り込みを入れて平らにする。

6.包丁で皮目に穴を開ける。縮みを防ぎ、余分な脂が出て味のしみ込みがよくなる。

豚・牛肉に数か所穴を開ける

かたまり肉をやわらかくするために、フォークや金串を刺してかたい筋や繊維を断ち切る。

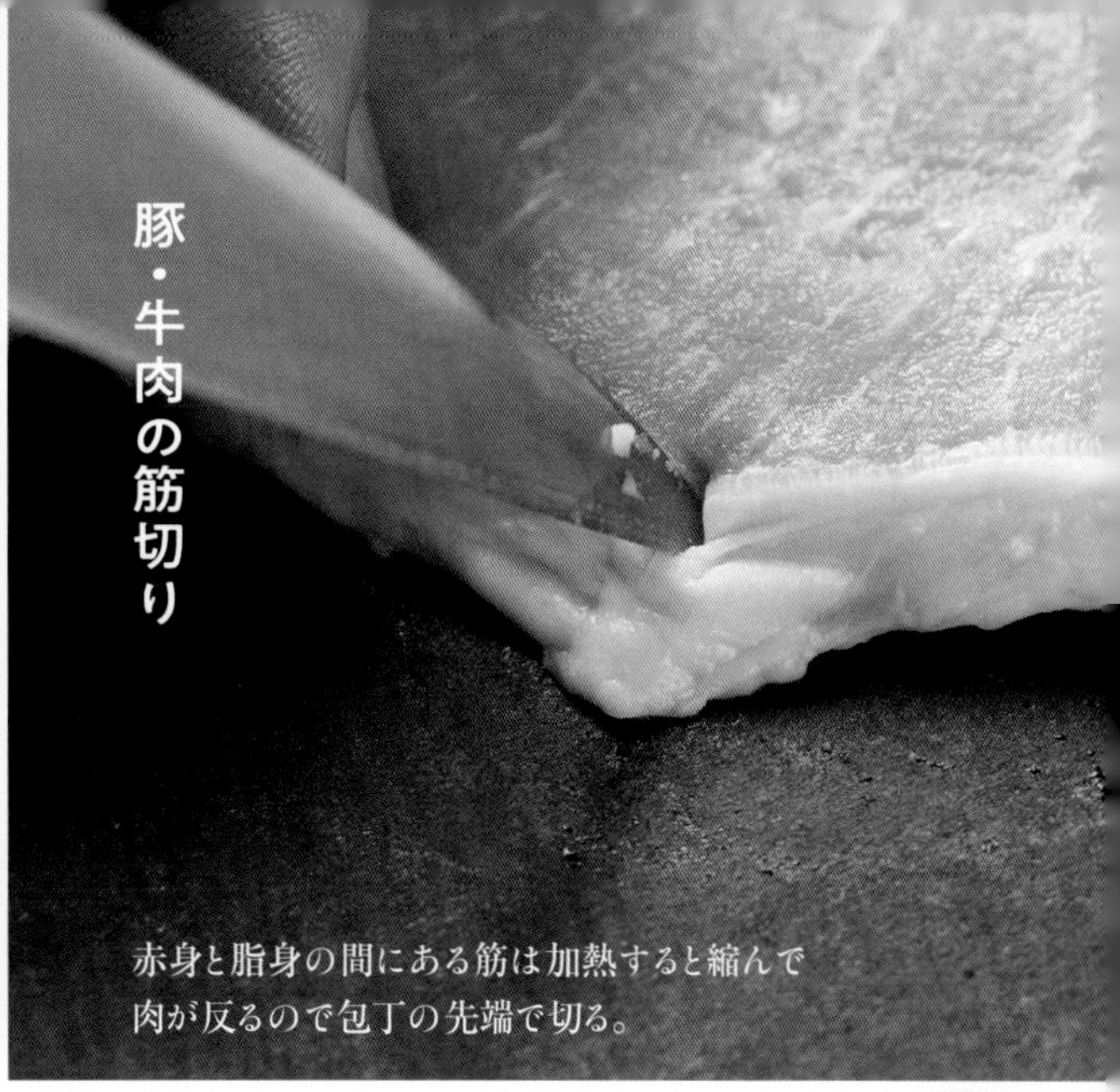

豚・牛肉の筋切り

赤身と脂身の間にある筋は加熱すると縮んで肉が反るので包丁の先端で切る。

下味をつける

調味料をもみ込むことで水分が肉に浸透してジューシーになる。

下ゆでする

脂やアクの多い豚バラかたまり肉などは、一度下ゆでをしてアクを取り除いてから煮込む。

肉の塩加減

肉を食べておいしいと感じる塩の分量は、人間の体液の塩分濃度と同じく、肉の重量の0.8〜1%。

ひき肉をこねる

ひき肉は冷たい状態で調味料を加えて手でつかむように、またはボウルにたたきつけながら練り混ぜる。水分を吸わせて脂を溶かさないのがコツ。

肉の加熱調理

肉のおいしさの条件は、
やわらかい、肉汁が保たれている、
脂を感じること。
これらを満たすための
調理のポイントを
確認しましょう。

肉を焼く

鶏肉はフライパンに皮目を下にして入れ、重しをして焼くとムラなくカリッと焼ける。

重しがなければ、ヘラでしっかりと押さえながら焼いてもOK。

片面がこんがり焼けたらひっくり返し、水分が飛ばないように蓋をして焼く。

チャーシューをオーブンで焼くときは180℃で中まで火を通し、200℃に上げてカリッと焼く。

粉を両面にふってから焼くと、表面がカリッと焼けて小麦色の焼き色に。

ハンバーグは表面に透明な肉汁が出たら、中まで火が通った目安。竹串は刺さずにすぐに取り出す。

肉の中心温度

中心温度が70℃になったら3分以上加熱してそれ以上焼かずに取り出し、余熱でじんわり火を通す。

肉を蒸す

弱火で蒸すと肉汁が保たれ、しっとりジューシーに仕上がる。

肉を煮込む

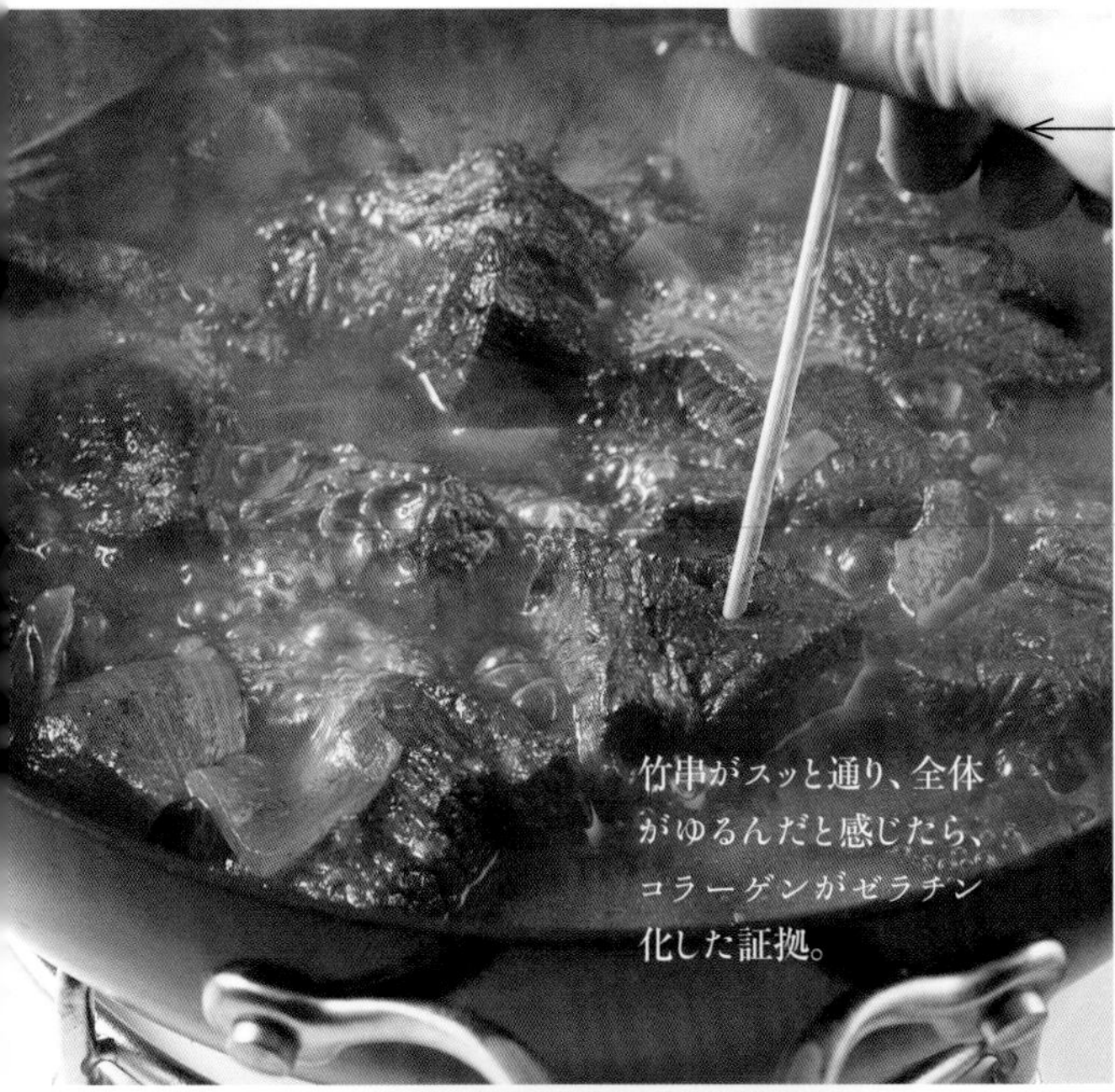

竹串がスッと通り、全体がゆるんだと感じたら、コラーゲンがゼラチン化した証拠。

アクや脂が浮いてきたら、すぐに取らずにアクがアクを吸着するまで待ち、たまってから取る。

肉を揚げる

最初は180℃に熱し、具材を入れると温度が下がるので160℃ぐらいの低温でじっくりと揚げ、しっとりやわらかい食感に仕上げる（ちぎったパンなどを衣に使う場合、焦げやすいので160℃に熱して具材を入れる。）

取り出して余熱で火を通したあと、180〜190℃ぐらいの高温でさっと揚げると衣がサクサクに。

皮目がパリパリになる〝チキンソテー〟の焼き方

皮目は香ばしくパリパリに、中はしっとりジューシーなチキンソテーの焼き方をご紹介します。焼くときは鶏肉に重しをのせるなどすると、ムラなく均一に火が通ります。余分な脂も出るので、パリッとジューシーな仕上がりに。フォークで刺して透明な肉汁が出たら中まで火が通っている証拠。噛んだ瞬間に肉汁がジュワ〜ッと口いっぱいに広がり、にんにくがほんのり香って食欲をそそります。

材料 2人分

鶏もも肉……大1枚（300〜400g）

A｜塩……小さじ2/3
　｜こしょう……少々

小麦粉……大さじ1

にんにく……1かけ

バター（無塩）……5g

つけ合わせ

マッシュポテト・クレソン・粒マスタード……各適宜

作り方

1. 鶏肉は下処理をする（P24・1〜5参照）。包丁の先端で皮目に数か所穴を開け（a）、Aをよくもみ込み、皮目に小麦粉をまぶす（b）。にんにくはたたいて潰す。
2. フライパンにバター、にんにくを弱火で熱し、鶏肉を皮目を下にして入れる。中火にし、重しをのせて（またはヘラで上から押さえて）平らにし（c）、余分な脂を出しながら6〜7分均一に軽く焼き色をつける（d）。
3. ひっくり返し、重しをのせて平らにしたら重しを外して蓋をする。弱火にし、5分ほど焼く（e）。蓋を外して余分な水分を飛ばし、強火にして皮目を下にし、こんがり小麦色になるまで両面焼く（f）。フォークで刺して透明な肉汁が出たら焼き上がり（g）。
4. 器に盛り、つけ合わせを添える。

a

包丁の先端で皮目に穴を数か所開けると調味料が浸透しやすくなり、皮と身の間の黄色い脂も出やすくなります。

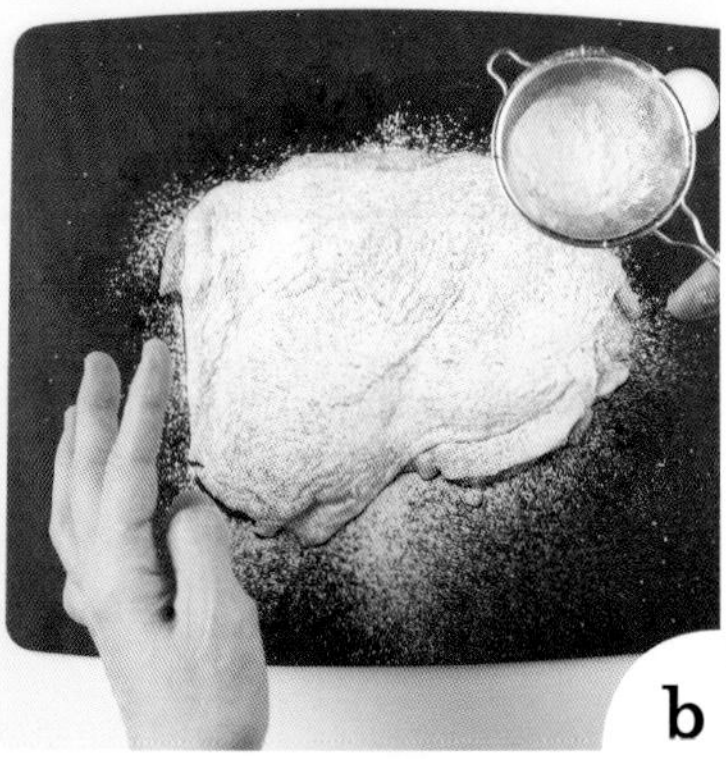
b

鶏肉の皮目に小麦粉を茶漉しでふるのがコツ。全体にまんべんなくふることができ、パリッとした焼き上がりに。

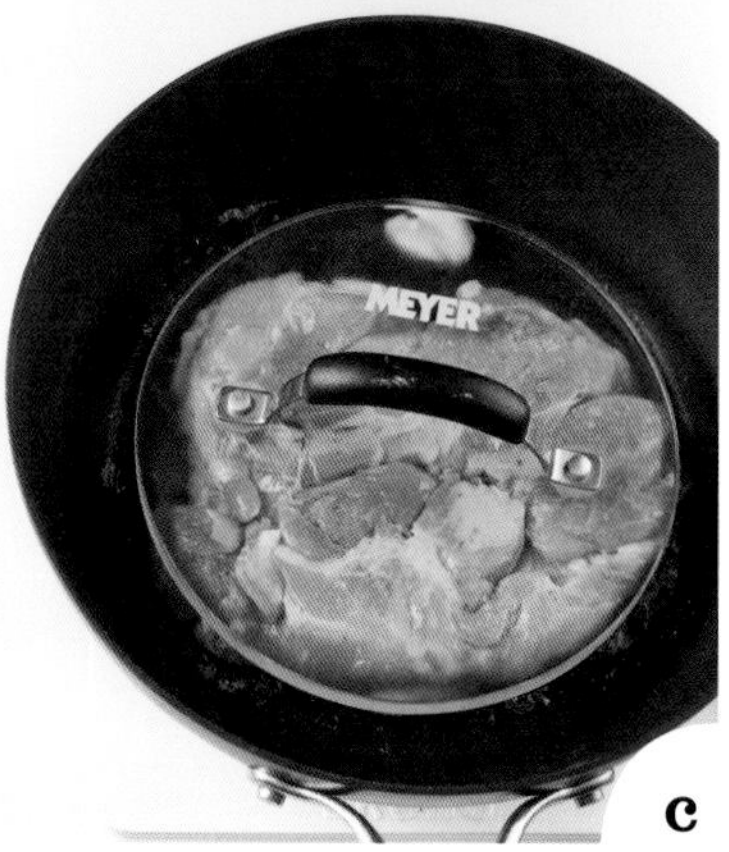

c

皮目から入れて重しをのせて平らにすると、鶏肉の浮きやすい部分も均一に焼けて小麦色の焼き色がつきます。

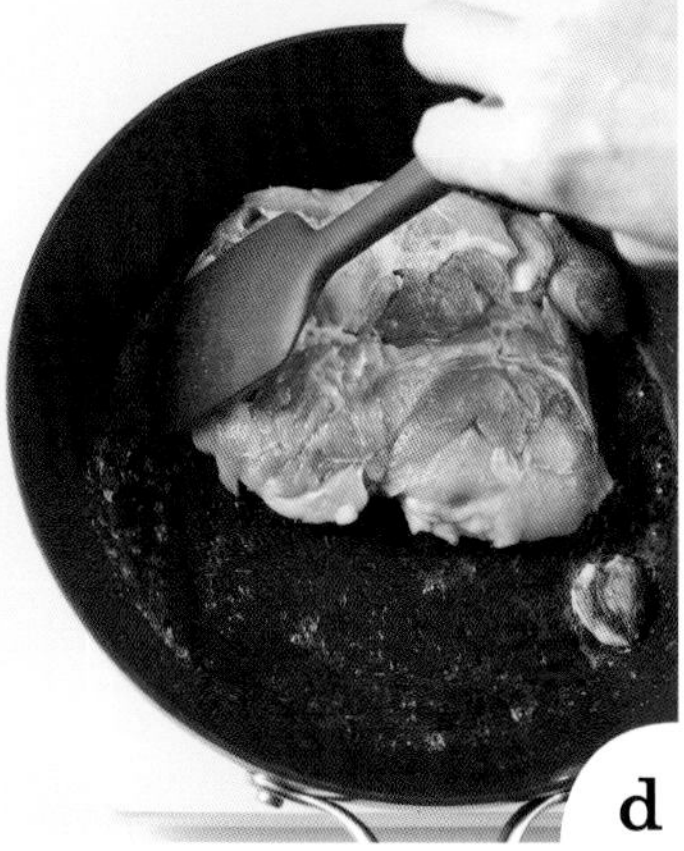
d

ヘラを使って鶏肉の位置を移動させながら焼くと、均一に焼き色がつきやすくなります。また、空焼きによるフライパンの傷み防止にも。

調理科学のポイント	皮目を下にし、重しをして焼くことで皮と身の間から余分な脂が出て、ヘルシーに仕上がります。たんぱく質の熱変性で肉がかたくなるので、身を焼くときは弱火にします。仕上げに皮目を高温で焼くと、出てきた脂でカリッと焼き上がります。

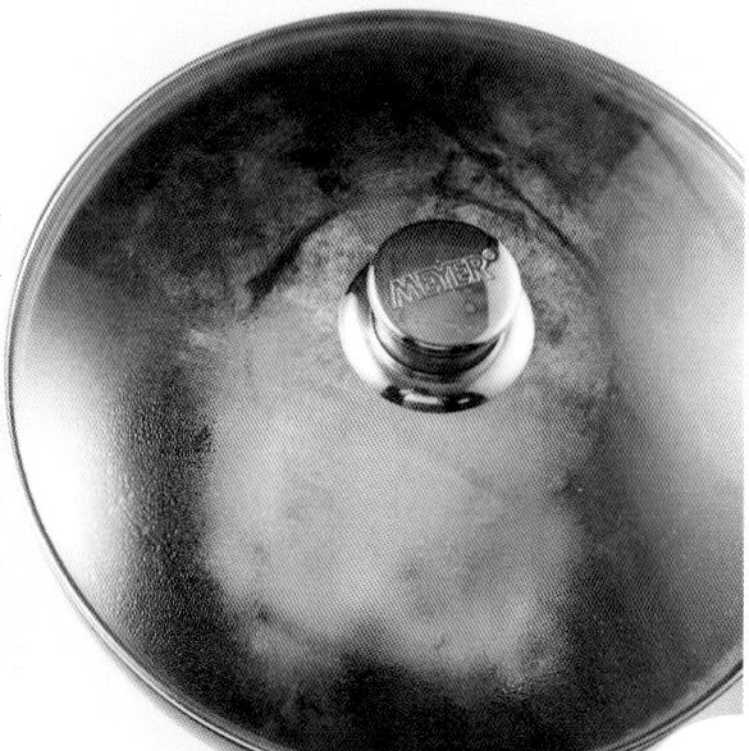

e

水分が飛ばないように蓋をすることで、全体に火が通り、短い時間でふっくら焼くことができます。

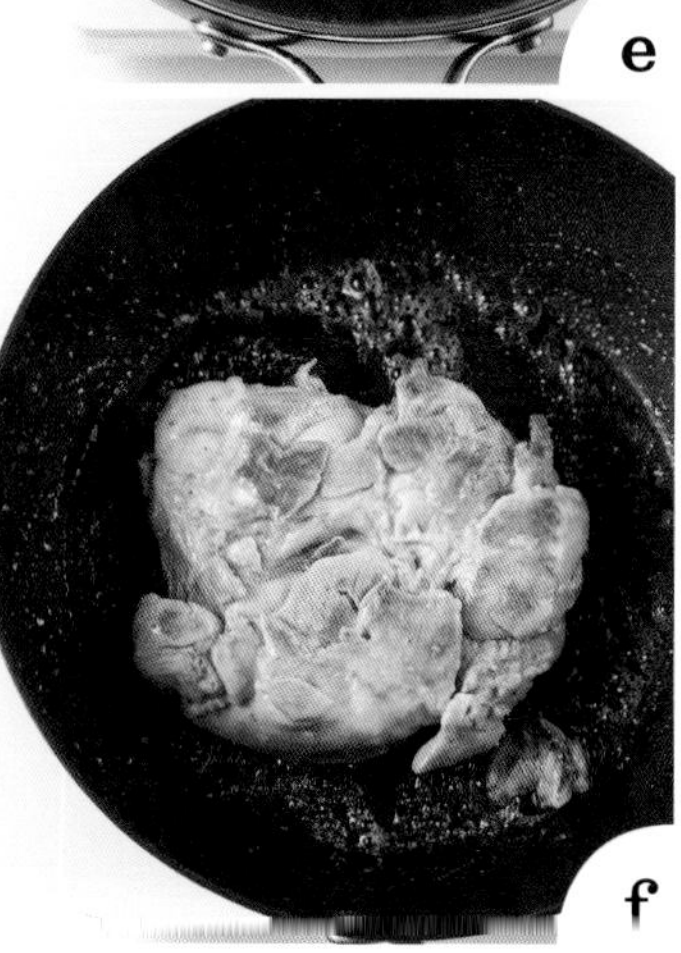
f

皮目を焼いたときに出てきた脂は拭き取らずに、最後に揚げ焼きのようにするとカリッと皮目が焼き上がります。

g

フォークで刺して透明な肉汁が出たら（鶏肉の中心の温度が70℃以上になったら）、中まで火が通った目安です。

ふっくら、こっくりおいしい〝鶏の照り焼き〟のコツ

中がしっとり、ふっくらとした鶏の照り焼きのコツをご紹介します。ふっくら仕上げるのは難しいと思われがちですが、焼き方と焼き加減のコツを押さえれば大丈夫。蓋をして水分を閉じ込め、蒸し焼きにするのがおいしく仕上がるポイント。鶏肉の状態をしっかり見極めながら焼くことも大切です。とろみのある甘辛いタレを鶏肉によく絡めることでコク深い味わいに。タレが絡んでごはんが進むこと間違いなしの照り焼きです。

材料　2人分

鶏もも肉……大1枚（300〜400g）

A｜しょうゆ・酒……各小さじ1

片栗粉……大さじ1

しょうがの薄切り……5枚

B｜酒・みりん……各大さじ2
　｜しょうゆ……大さじ1

サラダ油……小さじ2

つけ合わせ

かいわれ大根……適宜

作り方

1. 鶏肉は下処理をする（P24・1〜5参照）。包丁の先端で皮目に数か所穴を開け、Aをもみ込み（a）、鶏肉の皮を広げて形を整え（b）、全面に片栗粉をまぶす。
2. フライパンにサラダ油、しょうがを熱し、鶏肉を皮目を下にして入れ、弱火で焼く。ヘラで上から押さえて平らにし（c）、蓋をして6〜7分焼く（d）。
3. 鶏肉をひっくり返し（e）、蓋をしてさらに5分ほど焼く。
4. 蓋を外してフライパンを傾け、ペーパータオルで余分な脂を吸い取る（f）。Bを加え、ひっくり返して煮絡めながらアルコール分を飛ばし、タレを煮詰める（g）。
5. 鶏肉を食べやすい厚さに切って器に盛り、タレをかけてつけ合わせを添える。

a

穴が開いたところから、調味料をしみ込ませるようによくもみ込むのがコツです。

b

鶏肉の皮を広げて形を整えることで、火が均一に通り、きれいにムラなく焼けます。

c

鶏肉は皮目を下にして焼きます。ヘラで上から均一に押さえることで、フライパンから浮かずに皮目全面を焼くことができます。

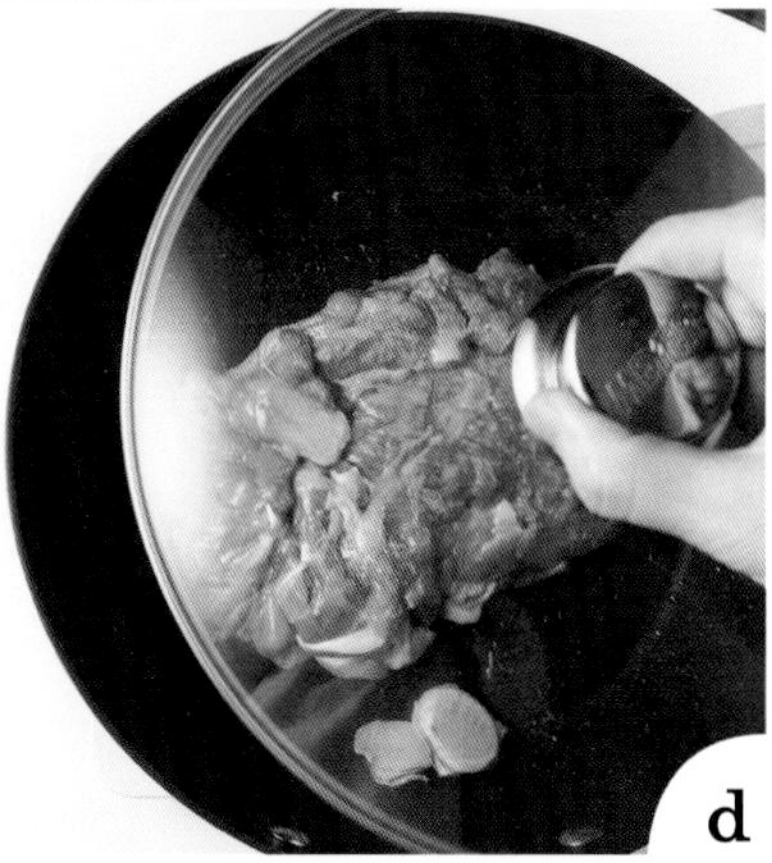

d

皮目を下にしてじっくり焼くことで、鶏肉から余分な脂が出てヘルシーに仕上がります。

調理科学のポイント	鶏肉は水分があるとフライパンにはりつくので、鶏肉に片栗粉や小麦粉をまぶして焼きます。こんがり焼け、メイラード反応が活発に起こるので風味や香り、色のもととなり水分とうまみを閉じ込めます。また、照り焼きのタレなど絡みやすく、とろみがつきます。

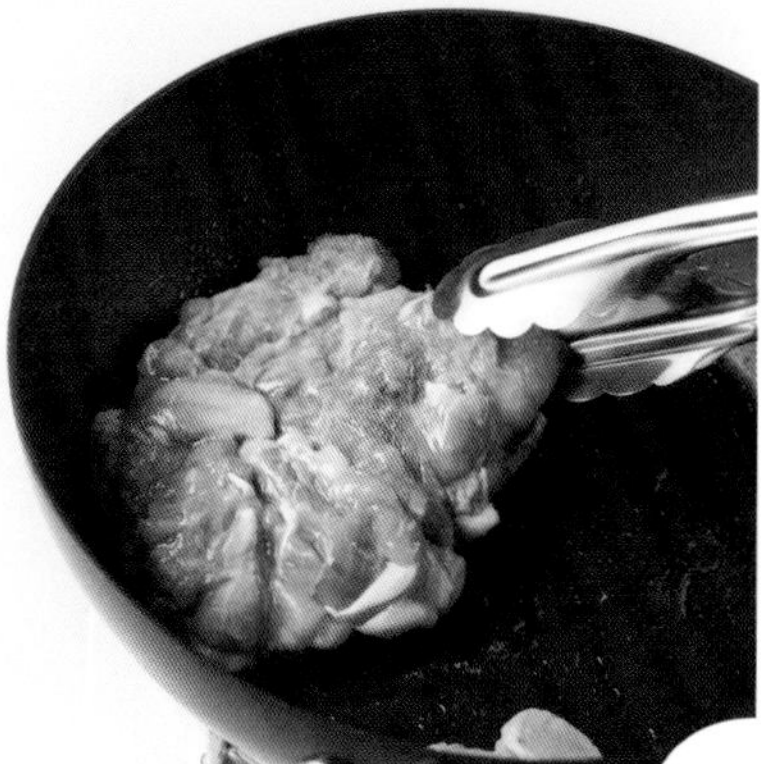

e

鶏肉が縮んで盛り上がり、身がきゅっと締まってきたら、ひっくり返す目安。

f

底面にうまみがはりついているので、フライパンを傾けて出た脂をそっと吸い取るのがポイント。ゴシゴシと拭き取るとうまみまで取ることに。

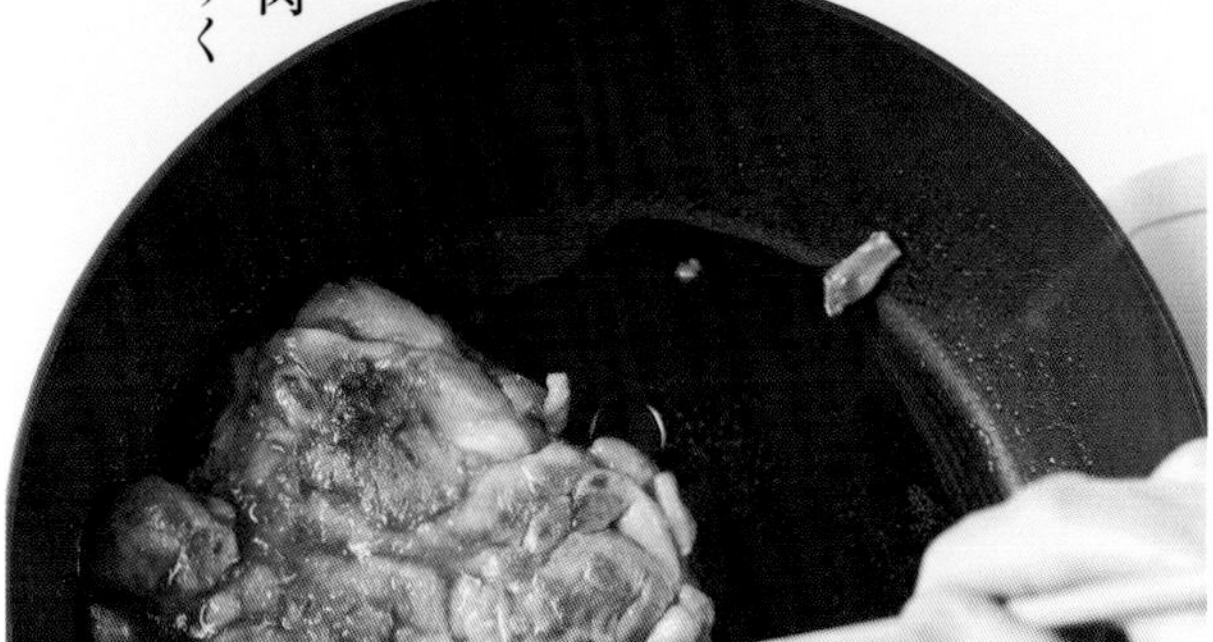

g

調味料を加えてひっくり返します。焼く前に片栗粉をつけているので、肉にタレが絡みやすくなります。

しっとり、やわらかい〝蒸し鶏〟のコツ

蒸し鶏を作るとなぜかパサついてしまう…という方も多いのでは？ やわらかくてしっとり仕上がるコツをご紹介します。蒸し鶏は下処理と火加減が重要なポイントになります。調味料をしっかりもみ込んで加熱したら、余熱でじっくり蒸すことで、しっとりと水分を含んだ蒸し鶏を作ることができます。鶏肉のうまみがたっぷりしみ込んだ蒸し汁をタレにして、絡めながら召し上がってください。残った蒸し汁も余すことなく使えます。

材料 2人分

鶏むね肉……1枚（300g）
長ねぎ……3cm
しょうが……1/2かけ
A 酒……大さじ1
塩……小さじ2/3
こしょう……少々
鶏がらスープ……400mℓ
B しょうゆ……小さじ1
ごま油……小さじ1/2

つけ合わせ
パクチー・トマトスライス……各適宜

作り方

1. 鶏肉は下処理をする（P24・1〜4参照）。厚い部分に切り込みを入れて開き、厚さを均等にする(a)。包丁の先端で両面に数か所穴を開ける(b)。長ねぎ、しょうがはみじん切りにする。

2. フライパンに鶏肉を入れ、長ねぎ、しょうが、**A**をもみ込み(c)、蓋をして30分ほどおく(d)。

3. **2**に鶏がらスープを加えて鶏肉に絡め、皮目を下にして蓋をし(e)、強火にかける。沸騰直前にごく弱火にして鶏肉をひっくり返し、蓋をして火を止め、30分ほどおく(f)。食べやすい大きさに切り、器に盛る。

4. **3**で出た蒸し汁小さじ1に**B**を混ぜ合わせて鶏肉にかけ、つけ合わせを添える。

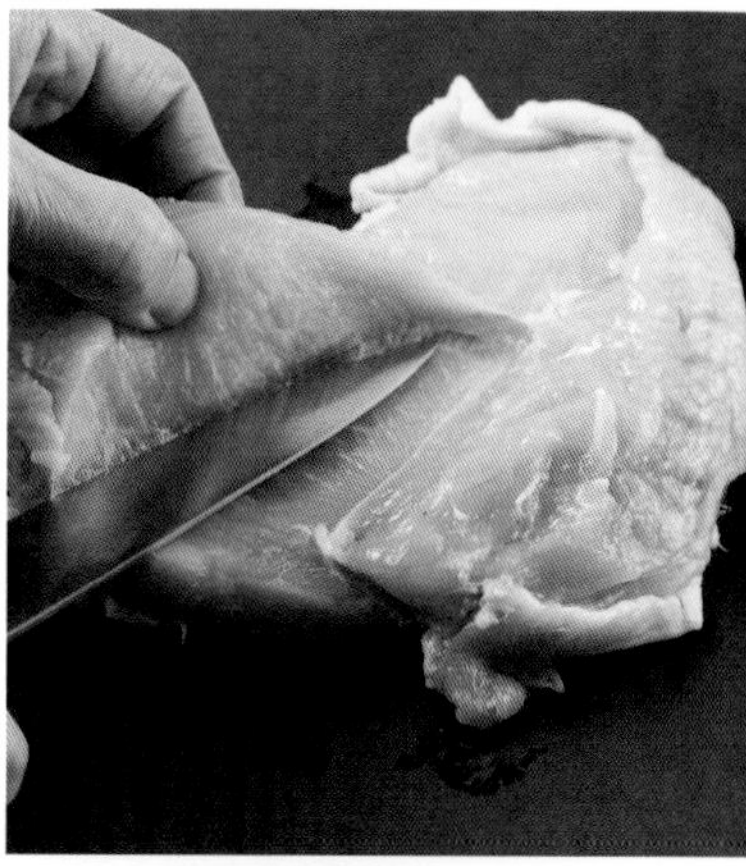

a

鶏肉の厚みのあるところは、切り込みを入れて開いて厚さを均等にするのがポイント。火が均一に通ります。

b

両面に数か所穴を開けることで調味料をもみ込んだときに、鶏肉の中まで水分が入ってジューシーに仕上がります。

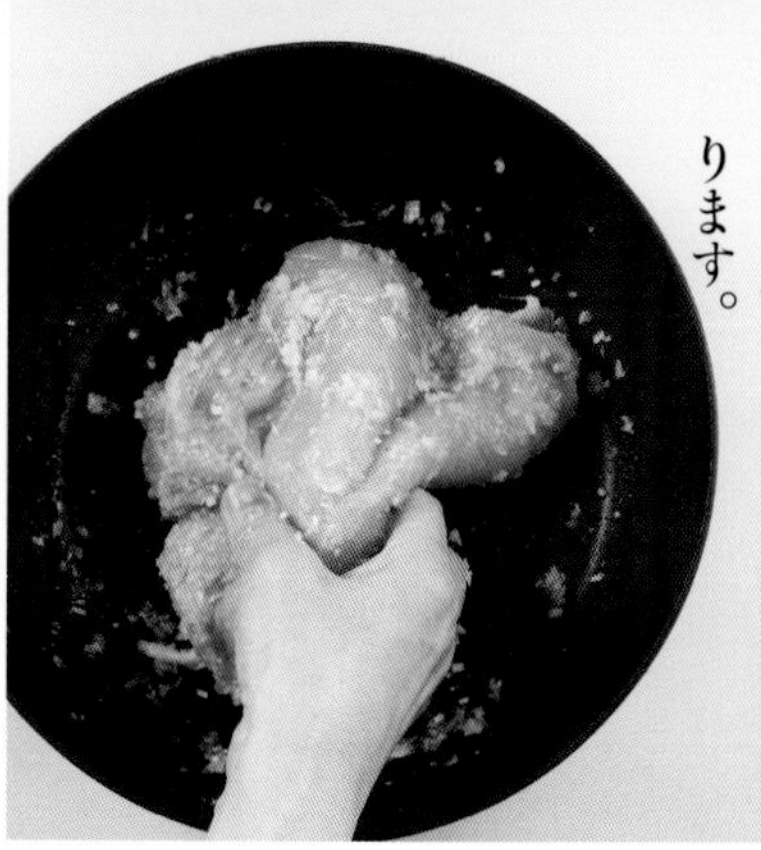

c

鶏肉に香味野菜と調味料をギュッと握りながらもみ込むと、味や香りがつき、調味料が中まで入ってやわらかくなります。

d

そのままの状態で蓋をして30分ほどおくと、鶏肉の中まで味がしみ込みます。

調理科学のポイント	鶏肉は60℃近くなるとたんぱく質に急激に火が入って肉が縮み、離水してかたくなります。弱火で蒸すか、余熱で火を通して65℃ぐらいをキープ。鶏肉に数か所穴を開けて酒などの調味料をもみ込むと、水分が浸透してジューシーな仕上がりに。

e

鶏がらスープを絡め、皮目を下にして蓋をしてから火にかけると、火のあたりが弱くなり、身がやわらかく。

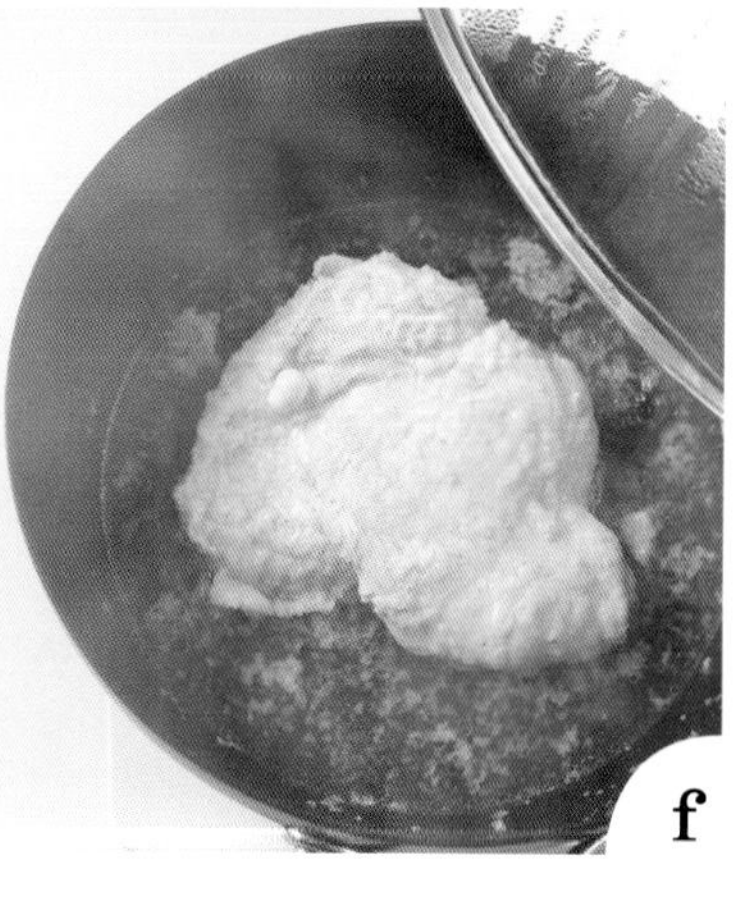

f

鶏むね肉はパサつきやすいので火を止めて余熱で蒸すとしっとり仕上がります。余熱で中まで火を通しましょう。

残った蒸し汁は、わかめや卵を入れてスープにするとおいしく、むだがありません。

ホロホロ&やわらか〝鶏肉のクリームシチュー〟

鶏肉が口の中でホロホロとほぐれるほどやわらかいクリームシチューの作り方をご紹介します。野菜は火の通りを均一にするために大きさを揃えて切るのがポイント。白く仕上がるように、食材を焦がさずに炒めてやわらかくなるまでじっくり煮込みましょう。鶏肉のうまみがたっぷり溶け込みます。また、生クリームを加えてさらにコク深く。何度も作りたくなるほどおいしい、絶品のクリームシチューです。

材料　2人分

鶏もも肉……1枚（300g）
塩・こしょう……各適量
玉ねぎ……1/2個
にんじん……1/2本
じゃがいも……1個
マッシュルーム……3個
小麦粉……大さじ3
ブイヨン……500mℓ
生クリーム……100mℓ
バター（無塩）……20g

つけ合わせ

ブロッコリーの塩ゆで……適宜

作り方

1. 鶏肉は下処理をする（P24·1〜5参照）。包丁の先端で皮目に数か所穴を開ける。皮の形を整えてから4〜5cm角に切り、塩、こしょう各少々をふる。玉ねぎは3cm四方に切り、にんじんは1cm幅の輪切り、じゃがいもは一口大に切る。マッシュルームは半分に切る(a)。
2. 深型のフライパン（または鍋）にバターを弱火で熱し(b)、鶏肉を入れて軽く焼き、玉ねぎ、にんじん、じゃがいも、マッシュルームの順に加えて焼き色をつけないように5分ほどじっくり炒める(c)。マッシュルームは途中でいったん取り出し(d)、小麦粉をふるって加え、粉が絡まって全体になじむまで炒める(e)。
3. ブイヨンを加えて小麦粉を溶き伸ばし、中火で沸騰するまで混ぜる(f)。弱火にし、蓋をして20分ほど煮込み、マッシュルームを戻し入れる。じゃがいもに竹串を刺してスッと通るくらいやわらかくなったらOK。
4. 生クリームを加えて混ぜ、とろみがついたら(g)、塩、こしょう各少々で味を調える。器に盛り、つけ合わせをのせる。

食材は大きさを揃えますが、鶏肉は縮むので、野菜よりも少し大きめに切るのがポイント。

a

バターは全部溶けない程度に弱火で熱し、焦げて色がつかないように注意します。

b

バターと、鶏肉を焼いて出た脂で野菜を炒めます。シチューは白く仕上げるので焼き色はつけずに弱火でよく炒めます。

c

マッシュルームは炒めすぎて小さくならないように、途中で取り出します。

d

調理科学のポイント	しっとりと白く仕上げるには、メイラード反応で食材に焼き色がつかないよう弱火で炒めます。じゃがいもやにんじんに含まれるペクチンも85℃以上あれば火が通るので、蓋で密閉し、沸騰しない程度の弱火で煮込めばふっくらと仕上がります。

小麦粉はふるってから加えます。粉っぽさがなくなって全体になじむまで炒めます。

e

ブイヨンを加えたら、ダマができないように小麦粉を溶き伸ばしながら沸騰するまで混ぜましょう。

f

とろみをつけてから煮込むと焦げやすいので、先に食材がやわらかくなるまで煮込みます。

g

カリッ&ジュワ〜ッの〝鶏のから揚げ〟のコツ

知っているようで意外と知らない、から揚げのポイントをご紹介します。衣はカリッと、中からジューシーな肉汁が溢れ出るおいしいから揚げにするためには、温度調節がとても重要。しっかり調味料をもみ込んだら、まずは低温で揚げることでやわらかく仕上がります。余熱で火を通してから高温で二度揚げすることで、水分を閉じ込めて表面はカリッと！中はやわらかく、ジュワ〜ッと肉汁が溢れてごはんとの相性抜群の一品です。

材料 2人分

鶏もも肉……大1枚（300〜400g）
にんにく……1かけ
しょうが……1/2かけ

A しょうゆ・酒……各小さじ2
塩・こしょう……各少々

B 小麦粉・片栗粉……各大さじ3

揚げ油……適量

つけ合わせ
カットレモン……適宜

作り方

1. 鶏肉は下処理をする（P24・1〜5参照）。包丁の先端で皮目に数か所穴を開ける。皮の形を整えてから3cm角に切る。にんにく、しょうがはすりおろす。
2. ボウルに**1**、**A**を入れてもみ込み（a）、ラップを鶏肉に密着させて30分ほどおく（b）。
3. **2**を再びよくもんで調味液をしみ込ませ、鶏肉の皮を広げて形を整え（c）、混ぜ合わせた**B**を薄くまぶす。
4. 深型のフライパン（または鍋）に揚げ油を底から2cmくらいの高さまで入れて160℃に熱し、**3**の皮目を下にして入れ、3分ほど揚げる（d）。カリッとしてきたらひっくり返して3分ほど揚げ（e）、網に取り出し、油をきって余熱で3分ほど火を通す（f）。
5. 揚げ油を180℃に熱し、さっと二度揚げする（g）。油をきって器に盛り、つけ合わせを添える。

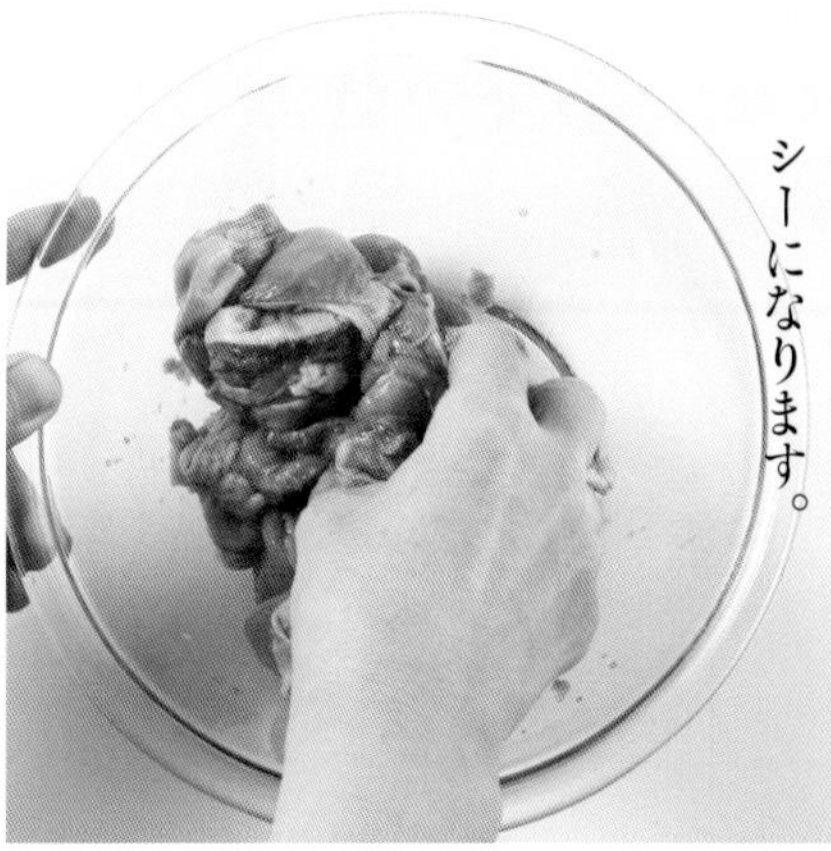

a

鶏肉に調味料をよくもみ込んで、酒やしょうゆの水分をしみ込ませると、やわらかくジューシーになります。

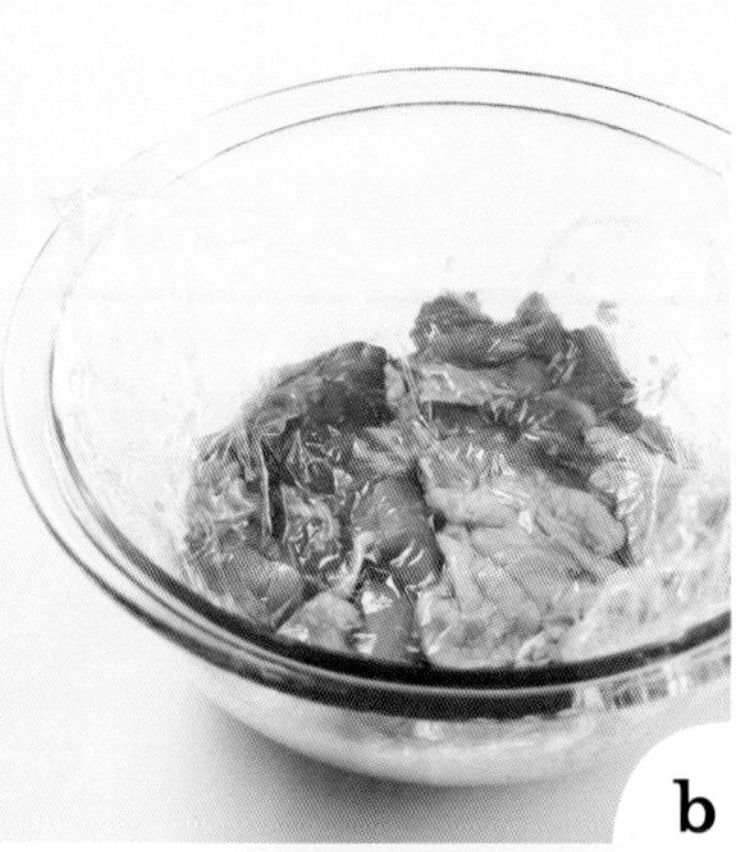

b

下味をつけた鶏肉にラップを密着させておくと乾燥せずに味がしみ込みます。ポリ袋に入れて密閉するのもおすすめ。

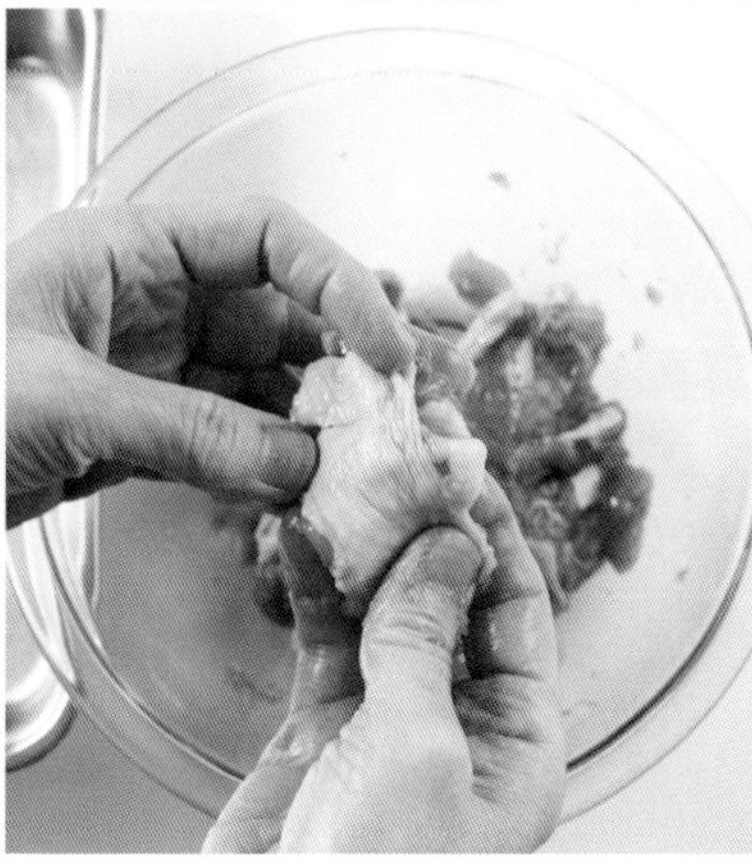

c

調味料をもみ込んだあとのずれた鶏肉の皮の形を整えてから衣をつけると仕上がりがきれいに。

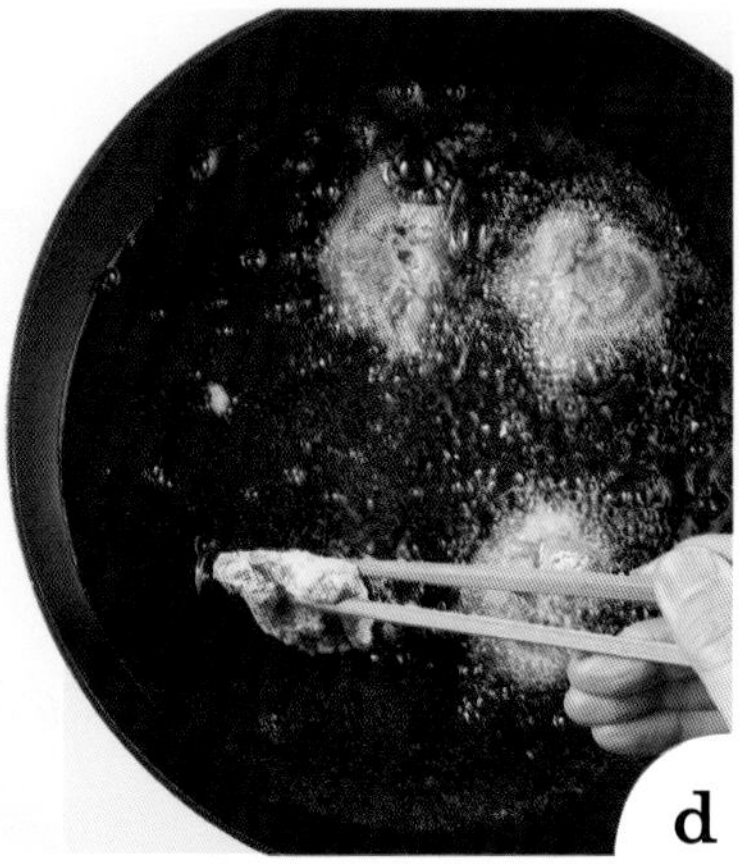

d

最初の温度は160℃。鶏肉の皮目を下にして入れて低温で揚げると中はやわらかく、しっとりした食感に。

調理科学のポイント	1度目に160℃の低温で揚げて中に火を通し、2度目に180℃の高温でカリッと揚げることで、油切れがよくなります。火が通っているかどうか心配なときは、鶏肉の中心温度が70℃になるまで余熱を含め、10分ほどじっくり時間をかけましょう。

e

表面がかたまってきたら、ひっくり返して片面3分ずつ均一に揚げましょう。

f

網に取り出し、3分ほどおいて余熱で火を通してから、二度揚げするのがポイント。

g

高温の揚げ油で二度揚げするとカリッ&ジュワ〜ッとした食感に。底面にくっつきやすいので混ぜながら揚げます。

脂身が甘い！表面はカリッと、やわらか〝ポークソテー〟の焼き方

厚切り肉なのにやわらかいポークソテーの作り方を伝授します。豚肉はしっかり筋切りをすると、反り返りを防ぐことができ、口あたりもよくなります。塩をふったら、弾力がなくなるまでしっかりもみ込むことがやわらかく仕上げるポイント。表面はカリッと焼けて中はしっとりやわらかく、脂身の甘みを感じられるポークソテーです。豚肉から出た脂で玉ねぎを炒めてうまみと甘みを十分に引き出しましょう。

材料　2人分

豚肩ロース厚切り肉（3cm厚さ）……2枚（200g×2）
塩……4g（豚肉の重量の1%）
こしょう……少々
小麦粉……大さじ1
玉ねぎ……1/2個
A ブイヨン……150mℓ
　白ワイン……大さじ2
B 粒マスタード……小さじ1
　塩・こしょう……各少々
バター（無塩）……10g

つけ合わせ
ベビーリーフ……適宜

作り方

1. 豚肉は両面とも筋切りをする(a)。塩、こしょうをふり、弾力がなくなるまでギュッともむ(b)。乱れた形を整え、小麦粉大さじ1/2をまぶす。玉ねぎは薄切りにする。
2. フライパンにバターを中火で熱し、豚肉を表になる面を下にして入れ、トング（またはヘラ）で上から軽く押さえながら焼き(c)、側面も焼く(d)。
3. 茶色い焼き色がついてきたらひっくり返し(e)、弱火にして玉ねぎをすき間に入れ(f)、5分ほど炒める。豚肉から透明な肉汁が出たら(g)、豚肉を取り出して器に盛る。
4. 3のフライパンに小麦粉大さじ1/2を入れて玉ねぎと炒め合わせ、Aを加えて中火で2〜3分煮る。Bを加えて混ぜ合わせ、3の豚肉にかける。つけ合わせを添える。

a

豚肉は反り返りを防ぐため、脂身と赤身の間にある筋を切ります。両面しっかり貫通するまで切りましょう。

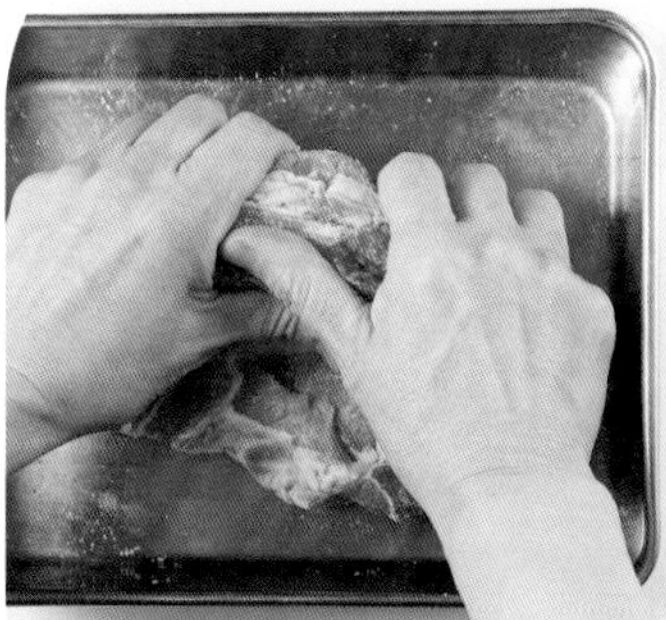

b

豚肉の重量の１％の塩をふり、弾力がなくなるまで手で握りながらもみ込むと、やわらかく、ジューシーな仕上がりに。

c

豚肉はトング（またはヘラ）で上から押さえて焼きましょう。肉全体がフライパンに接して全面に焼き色がつきます。

d

豚肉の側面はフライパンの立ち上がりに押しあてて焼くと、下の面を焼きながら側面もムラなく焼けます。

調理科学のポイント

反ってしまうと均一に火が通らず、表面でメイラード反応がまだらに起こるため、筋切りはしっかりと。高温で焼き色をつけ、裏返したら弱火にして中心温度が70℃以上になるまでじっくり火を通すと、やわらかく肉汁たっぷりの仕上がりに。

e

豚肉に茶色く焼き色がついてきたら、ひっくり返す目安です。表面をしっかり、カリッと焼くのがポイント。

f

豚肉のすき間に玉ねぎを入れ、豚肉から出てきた脂で玉ねぎを炒めると、玉ねぎの甘みと水分が出ておいしくなります。

g

豚肉から透明な肉汁が出たら（豚肉の中心の温度が70℃以上になったら）中まで火が通った目安です。

甘辛&こってりの〝豚のしょうが焼き〟のコツ

豚肩ロース肉を使っておいしい豚のしょうが焼きを作りましょう。しょうがはたっぷりすりおろして使うと、香りがより引き立ちます。豚肉は両面に焼き色がつくまで焼いて香ばしさをプラスし、タレにりんごのすりおろしを加えてフルーティーな甘みをつけましょう。

タレはとろみをつけて煮込むことで、しょうがのさわやかな香りが飛ぶのを防ぐことができ、香り高い味わいに。

材料 2人分

- 豚肩ロース薄切り肉……4枚（400g）
- 小麦粉……大さじ1
- りんご……1/6個
- しょうが……2かけ
- A
  - 酒……大さじ1
  - 砂糖……小さじ2
- サラダ油……小さじ2

つけ合わせ

- せん切りキャベツ・カットトマト……各適宜

作り方

1. 豚肉は両面とも筋切りをし（a）、小麦粉をまぶす。
2. りんご、しょうがはすりおろし（b）、Aと混ぜ合わせる。
3. フライパンにサラダ油を強めの中火で熱し、豚肉を広げて並べ入れ（c）、ヘラ（またはトング）で上から軽く押さえながら焼く（d）。
4. 焼き色がついたらひっくり返し（e）、3と同様に少し焼いたら、2を加えて絡める（f）。
5. 全体に味がなじんだら（g）、器に盛り、つけ合わせを添える。

a

薄切り肉でも両面にしっかり筋切りをして小麦粉をまぶすと、タレが絡みやすくなります。

b

しょうがはチューブタイプではなく、たっぷりすりおろして使うことで極上のおいしさに。

c

豚肉は重ならないように広げて焼くことで、ムラなく焼けます。

d

豚肉は筋切りをしても反り返ってしまうので、ヘラ（またはトング）で上から軽く押さえながら焼きます。

調理科学のポイント	肉を加熱すると筋原繊維たんぱく質が凝固し、コラーゲンの収縮が始まります。赤身の部分と脂身の部分の収縮率が違うため、加熱すると肉が反り返ります。その反り返りを防ぐために、赤身と脂身の境界の筋を切ることが大切です。

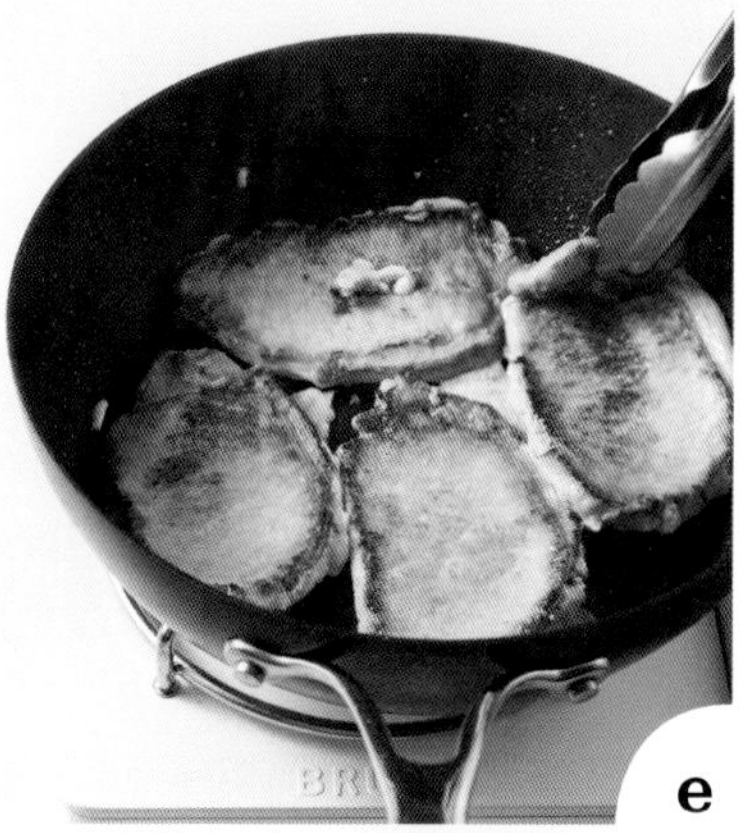

e

茶色い焼き色がついてきたらひっくり返し、もう片面にも軽い焼き色がつくまで焼きます。

f

焼き色をつけてからタレを絡めるのがコツ。焼き色がつく前にタレを絡めると、香ばしいおいしさになりません。

g

豚肉にまぶした小麦粉がタレに移り、とろみがつきます。

うまみたっぷりの〝豚汁〟のコツ

少々手間をかけるだけでいつもの豚汁がさらにおいしくなります。体の内側からポカポカと温まる、うまみたっぷりの豚汁の作り方のコツをご紹介します。香り豊かなごぼうや、さわやかな風味の出るしょうが、長ねぎを使うのがポイントです。しょうがの風味を豚肉に移すように炒めてから食材をしっかり煮込みましょう。アクを丁寧に取り除くのもおいしく作るコツ。豚肉や根菜などのうまみが煮汁にたっぷりしみ出て絶品です。

材料　2人分

豚こま切れ肉……100g
ごぼう……1/3本
大根……50g
にんじん……50g
こんにゃく……1/4枚
塩……小さじ1/4
しょうが……1/4かけ
長ねぎ……3cm
だし……600mℓ
みそ……大さじ2
ごま油……小さじ1
七味唐辛子……適量

作り方

1. ごぼうはささがきにして水に10分ほどさらす。大根、にんじんは3mm幅のいちょう切りにする。こんにゃくは親指の先ほどの大きさにスプーンでちぎり、塩をふって2〜3分ゆでる。しょうがはせん切りに、長ねぎは薄い小口切りにする(a)。

2. 深型のフライパン（または鍋）にごま油、しょうがを弱火で熱し(b)、香りが出てきたら中火にして豚肉を炒め(c)、色が変わったら、ごぼう、大根、にんじん、こんにゃくの順に加えてしんなりするまで5分ほど炒める(d)。

3. だしを加えてアクを取り除きながら5分ほど煮込み(e)、みそを溶き入れる(f)。器に盛り、長ねぎをのせ、七味唐辛子をかける。

豚肉のほかに、滋味深いごぼうや、鮮やかなにんじん、さわやかな長ねぎとしょうがは欠かせない食材。

a

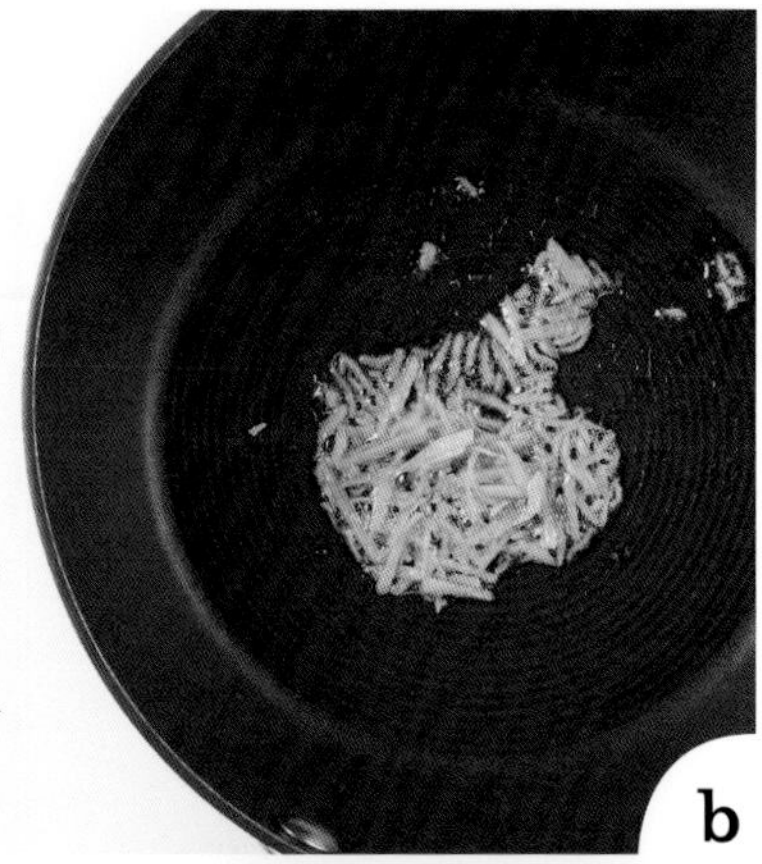

ごま油にしょうがを入れて香りが出るまでゆっくり炒めることで、濃厚ながらすっきりした味わいになります。

b

豚肉を加えて脂を出すように炒め、しょうがの香りと風味をつけてうまみをアップさせます。

c

調理科学のポイント	豚肉は油で表面を焼きかためることで、風味と色、香りがつきます。根菜を加えてよく炒めることで、糖質とアミノ酸が化学反応を起こし、うまみが凝縮するので濃厚な味わいに。さっぱり食べたい場合は、炒めずにだしで煮込みます。

豚肉の色が変わったら根菜を香りが強い順に炒めると、さらに香りが引き立ち、おいしくなります。

d

豚肉の白っぽいアクはしっかり取り除き、ごま油などの黄色く浮いている油はうまみなので取り除かないのがポイントです。

e

みそを溶き入れるときは、小さい泡立て器を使うとみそ漉しの中で混ぜやすくなります。みそを加えたら煮立てないこと。

f

ジュワ〜ッとやわらか〝チャーシュー〟の焼き方

豚かたまり肉を使ってやわらかく、おいしいチャーシューを作りましょう。やわらかくするには、焼く前の下ごしらえがとても重要です。豚肉にフォークなどを刺して穴を開けることで、やわらかくなるだけでなく、漬け汁が中までしっかりしみ込みます。漬け汁も余すことなく使って全体を焼きましょう。表面は香ばしくて中はジュワ〜ッとやわらかい、しっかり味がしみ込んだチャーシューです。

材料　2〜3人分

豚肩ロース（または豚バラ）かたまり肉……500g

A｜紹興酒（または酒）・はちみつ・しょうゆ・オイスターソース……各大さじ2

にんにく……1かけ

しょうが……1/2かけ

つけ合わせ

グリーンサラダミックス……適宜

作り方

1. 豚肉は3〜4cm角、5cm長さの棒状に切る。全面にフォークで数か所穴を開ける(a)。にんにく、しょうがはすりおろす。

2. ボウルに**1**、**A**を入れてもみ込み(b)、ラップを豚肉に密着させて30分ほどおく(c)。

3. 豚肉の形を整えて天板の網にのせ(d)、180℃のオーブンで18分焼く。途中、焼き色がついたらひっくり返す(e)。

4. **3**を取り出し、ボウルに残った漬け汁を絡めながら余熱で火を通す。200℃のオーブンでこんがりするまでさらに5分焼く(f・g)。食べやすい厚さに切り分けて器に盛り、つけ合わせを添える。

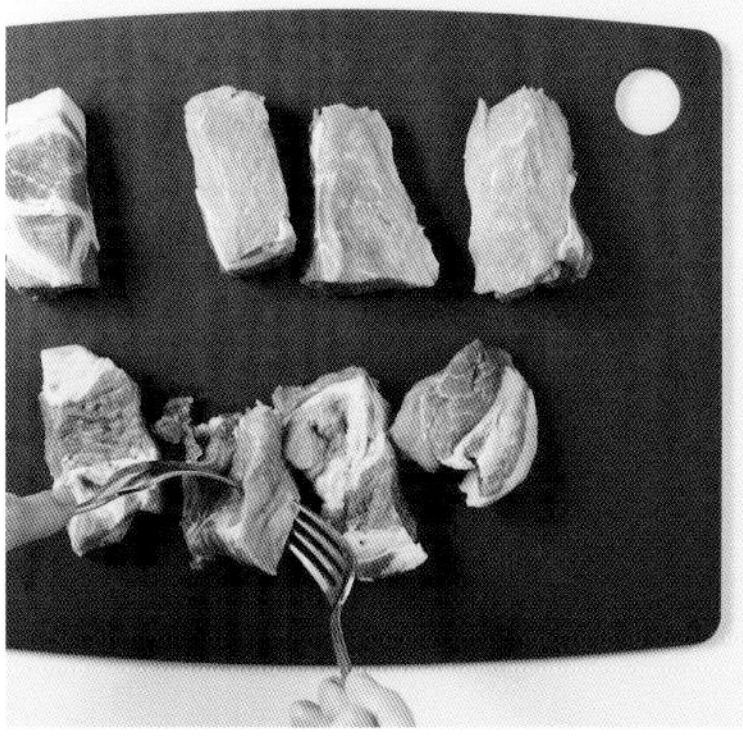

豚肉はフォークを刺してしっかりと穴を開けると、やわらかくなって中まで漬け汁をよく吸うようになります。

a

調味料を豚肉に吸わせるように、手でしっかりもみ込むのがポイント。水分がなくなるまで絡めます。

b

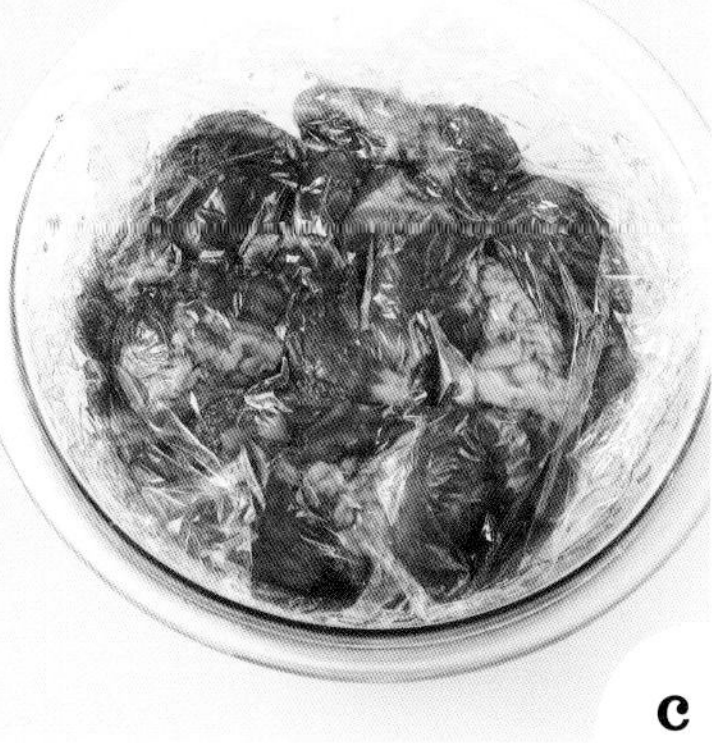

豚肉が乾燥しないようにラップを密着させて密閉することで、中まで調味料を浸透させることができます。

c

30分たったらラップを外して豚肉の形を整え、天板の網にのせます。こうすることできれいに焼き上がります。

d

調理科学のポイント	180℃のオーブンで肉を焼き、中心温度が70℃近くに達したらそれ以上焼かずに取り出し、余熱でじんわり火を通します。こうすることで、ゆっくりと温度が上がり、素材の持つ水分の流出が少なくなります。

180℃のオーブンに入れて焼いている間、途中で一度ひっくり返すと、ムラなくジューシーに焼けます。

e

残った漬け汁を絡め、200℃に上げて再び焼くことで、味がしっかりつき、こんがり焼き上がります。

f

豚肉の表面から透明な肉汁が出たら（豚肉の中心の温度が70℃になったら）中まで火が通った目安です。

g

サクサク&肉汁たっぷりの〝とんかつ〟の揚げ方

とんかつを家で作るのって難しそう…という方におすすめの、衣がサクサクで、中からジューシーな肉汁が溢れる、おいしいとんかつの作り方をご紹介します。とんかつは揚げ方と温度がとても大事。まずは低温でじっくりと揚げることで肉の温度をゆっくり上げていきます。余熱で中まで火を通し、最後は高温で揚げて衣をサクッとさせましょう。揚げ方のコツを覚えておけば、ほかの揚げ物にも応用できて怖いものなしです。

材料 2人分

豚ロース厚切り肉（3cm厚さ）……2枚（200g×2）
塩……小さじ2/3
こしょう……少々
小麦粉……小さじ2
溶き卵……1個分
生パン粉（粗め・a）……1カップ
揚げ油……適量

つけ合わせ
せん切りキャベツ・中濃ソース……各適宜

作り方

1. 豚肉は両面とも筋切りをし、塩、こしょうをふり、よくもみ込む。
2. 小麦粉（b）、溶き卵、パン粉の順で衣をつける（c）。
3. 深型のフライパン（または鍋）に揚げ油を底から3cm高さまで入れて160℃に熱する。2を入れて3分ほど揚げ（d）、ひっくり返してさらに3分ほど揚げる（e）。網に取り出し、油をきって余熱で5分ほど中まで火を通す（f）。
4. 揚げ油を190℃に熱して両面をさっと二度揚げし（g）、網に取り出して油をきる。
5. 食べやすい厚さに切って器に盛り、つけ合わせを添える。

a

衣のパン粉は粗めのものを用意するか、好みのバゲットや食パンを手でちぎってもＯＫ。

b

肉汁が出ないように、小麦粉を茶漉しでふるいながら豚肉の全面にまんべんなくまぶします。側面にもしっかりとまぶしましょう。

c

余分な粉を落として溶き卵を全面につけたら、パン粉がはがれないように上からふわっと押さえつけるのがポイント。

調理科学のポイント	とんかつを揚げ油に入れると、まずは衣の水分が蒸発し、それと同時に油が入り込みます。この水と油の交換が十分に行われることでカラッと揚がります。衣のパン粉は粗めを用意するか、バゲットや食パンなどを手でちぎると衣の食感アップ。

d

最初は１６０℃くらいの低温でじっくり揚げます。こうすることで、中がしっとりやわらかく仕上がります。

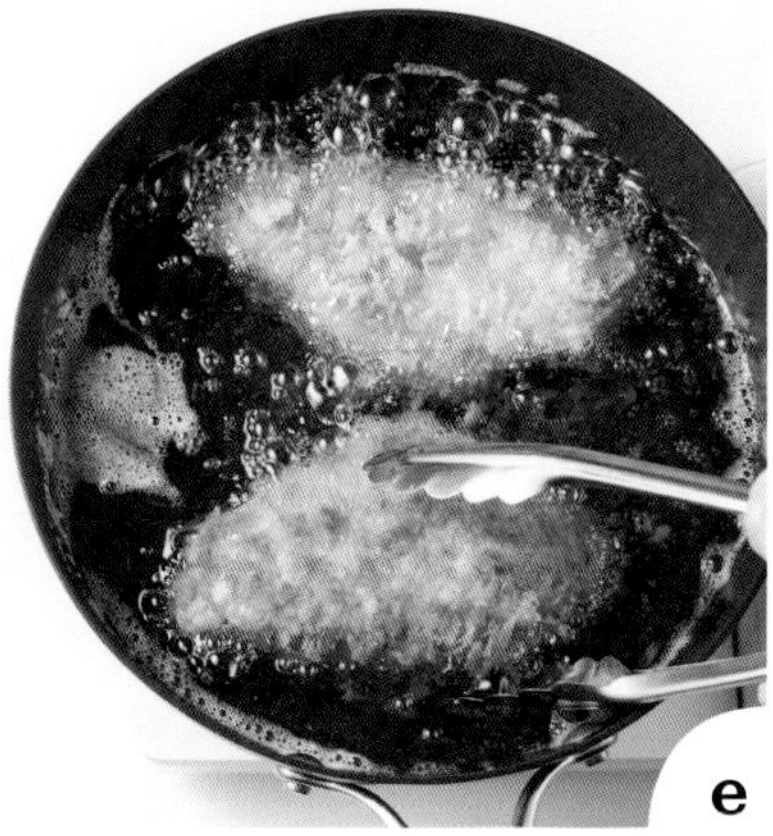

e

均一に揚がるように、トングでひっくり返して両面をこんがりと揚げます。

f

取り出して網の上にのせて油をきります。余熱でじんわり火を通すことが、やわらかいとんかつに仕上げるポイント。

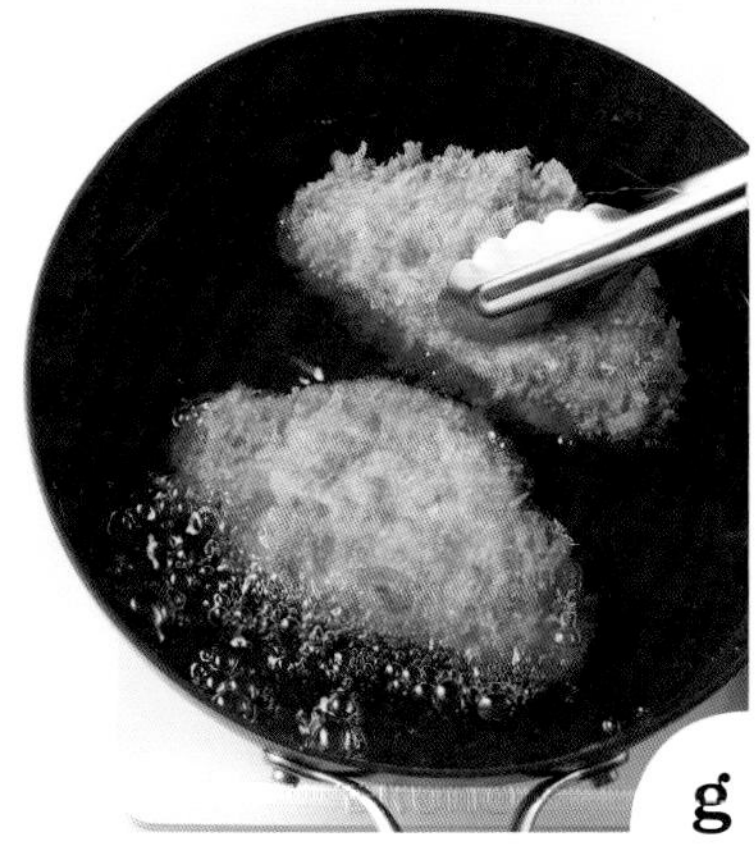

g

190℃くらいの高温で二度揚げすることで、衣がサクサク、中はジューシーに仕上がります。

ホロホロにやわらかい〝豚の角煮〟のコツ

やわらかい豚の角煮を作りたい方必見。口に入れた瞬間にホロホロとほぐれるような、とろける角煮です。下ゆでをし、臭みを取ってから、氷水で締めると崩れにくく、おいしくなります。表面に焼き色がつくまで焼くことで香ばしさもアップ。中まで煮汁がしみ込むようにじっくり煮込むのもポイントです。何度も食べたくなること間違いなしの、やわらかくて味がよくしみ込んだ豚の角煮の作り方をご紹介します。

材料 2人分

豚バラかたまり肉……500g
長ねぎ（青い部分）……1本分
しょうがの皮……1かけ分
A　水……400mℓ
　　砂糖・しょうゆ・酒……各大さじ3
　　しょうがの薄切り……2枚
ごま油……小さじ1/2

つけ合わせ
オクラの塩ゆで・練りがらし……各適宜

作り方

1. 深型のフライパン（または鍋）に豚肉、長ねぎ、しょうがの皮、かぶるくらいの水（分量外）を入れて中火にかけ（a）、蓋をして2時間ほどゆでる。
2. 竹串を刺してスッと通るくらいやわらかくなったら（b）、氷水にとって豚肉を締め（c）、ペーパータオルで水けを拭き取り、5cm角に切る。
3. フライパンをきれいにしてごま油を中火で熱し、2を入れて全面に焼き色がつくまで焼き（d）、Aを混ぜ合わせて加え、落とし蓋をし（e）、弱火で30分ほど煮込む（f）。器に盛り、つけ合わせを添える。

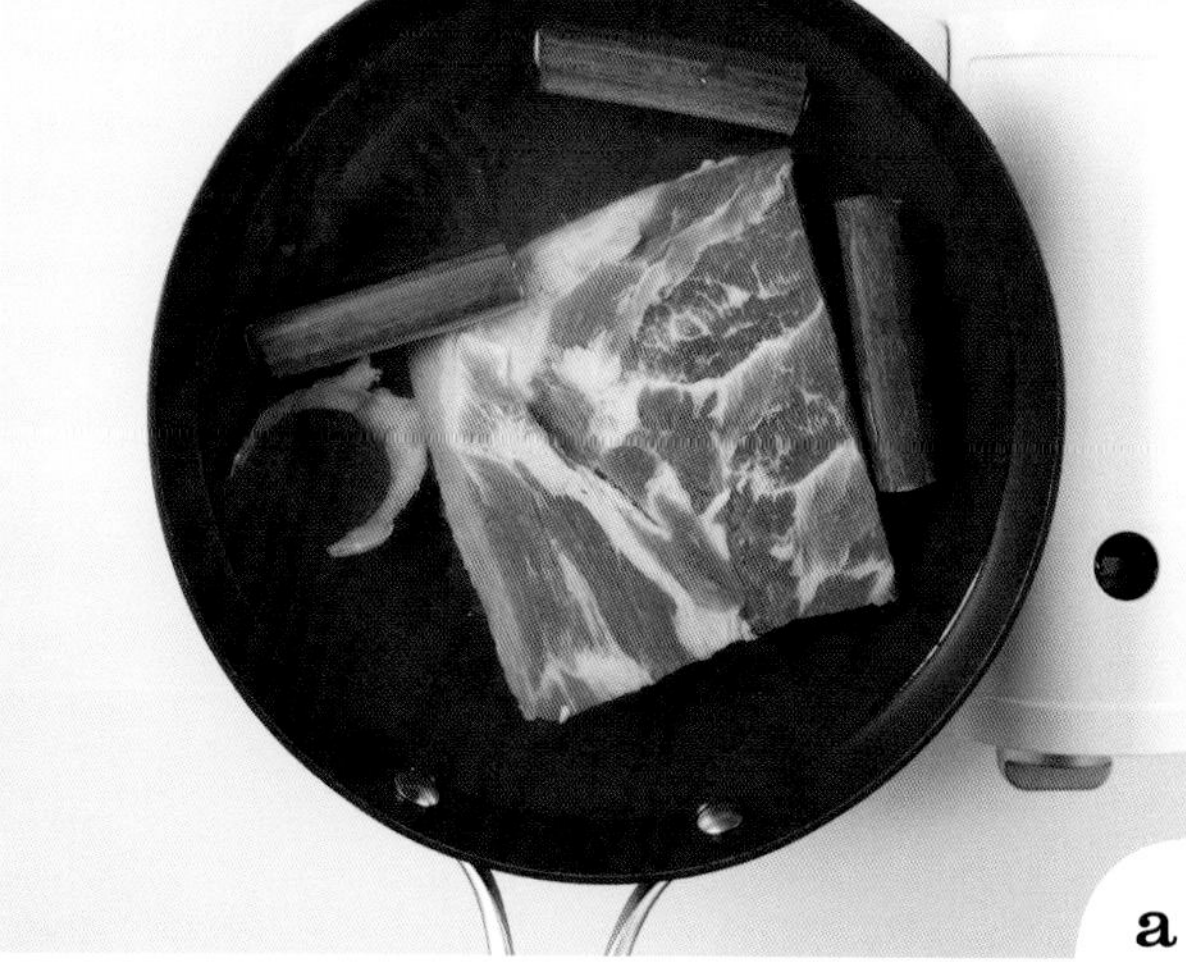

a

豚肉は下ゆですることで余分な脂やアクが落ちます。また、長ねぎ、しょうがの皮と一緒に煮ることで臭みも取れます。

b

豚肉は竹串がスッと通るやわらかさまでゆでましょう。かたまりでゆでてから切ることで、四角い「角煮」になります。

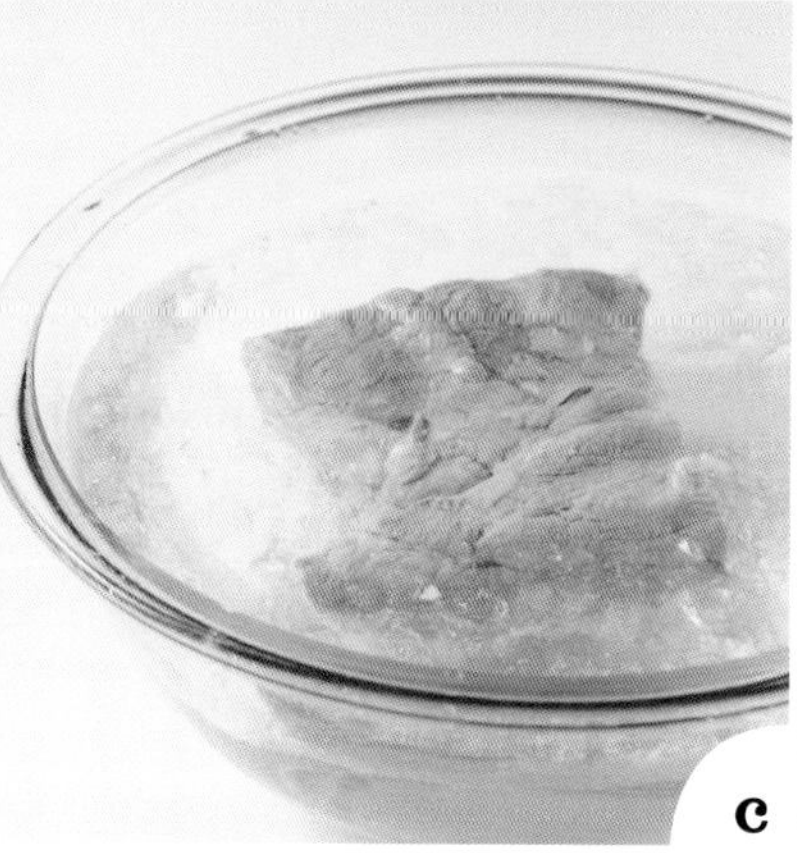

c

ゆで上がりはやわらかいので、そっと氷水に入れること。急冷すると崩れにくくなります。

調理科学のポイント	かたまりのまま下ゆでして余分な脂やアクを落とし、やわらかくなったら氷水で締めると切りやすくなります。表面をこんがり焼いてから煮込むと、糖とアミノ酸が結合するメイラード反応が起き、香ばしい香りがついてうまみがアップします。

d

豚肉は、表面をこんがり焼いてから煮込むと、香ばしくなってうまみが凝縮し、おいしく仕上がります。

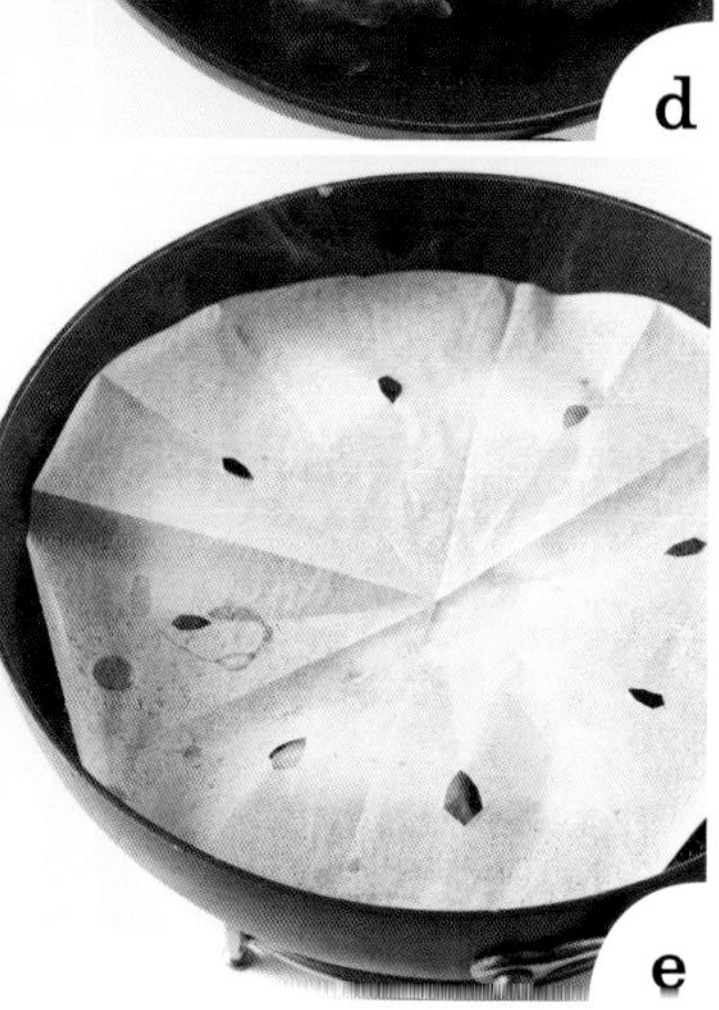

e

落とし蓋は、豚肉の乾燥を防ぐうえ、調味料を対流させて豚肉にしっかり味をしみ込ませる効果があります。

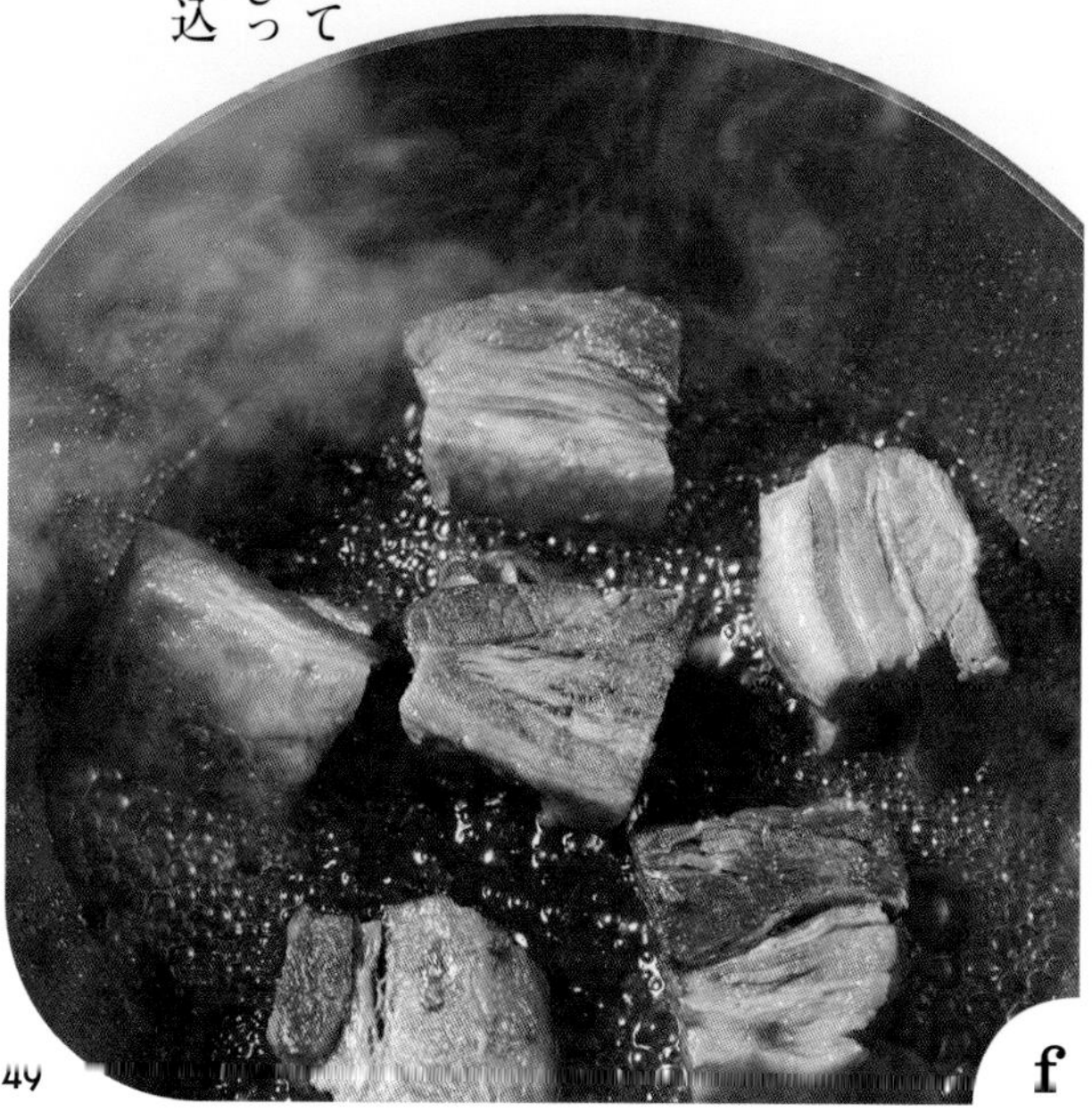

f

煮汁が減って豚肉にしっかり味がしみ込んだら完成。

安価な牛肉でも極上の味わいになる〝ステーキ〟の焼き方

安価な牛肉を極上に仕上げるには、下ごしらえがとても大事。フォークを刺して穴を開け、調味料を中まで入るようにしっかりすり込むのがポイントです。牛肉の弾力がなくなるまでよくもみ込んでやわらかく仕上げましょう。１%の塩をもみ込みますが、食べるときも結晶塩や、粗びき黒こしょうをつけるのがおすすめです。噛むたびに黒こしょうのカリッとした食感を楽しめて、最後まで塩分がアクセントになり、飽きません。

材料　２人分

牛ステーキ用肉……２枚（400g）
塩……4g（牛肉の重量の1%）
こしょう……適量
バター（無塩）……15g

つけ合わせ

フライドポテト・ズッキーニのソテー・結晶塩・粗びき黒こしょう……各適宜

作り方

1. 牛肉は両面とも筋切りをし、フォークを２本使って表面に無数の穴を開ける(a)。塩、こしょう、バター10gを牛肉の弾力がなくなるまでしっかりもみ込む(b)。形を整え、10分ほどおく(c)。
2. フライパンにバター5gを強火で熱し、色づいたら(d)、1を表になる面を下にして入れる。トング（またはヘラ）で上から軽く押さえて平らにし(e)、こんがり焼き色がつくまで焼く。
3. ひっくり返し、肉汁が表面に浮いて焼き色がつくまで焼く。
4. 網に取り出して余分な脂を落とし(f)、器に盛り、つけ合わせを添える。

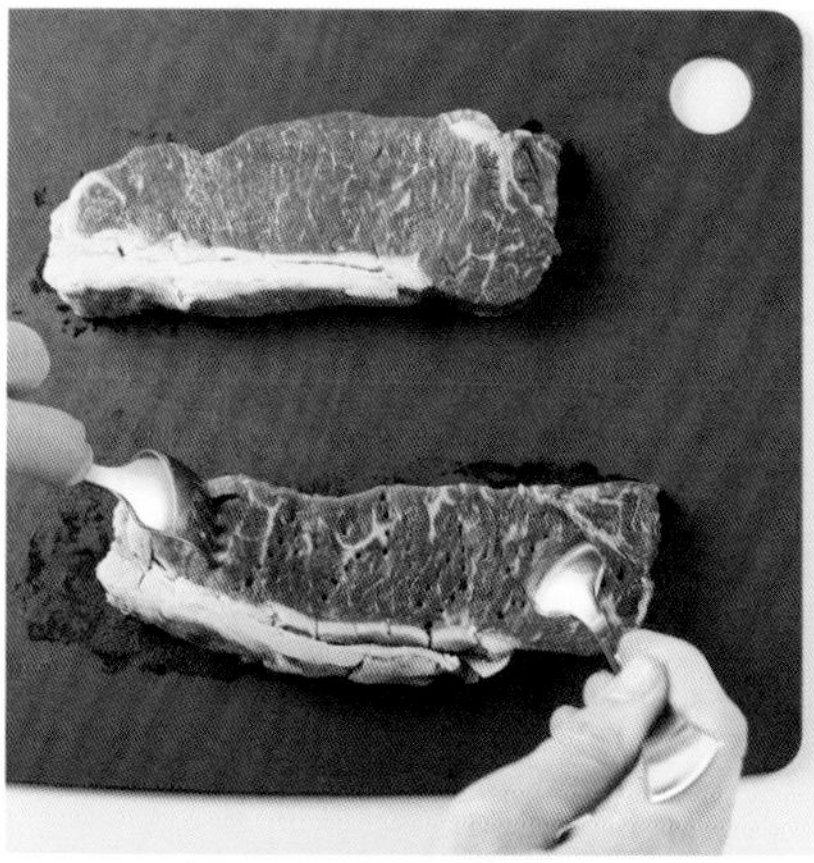
a

フォークで牛肉に穴を開けることで、中まで塩、こしょう、バターがしみ込みやすくなります。

b

弾力がなくなるまでもみ込むと牛肉がやわらかくなります。脂の少ない肉は、穴にバターをすり込むのがコツ。

c

形を整えてしばらくおくことで、常温に戻しながら調味料をなじませます。

d

薄い牛肉も、バターが色づいてから焼けば短時間できれいに焼き色をつけられます。

調理科学のポイント　安価でかたく、味がしみ込みにくい肉は、塩、こしょう、バターをしっかりもみ込むのがコツ。塩には肉の保水性を高める効果があります。塩水に溶けるたんぱく質が表面を覆うので、加熱しても肉汁が逃げにくく、ジューシーに仕上がります。

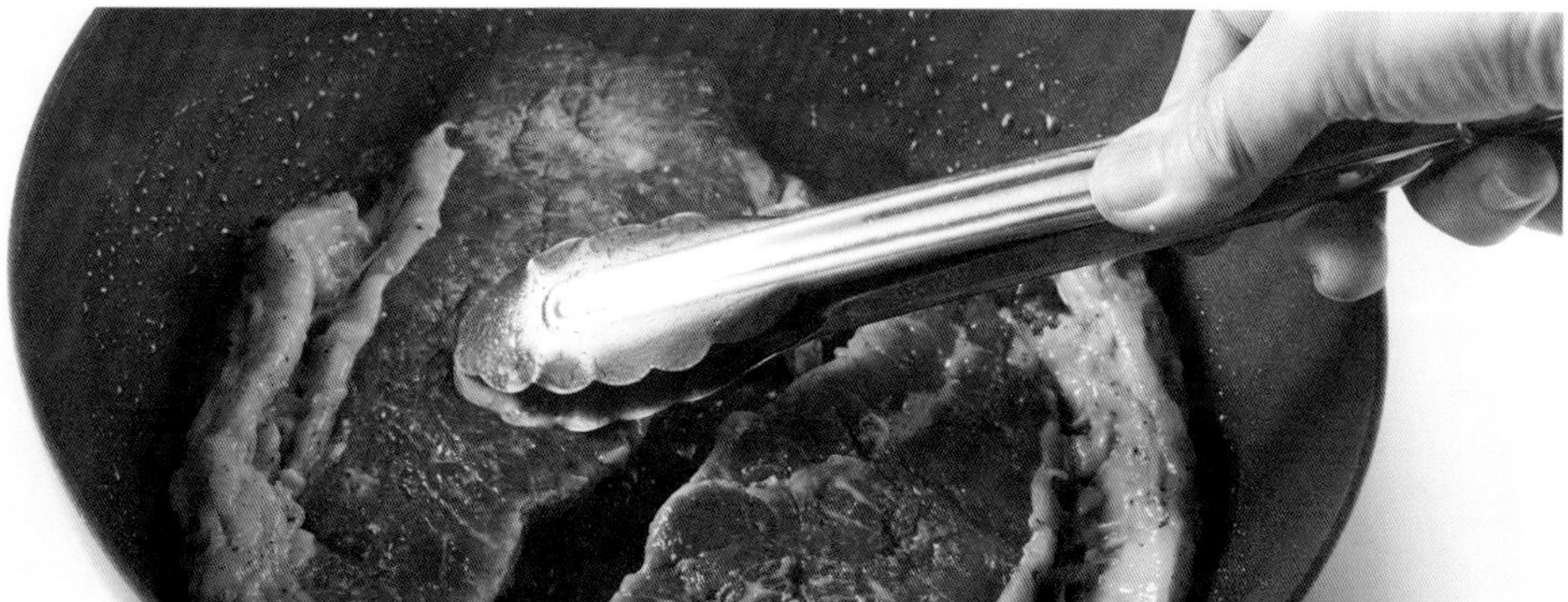
e

牛肉をトング（またはヘラ）で上から押さえながら焼くことで、反り返りを防ぎます。

f

牛肉は網に取り出すことで、余分な脂が落ちてヘルシーに。また、余計な熱が入らないので中はきれいなロゼ色に。

分厚い肉を使う場合はフライパンにバターを熱し、両面30秒ほど焼いて網に取り出す。150℃のオーブンで5分焼き、取り出して5分ほどおき、再びフライパンで両面30秒ほどこんがり焼く。これを繰り返して好みの焼き加減に。

フライパンで作る！しっとりやわらかい〝ローストビーフ〟のコツ

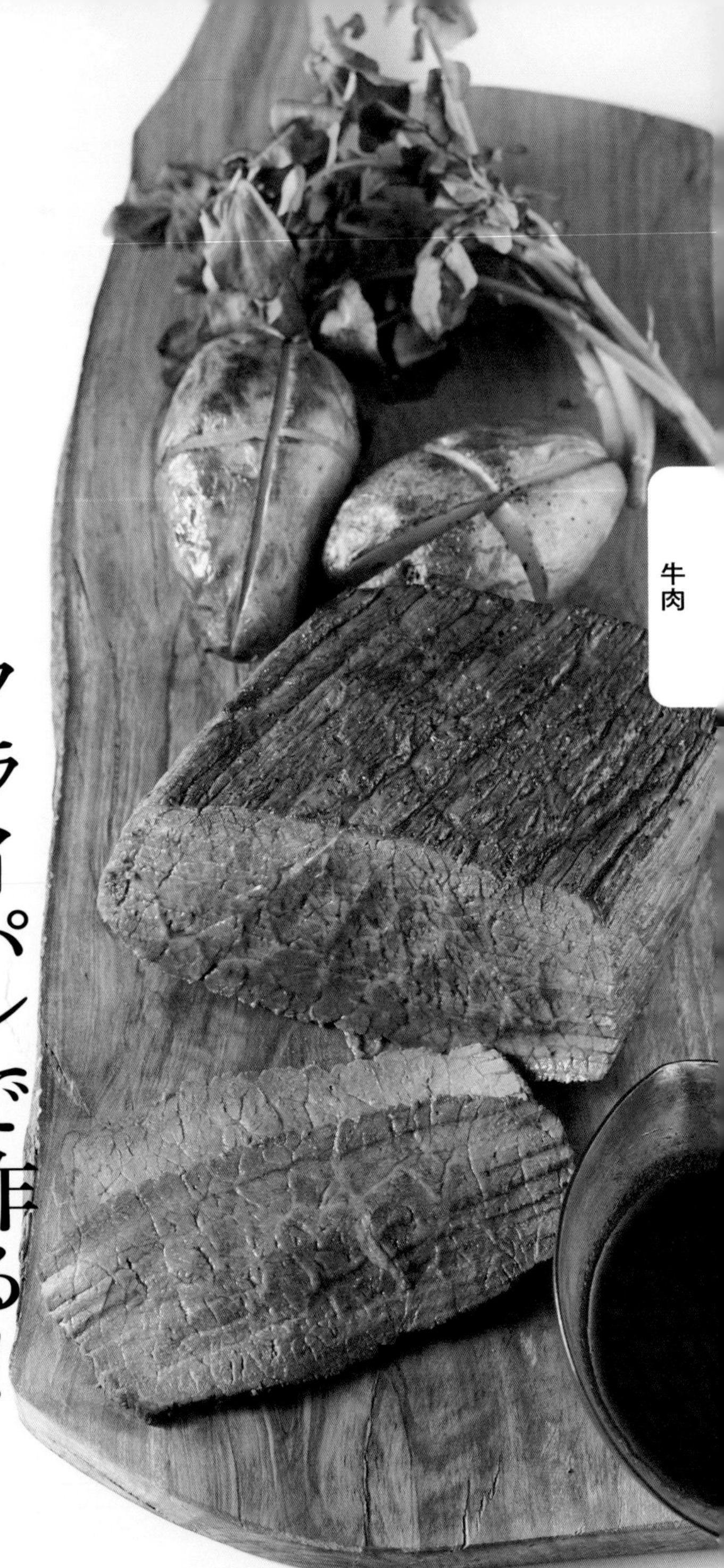

おいしいローストビーフを家でも簡単に作るコツをご紹介します。火加減が難しそう…と思われがちなローストビーフですが、ポイントを押さえればフライパンでも簡単に作れます。やわらかく仕上げるには、牛肉の弾力がなくなるまでフォークを刺して穴を開け、調味料をもみ込むのがコツ。牛肉は表面を焼くだけでOK。蒸し焼きにすれば、中はしっとりやわらかく仕上がるので、おいしいローストビーフをいつでも家で食べることができます。

材料 2人分

牛ローストビーフ用肉……500g
塩……5g（牛肉の重量の1%）
こしょう……少々
バター（無塩）……15g

A
にんじん（薄い半月切り）……30g
玉ねぎ（薄切り）……30g
セロリ（斜め薄切り）……30g
にんにく（みじん切り）……1/2かけ分

B
赤ワイン……50mℓ
ビーフコンソメスープ……100mℓ

つけ合わせ
クレソン・ベイクドポテト……各適宜

作り方

1. 牛肉はラップをして常温に戻し(a)、フォークを2本使って全面に無数の穴を開ける(b)。塩、こしょう、バター10gをしっかりもみ込み(c)、形を整えて30分ほどおく。
2. フライパンにバター5gを強火で熱し、色づいたら**1**を入れて1分以内に全面を焼き(d)、一度取り出す。
3. **2**のフライパンに**A**の野菜を入れてさっと炒める(e)。牛肉を戻し入れて蓋をし、弱火で10分ほど蒸し焼きにする(f)。ひっくり返して火を止め、蓋をして10分ほどおき、牛肉を別のフライパンに移してさらに30分ほどおく。10分おきに1分ほど弱火にかける。
4. **3**の野菜が入ったフライパンに**B**を入れ、弱火で1/3量になるまで煮詰めてざるで漉す。
5. 牛肉を薄く切り(g)、器に盛り、つけ合わせと**4**のソースを添える。

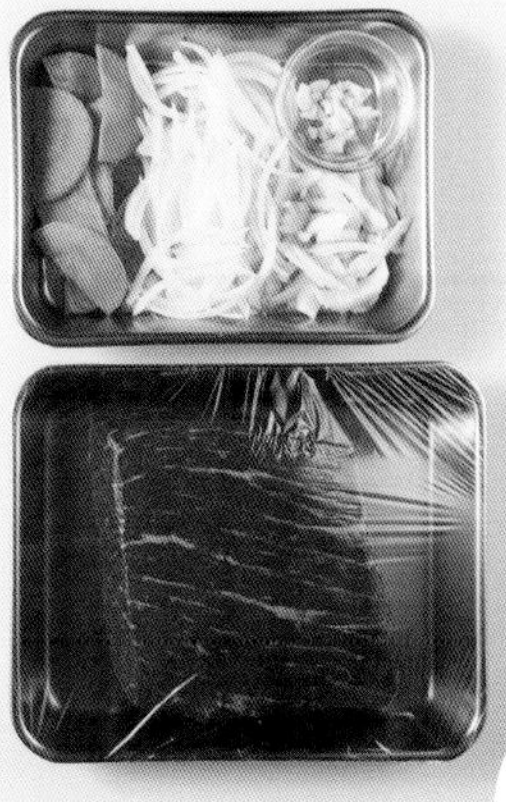

a

冷蔵庫から出した牛肉を常温に戻すときは、ラップをして乾燥を防ぎます。香味野菜はその間に切っておきましょう。

b

弾力がなくなるまで全面にフォークを刺して穴を開けると、調味料がしみ込みやすくなります。

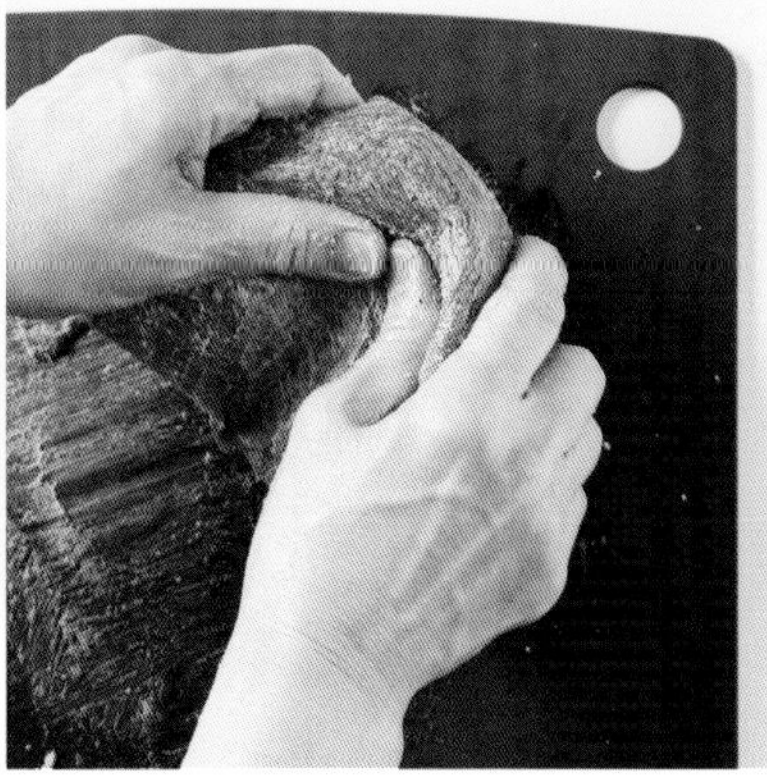

c

調味料をマッサージをするようにしっかりもみ込むことで牛肉の繊維をやわらかくします。

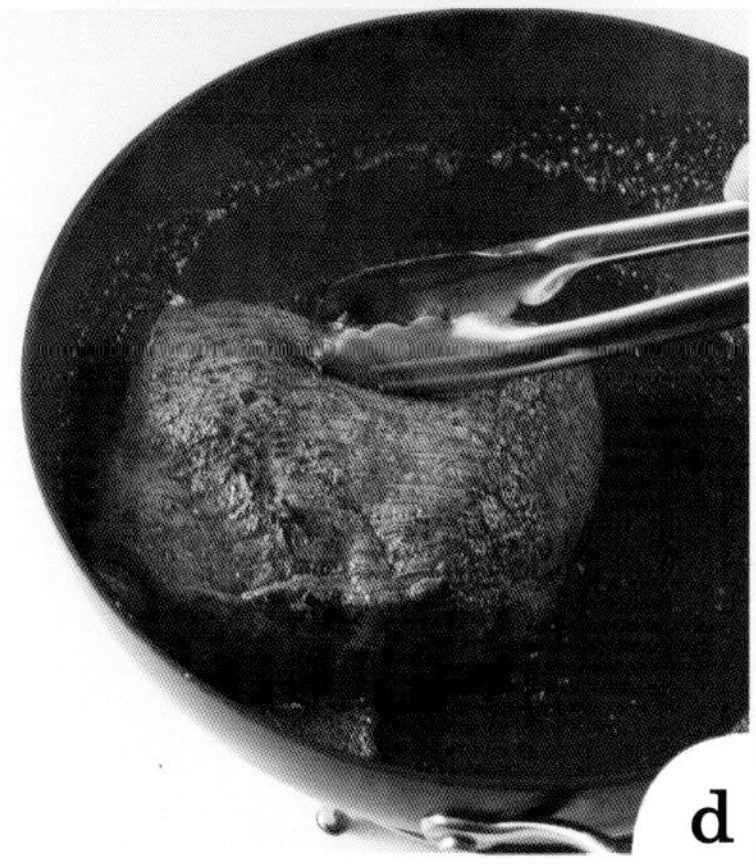

d

牛肉は中まで火が通りすぎないよう、1分以内に全面を焼くのがポイント。

調理科学のポイント	無数の穴を開けて繊維を断ち切り、1%の塩、こしょうをもみ込んで中まで味を浸透させます。フライパンで焼くときは蒸し焼き10分、火を止めて10分おき、そのあと10分ごとに1分ほど弱火にかけながら30分ほどおき、中心温度を保ちます。

e

野菜を入れて底面についた牛肉の焦げをこそげ取りながら、さっと炒めてうまみを移します。

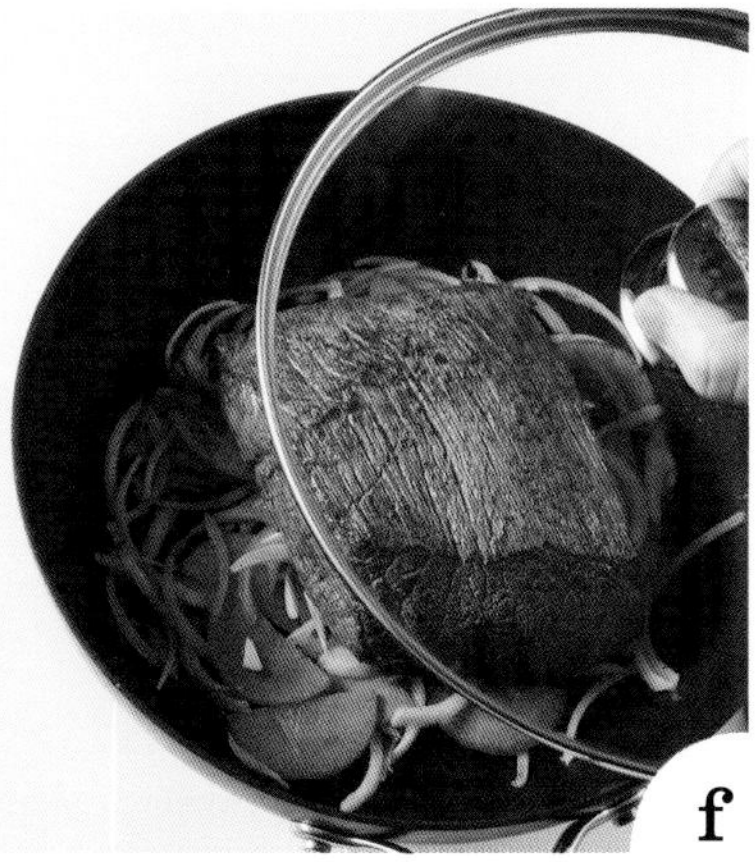

f

牛肉を直接フライパンにあてず、野菜の上で蒸し焼きにすることで、表面が焦げずに、中がロゼ色に仕上がります

g

斜めに包丁を入れて繊維に対して直角に切ると、噛み切りやすくなります。牛肉はごく薄く切るのがポイント。

煮汁がたっぷりのおいしい牛丼の作り方をご紹介します。牛肉の下ごしらえで少しだけ手間をかけることがポイント。牛肉は下ゆでをするとアクが大量に出ます。アクをしっかり取り除くことで、臭みがなくやわらかい肉に仕上げることができます。調味料をよくしみ込ませながら煮て、煮汁が残った状態で完成です。煮汁ごとごはんにかけましょう。やわらかい牛肉と玉ねぎの甘みがマッチして思わずかき込みたくなる一品です。

汁だくでやわらかい “牛丼”のコツ

材料 2人分

牛こま切れ肉……300g
片栗粉……大さじ2
玉ねぎ……1/2個
しょうが……1/2かけ
A だし……200mℓ
　しょうゆ……大さじ4
　砂糖・みりん……各大さじ2
　酒……大さじ1
サラダ油……小さじ1
ごはん……400g
紅しょうが……適量

作り方

1. 牛肉に片栗粉をまぶす(a)。鍋に水(分量外)を沸かし、牛肉をほぐしながら入れる(b)。再び沸騰したらざるにあげてアクを取り除く(c)。玉ねぎは5mm幅の薄切りにし、しょうがはみじん切りにする。Aは混ぜ合わせる。
2. 深型のフライパン(または鍋)にサラダ油、しょうがを弱火で熱し(d)、香りが出たら玉ねぎを入れてさっと炒める(e)。
3. 牛肉、Aを加え、沸騰したら5分ほど煮る(f)。
4. 器にごはんを盛り、3をかけて紅しょうがを添える。

a

牛肉全体に片栗粉が絡むように軽く混ぜ合わせると、やわらかい口あたりに。

b

牛肉はくっつきやすいので、ほぐしながら湯通しするのがコツ。牛肉のうまみが流れ出ないうちにすぐに漉せるように、横にざるをセットしたボウルを用意しておきましょう。

c

アクが出たらざるにあげ、ゆでこぼします。肉がアクにまみれていたらさっと洗いましょう。

調理科学のポイント

牛肉がかたい場合は、塩麹を絡めて2時間以上おきます。こうすることで、塩麹に含まれるプロテアーゼ（たんぱく質分解酵素）がたんぱく質を分解してやわらかく仕上げます。また、同時にアミノ酸も増やすのでうまみもアップします。

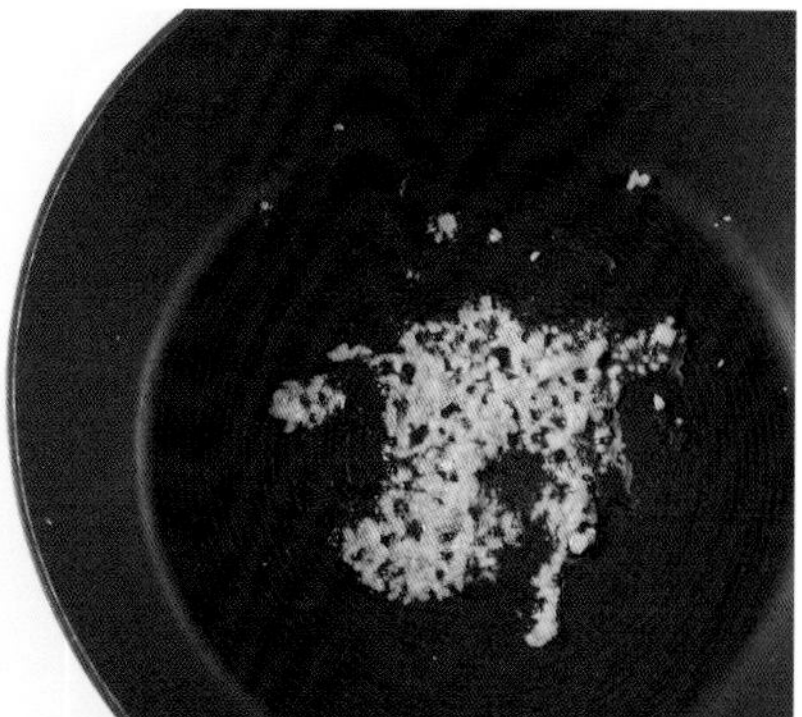

d

しょうがを香りが出るまでサラダ油で加熱すると、さわやかな仕上がりになります。

e

玉ねぎはほぐしながら、しょうがの香りを移すようにさっと炒めます。

f

牛肉、調味料を加えて軽く混ぜながら煮ます。汁がしっかり残っている状態で完成です。

やわらかくてうまみが濃い〝ビーフシチュー〟のコツ

うまみがたっぷりで、濃厚なビーフシチューの作り方をご紹介します。牛肉は塩、こしょうをよくもみ込んでやわらかくし、表面に焼き色がつくまで焼きましょう。フライパンの底面についたうまみをこそげ取りながら、ほかの食材と炒めてしっかり煮込むことで、牛肉のうまみが煮汁にしみ出ます。牛肉は口に入れた瞬間ホロホロとほぐれるやわらかさで、ジューシーな仕上がりになります。濃厚な絶品ビーフシチューをぜひご堪能ください。

材料　2人分

牛バラかたまり肉……500g
塩・こしょう……各少々
玉ねぎ……1個
にんじん……1/2本
赤ワイン……100mℓ
水……600mℓ
A　デミグラスソース……1缶（290g）
　トマトケチャップ……大さじ1
バター（無塩）……15g

つけ合わせ

グリーンアスパラガスの塩ゆで……適宜

作り方

1. 牛肉は4cm角に切って塩、こしょうをふり、よくもみ込む。玉ねぎは3〜4cm四方に切り、にんじんは1cm幅の半月切りにする(a)。
2. 深型のフライパン（または鍋）にバター半量を強火で熱し、牛肉を入れて全面こんがり焼く(b)。残りのバター(c)、玉ねぎ、にんじんを加えて全体が香ばしくなるまで底面のうまみをこそげ取るように炒める。
3. 赤ワインを加えて底面のうまみをこそげ取るように混ぜ(d)、アルコール分が飛んだら、水を加える(e)。沸騰したら弱火にしてアクを取り除き(f)、蓋をして牛肉がやわらかくなるまで2時間ほど煮込む(g)。
4. 牛肉がやわらかくなったら(h)、Aを加えて混ぜ(i・j)、蓋をせずに10分ほど煮詰める(k)。器に盛り、つけ合わせをのせる。

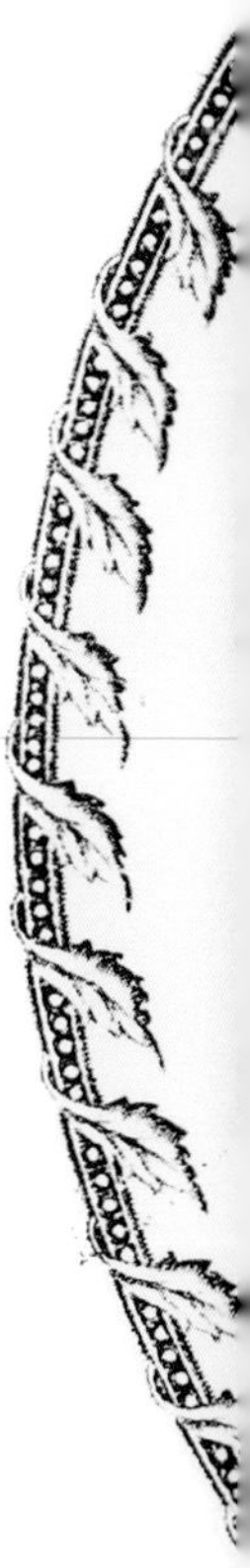

食材は火の通り方によって切る大きさを変えるのがコツ。脂身の多い肉は脂が溶け出す分、少し大きめに切ります。

a

牛肉は蒸れないように間隔を空け、脂の面を下にして脂を出やすくするとこんがりと焼けます。

b

バターは少しずつ加えます。フライパンを動かしながら焼くことで焼きムラをなくし、バターが焦げるのを防ぎます。

c

調理科学のポイント	牛バラ肉は、コラーゲンの含有量が多く繊維もかたいため、やわらかく煮えるまでに時間がかかります。もも肉の場合、コラーゲンの含有量が少ないため、長時間煮るとパサつきます。その場合、数か所穴を開けてバターをもみ込むといいでしょう。

玉ねぎとにんじんを入れてこんがりと炒め、赤ワインを加えたら、うまみをこそげ取るように混ぜながら煮ます。

d

牛肉はひたひたの煮汁で煮込むとやわらかくなります。途中、煮汁が少なくなったら水（分量外）を適宜加えます。

e

アクが出てきたら、網じゃくしでしっかり取り除きます。こうすることで雑味のない味わいに。

f

g

蓋でしっかり密閉して牛肉がやわらかくなるまでじっくりコトコト煮込みましょう。

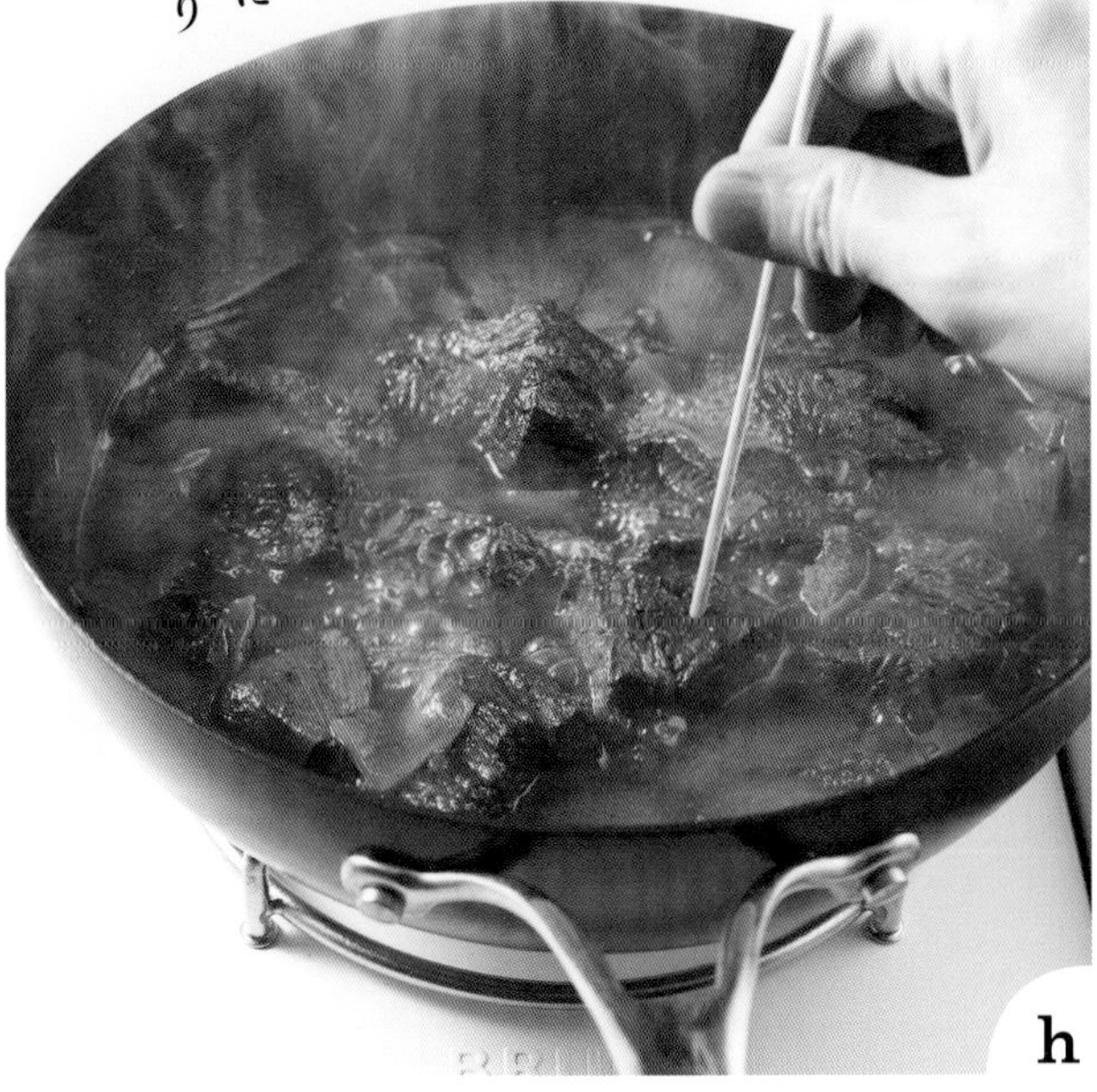

h

牛肉に竹串を刺してスッと通るぐらいのやわらかさになれば、煮上がりの目安です。

調理科学のポイント	肉をやわらかく煮るためには、煮汁につかっている状態で煮込むのがポイント。その状態をキープすることで、肉の乾燥を防ぎ、肉全体にゆっくり火を通すとともに、味を浸透させることができます。煮汁が少なくなったら水を加えましょう。

i

デミグラスソースは先に入れると焦げやすいので、とろみがついていない煮汁で煮込んだあとに加えるのがポイント。

j

牛肉はやわらかくて崩れやすいので、肉に触らないようにしてデミグラスソースを溶かします。

k

仕上げは、蓋をせずに煮汁を煮詰めることで、うまみが凝縮します。

MADE in FRANCE

ふっくらジューシーな〝ハンバーグ〟の焼き方

定番おかずのハンバーグですが、意外と知られていない調理のコツをご紹介。この作り方を覚えれば、失敗知らず！ ふっくらジューシーにおいしく作ることができます。ふわふわにするには肉だねのこね方と焼き方がとても重要。ほかの材料と合わせてこね、蓋をして両面蒸し焼きにするのがポイントです。焼き上がりに竹串は刺さないこと。肉汁を中に閉じ込めたまま仕上げましょう。ふんわり膨らみ、ジュワッと肉汁が溢れるハンバーグです。

材料　2人分

合いびき肉……250g
玉ねぎ……1/2個

A
- 生パン粉……20g（または乾燥パン粉15g）
- 溶き卵……1/2個分
- 牛乳……50mℓ
- 塩……小さじ1/2
- こしょう・ナツメグ……各少々

B
- デミグラスソース……100g
- 赤ワイン……大さじ2

バター（無塩）……15g
サラダ油……少々

つけ合わせ
さやいんげんのバターソテー・にんじんのグラッセ……各適宜

作り方

1. 玉ねぎは粗みじん切りにする。

2. フライパンにバター10gを中火で熱し、色づいてきたら**1**を入れてバターをさっと絡める（a）。

3. **2**をボウルに移して広げ、粗熱が取れたら**A**を加えて混ぜる（b）。ひき肉を加えて手でつかむように混ぜ（c）、2等分にして両手にサラダ油を塗り（d）、空気を抜きながら小判形に成形する（e）。バットを裏返し、ラップを敷いてその上に肉だねをおき（f）、中央をくぼませる（g）。

4. フライパンにバター5gを中火で熱し（h）、色づいてきたら**3**を並べ入れてバターを絡めたら弱めの中火にし、蓋をして両面約5分ずつ焼く（i）。透明な肉汁が出てきたら（j）、器に盛る。

5. **4**のフライパンに**B**を入れて中火で熱し、底面のうまみをこそげて混ぜながら温める（k）。**4**のハンバーグにかけてつけ合わせを添える。

玉ねぎは長く炒めると水分が飛んでしまい、シャキッとした食感がなくなるので、さっと炒めてバターの香ばしい風味をつけ、玉ねぎのみずみずしさを残します。

a

玉ねぎは粗熱を取ってからパン粉などと混ぜることで、ひき肉に火が通ってしまったり、脂が溶け出てしまうのを防ぎます。

b

肉だねは、手で持って落ちなくなるまでこねると、焼いているときに崩れにくくなります。

c

調理科学のポイント	ひき肉に塩を加えて手で練り混ぜると、ひき肉に含まれている水分に塩が溶けて食塩水になります。食塩水にアクチンやミオシンが溶け出し、さらに練り混ぜることでその2つが絡み合い、崩れにくくなるのでしっかりした食感に。

手にサラダ油をつけて肉だねを成形すると、手にくっつかずにきれいに成形できます。

d

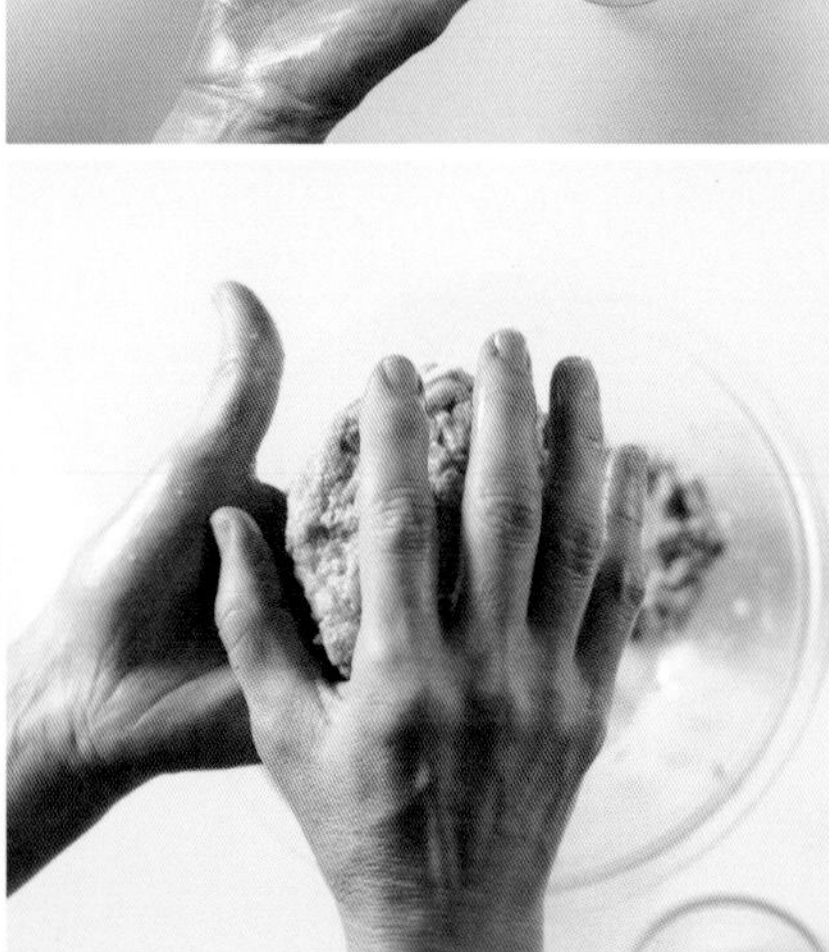

パンパンと音がするくらい、手のひらにたたきつけながら空気を抜いていきます。

e

バットを裏返してラップを敷いておき、その上に肉だねをおくと取りやすく、きれいな形のまま焼くことができます。

f

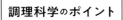

g

中央をくぼませることで、肉だねが縮んで、中央だけ丸く膨らむのを防ぎます。均一な厚さでふっくらとした焼き上がりに。

h

水分が飛ぶまで熱し、小麦色になったバターで肉を焼くと、香ばしい風味がつきます。

調理科学のポイント	バターは乳化しており、溶かすと上澄み部分の乳脂肪とたんぱく質や乳糖などを含む水溶性分（乳しょう）にわかれます。さらに火にかけると水分が飛び、小麦色になります。この焦がしたバターで玉ねぎやハンバーグを焼くと焼き色がつきます。

i

蓋をして両面約5分ずつ蒸し焼きにすることで、ふっくらジューシーに焼き上がります。

j

ハンバーグに竹串を刺して焼き上がりを確認するのは肉汁が溢れ出てしまうのでNG。透明な肉汁が自然と出てきたらすぐに取り出します。

k

ソースの材料を入れたら、底面についているうまみをヘラでこそげ取りながら混ぜるのがポイント。

ふわふわ〝つくね〟のコツ

ふわふわ食感のおいしいつくねを作るコツをご紹介します。ふわふわに仕上げる秘訣は、ずばり、山いものすりおろしを入れること！　山いもの入った肉だねをしっかり練ることでふんわりした食感になります。また、小さく成形した肉だねは1個1個丁寧に焼き上げましょう。長ねぎも一緒に焼くことで肉のうまみを長ねぎに吸わせ、長ねぎの香ばしさをつくねに移します。

材料　2人分

鶏ひき肉……200g
山いも……10g
長ねぎ（白い部分）……28cm
しょうがのすりおろし……1/2かけ分
A｜しょうゆ・酒・みりん……各大さじ1
B｜片栗粉・酒……各小さじ1
　　｜塩……ひとつまみ
サラダ油……適量

作り方

1. 山いもはラップでつかんですりおろす（a）。長ねぎは4cm長さに切り、1切れをみじん切りにする。**A**は混ぜ合わせる。
2. ボウルにひき肉、山いも、みじん切りにした長ねぎ、しょうが、**B**を入れて粘りが出るまでよく練り混ぜ（b・c）、両手にサラダ油少々を塗り、8等分にして丸く成形する（d）。
3. フライパンにサラダ油小さじ1を中火で熱し、**2**を並べ入れる。両面3分ずつ焼き（e）、長ねぎを加えて両面に焼き色がついたら余分な脂をペーパータオルで吸い取る（f）。**A**を加えて弱めの中火で2分ほど煮絡め（g）、器に盛る。

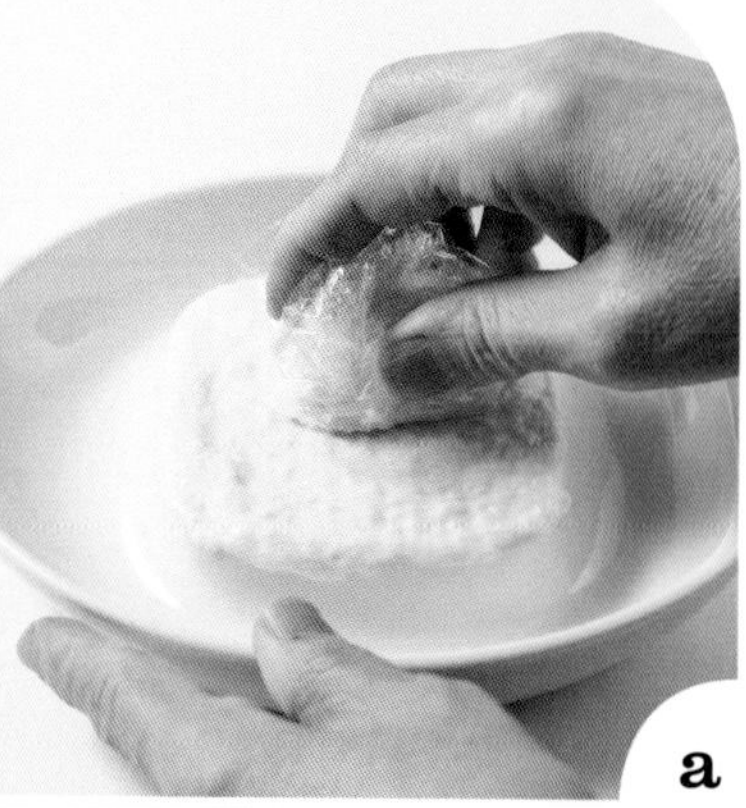

a

山いものすりおろしを混ぜるとふんわり仕上がります。すりおろすときに、ラップでつかむと滑らないのでおすすめ。

b

ひき肉に調味料の水分をしっかり吸わせるようにつまみながら混ぜるのがポイントです。

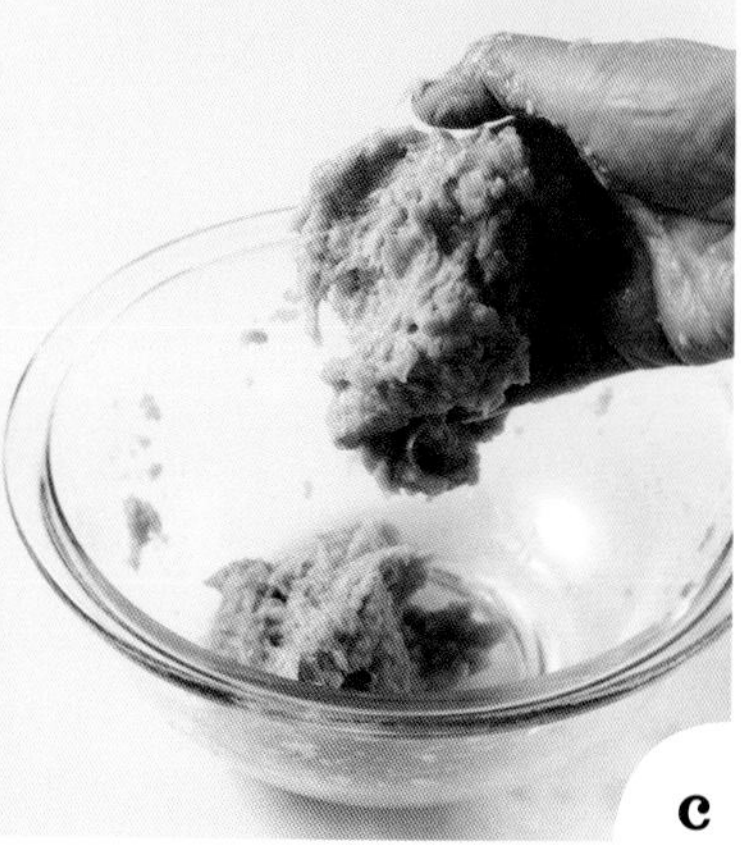

c

肉だねはしっかりと練っておくこと。持ち上げたときに落ちない状態まで練ると、焼いたときに崩れにくくなります。

d

肉だねを成形したら、ラップを敷いたバットの裏に並べておくと、形が崩れず取りやすいのでおすすめです。

調理科学のポイント	鶏ひき肉に調味料を加えると、筋原繊維たんぱく質のミオシンが溶け出ます。そのあとよく練って水分を吸わせるとたんぱく質が網目構造になり、粘りが出て保水性が高まります。低温の状態で練ると引き締まり、より粘りが出やすくなります。

e

つくねの片面に焼き色がつき、ひっくり返すときは、フライパンの側面を使うとラクにできます。

f

底面の脂はペーパータオルで拭き取るのではなく、フライパンを傾けて吸い取ることでうまみを残します。

g

タレを加えたあとの火加減は、タレが軽く沸騰するくらいが目安。底面のうまみをこそげ取りながらタレを絡めます。

ジュワッと肉汁たっぷりの〝餃子&焼売〟のコツ

餃子

材料　20個分

餃子の皮……20枚
豚ひき肉……160g
キャベツ……2枚(80g)
にら……40g

A
- 塩……小さじ1/3
- こしょう……少々
- しょうゆ・酒・オイスター ソース・ごま油……各小さじ1

B
- しょうがのすりおろし ……小さじ1/2
- にんにくのすりおろし ……小さじ1/3
- 片栗粉……小さじ2

水溶き片栗粉 ……水150㎖＋片栗粉大さじ1
サラダ油……小さじ6

C
- しょうゆ・酢・ラー油 ……各適量

作り方

1. キャベツは5㎜四方に切り、にらは小口切りにする。
2. ボウルにひき肉、Aを入れてつまむようによく混ぜ、ボウルの内側にたたきつけて粘りを出す(a・b)。Bを加えて混ぜ、1を加えてさらに混ぜる(c)。
3. 2をバットに広げて平らにならし、20等分する。ラップをして冷蔵庫に15分ほどおく。
4. 餃子の皮1枚のふちに水(分量外)をつけ、3を1/20量のせてはさむ(d)。ひだを作りながら肉だねを包み、カーブをつけて餃子の形にする(e)。これを20個作る(f)。
5. フライパンにサラダ油小さじ1を入れて4を半量並べ、水溶き片栗粉半量を加える(g)。蓋をし、火にかけて沸騰したら弱火にし、5分ほど加熱したら蓋を外して水分を飛ばす。
6. サラダ油小さじ2を鍋肌から加え(h)、底全体がカリッと焼けたら器にひっくり返して盛る。同様に残り半量も焼く。混ぜ合わせたCを添える。

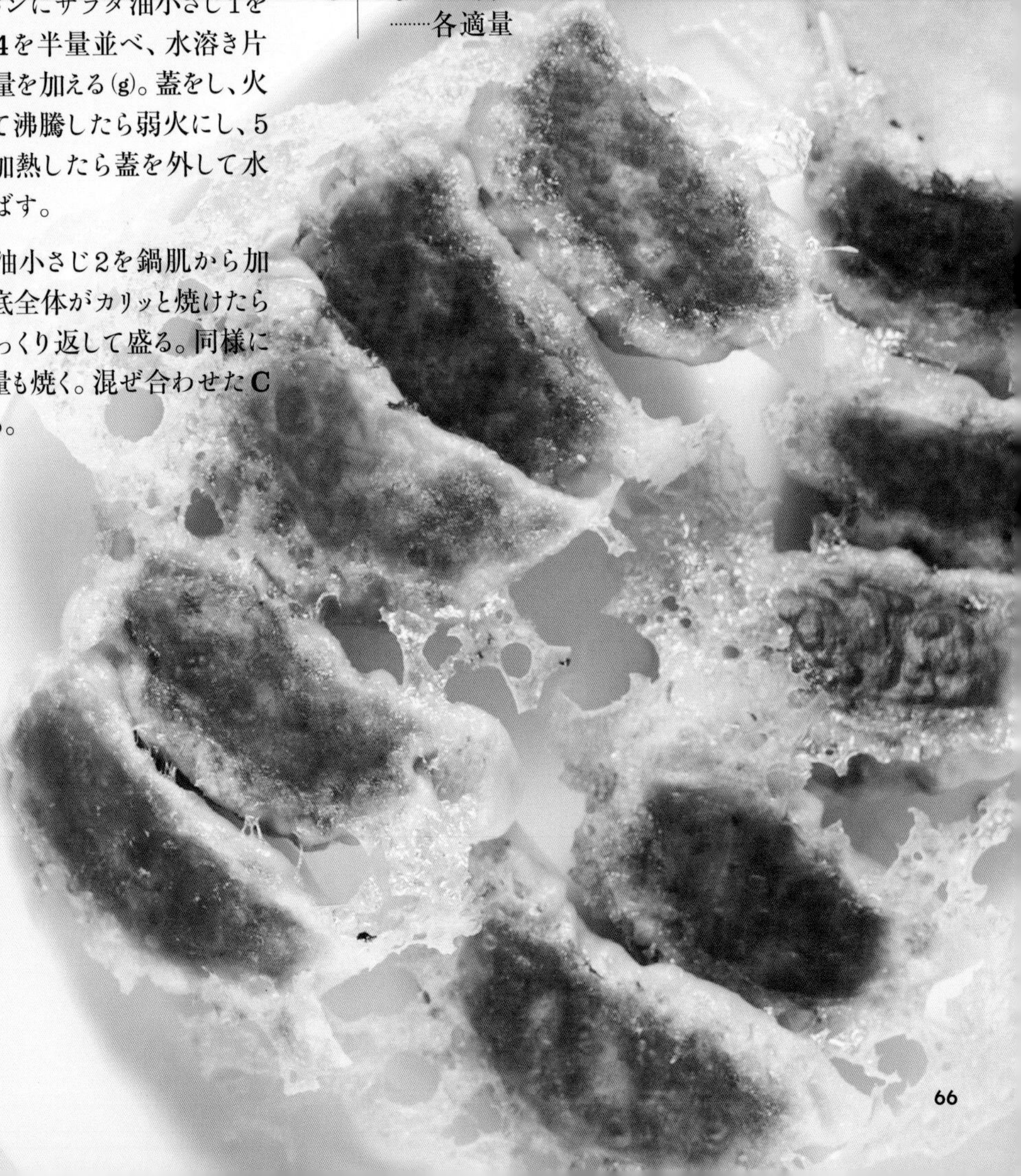

中華料理の定番の餃子と焼売。肉汁たっぷりジューシーな餃子と焼売の作り方をご紹介します。肉汁たっぷりに仕上げるには、肉だねの練り方が共通のポイント。包み方や加熱の仕方は餃子と焼売でコツが違うので比較してみてください。餃子の皮は水分をしっかり飛ばしてパリッと仕上げます。焼売は肉のうまみを野菜にもしみ込ませましょう。羽根はパリパリで中はジューシーな餃子と、蒸して肉汁を閉じ込めた焼売をぜひご堪能ください。

焼売

材料 12個分

焼売の皮……12枚
豚ひき肉……250g
しいたけ……2枚
玉ねぎ……1/2個
白菜……2枚（150g）

A 砂糖・酒・オイスターソース・しょうゆ・ごま油……各小さじ1
こしょう……少々

B しょうがのみじん切り・片栗粉……各小さじ1

水……50mℓ
酒……大さじ1
練りがらし・しょうゆ……各適量

作り方

1. しいたけ、玉ねぎは粗みじん切りにし(a)、白菜は5mm幅の4cm長さに切る。
2. ボウルにひき肉、**A**を入れてつまむようによく練り混ぜ、ボウルの内側にたたきつけ、粘りを出す(b)。しいたけ、玉ねぎ、**B**を加えてさらに混ぜる。
3. **2**をバットに広げて平らにならし、12等分する(c)。ラップをして冷蔵庫に15分ほどおく。
4. 焼売の皮1枚に**3**を1/12量のせて包む(d･e)。これを12個作る。
5. フライパンに白菜を敷き、**4**を並べて水と酒を入れ(f)、蓋をして強めの中火で9分ほど蒸す。器に盛り、練りがらしとしょうゆを添える。

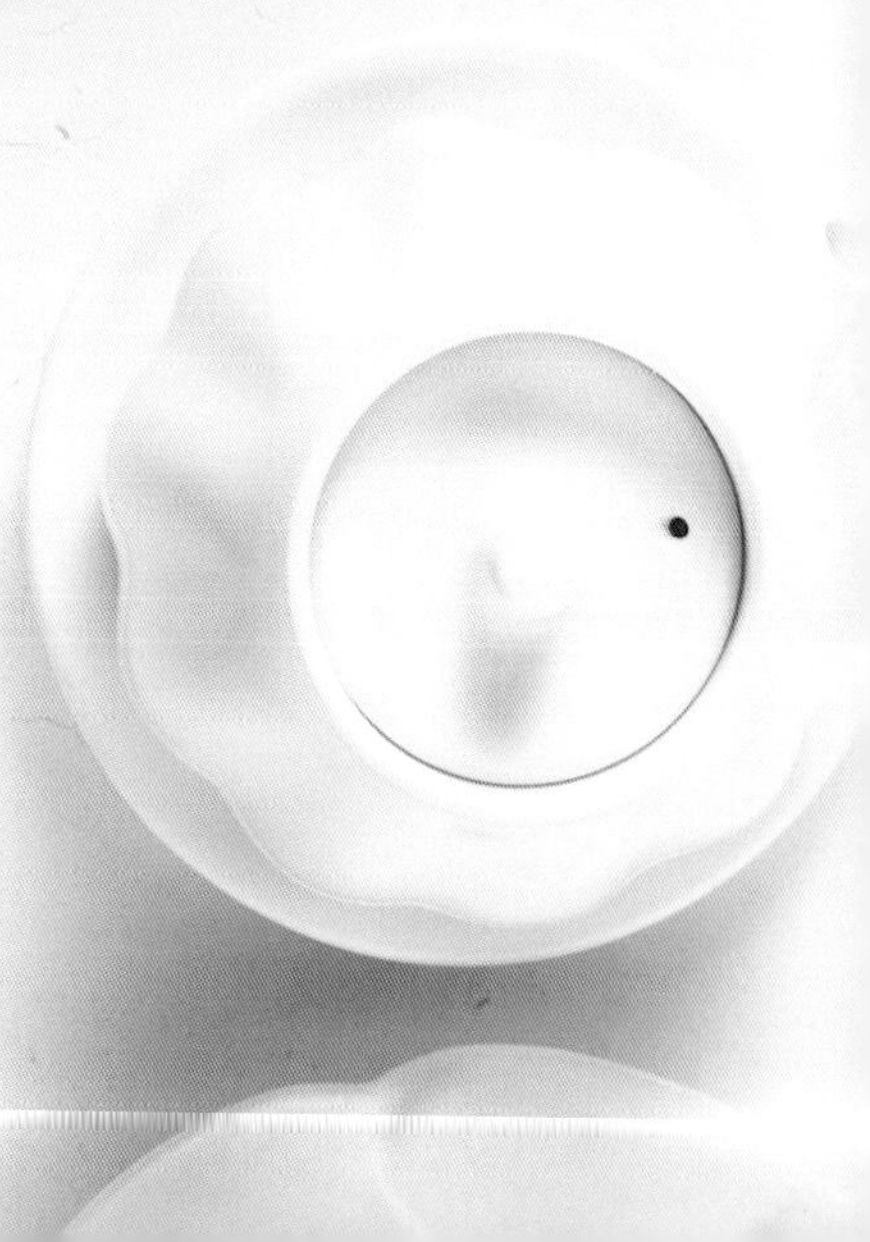

餃子

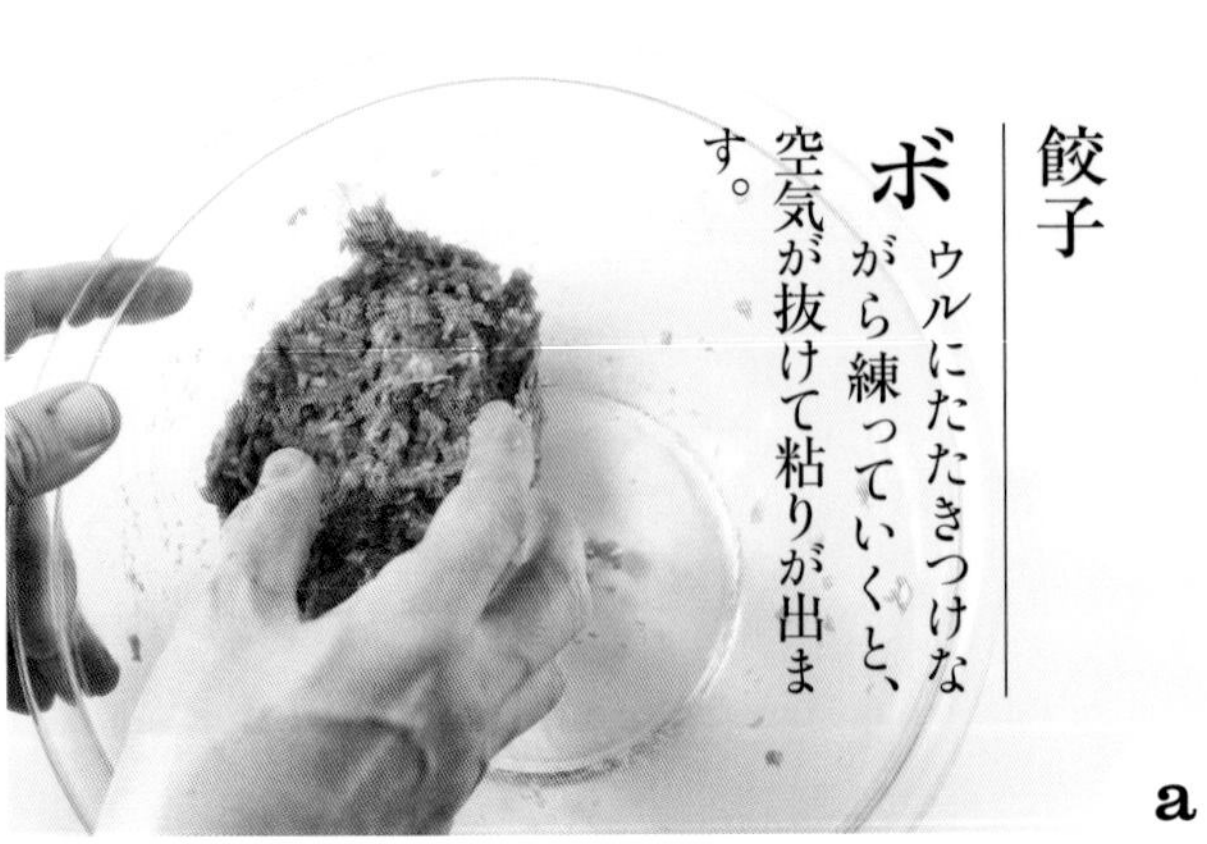

a

ボウルにたたきつけながら練っていくと、空気が抜けて粘りが出ます。

b

持ち上げたときに、落ちない状態になるまで練りましょう。

c

キャベツは塩もみせずに、そのまま混ぜて片栗粉に水分を吸わせるようにまとめると、栄養価も水分も保つことができます。

d

肉だねをはさんだときに、手前にくる皮を1／3ほど下にずらすときれいに包めます。

調理科学のポイント

ひき肉に調味料を混ぜ込むと、たんぱく質の一部が分解されて網目構造になり、水分が入って保水性が高まります。そこに水分の多いキャベツを加え、片栗粉を混ぜることでさらに保水効果を発揮。肉汁が漏れないように皮で包んで火を通します。

e

左手中指で皮を押し出し、右手人差し指で押さえてカーブをつけながらひだを作ります。

f

包み終わったら餃子がくっつかないように、木製の麺台（またはクッキングシート）に並べます。

g

サラダ油を入れたフライパンに並べたら水溶き片栗粉を加えて蒸し焼きにすると、水分を損なわずに火を通せます。

h

サラダ油を加えて餃子の下全体に油を行き渡らせ、カリッと焼きましょう。

焼売

しいたけと玉ねぎは粗みじん切り、しょうがはみじん切りにすることで食感を楽しめます。玉ねぎは水分が残ってジューシーに仕上がります。

a

ひき肉に調味料を加えて練ることでひき肉の臭みがやわらぎ、水分を吸ってやわらかくなります。持ち上げたときに落ちない状態になるまで練ります。

b

あらかじめ12等分にして冷蔵庫で冷やしておくと、同じ量で肉だねを包むことができるうえ、ひき肉の脂がかたまるので包みやすくなります。

c

片手で焼売の皮をふんわり包むように持ち、肉だねをのせたら、親指と人差し指を円にしてスプーンで肉だねを押し込みます。

d

調理科学のポイント	ひき肉は練りすぎると網目構造が強くなって加熱したときに縮み、食感がかたくなります。ポイントは低温のまま素早く水分を吸わせて練り混ぜ、脂を溶かさないこと。淡白な味の野菜を敷けば肉のうまみがしみ込み、野菜もおいしくいただけます。

スプーンの裏側を肉だねにあて、上から押さえるように表面をならして形を整え、麺台に並べて底を平らにします。焼売は皮から具が見えるように肉だねをたっぷり入れましょう。

e

白菜を敷いて蒸すと、焼売の皮が底面にはりつきません。残り野菜の活用法としてもおすすめです。

f

とろとろ&うまみたっぷり "ロールキャベツ"のコツ

キャベツがとろとろでジューシーなロールキャベツを作りましょう。キャベツのかたい芯の部分を削ぐことで巻きやすくなり、火も通りやすくなります。巻きが弱くて煮込んでいる間にキャベツがはがれてしまった…なんて経験がある方もいると思います。巻き方にもコツがありますので、ポイントを押さえながら作ってみてください。肉とキャベツのうまみがしみ出た煮汁と、とろとろのロールキャベツを一緒にどうぞ。

材料 2人分

合いびき肉……200g
キャベツ……4枚
玉ねぎ……1/2個

A
- 生パン粉……15g
- 牛乳……大さじ1
- トマトケチャップ……小さじ2
- 塩・こしょう……各少々

B
- ブイヨン……400mℓ
- ローリエ……1枚
- 塩・こしょう……各少々

イタリアンパセリ……適宜

作り方

1. キャベツは芯をくり抜き、水を入れた大きめのボウルに入れて葉をはがす(a)。2分ほど塩ゆでし(b)、ざるにあげて水けをきり、ペーパータオルで拭き取る。芯の厚い部分を包丁で削ぐ(c)。玉ねぎはみじん切りにする。
2. ボウルに**A**を入れ(d)、混ぜてパン粉がやわらかくなったら、玉ねぎ、ひき肉を加えて混ぜ、4等分にして軽く俵形に成形する。
3. キャベツ1枚を広げ、手前に**2**を1個のせてひと巻きする(e)。片側の葉を直角に折り込んで巻き(f)、巻き終わったらもう片側の葉を中心に詰める(g)。これを4個作る。
4. 深型のフライパン(または鍋)に**3**をすき間なく並べ、**B**を入れて中火にかける。沸騰したら弱火にし、蓋をしてキャベツがやわらかくなるまで40分ほど煮込む(h)。煮汁ごと器に盛り、イタリアンパセリを添える。

a

キャベツは水の中で葉をはがすと、葉の間に水が入ってはがれやすくなります。

b

キャベツをひっくり返しながらしんなりするまで火を通します。

c

芯の厚い部分を削ぐことで、巻きやすくなります。

d

トマトケチャップを混ぜると、肉の臭みが緩和されて甘みと酸味が加わり、深みが増します。

調理科学のポイント

煮るという調理法は加熱した熱が鍋を伝わり、スープが温められて中の食材の回りから火が通っていきます。そのときにすき間があるとキャベツが動いてはがれやすくなるので、動かないように鍋にロールキャベツを敷き詰めて弱火で煮込みます。

e

キャベツに肉だねが密着するようにしっかり巻いていきます。

f

片側の葉を折り込んできれいに巻けるように、葉の形を整え、くるくる巻いていきます。

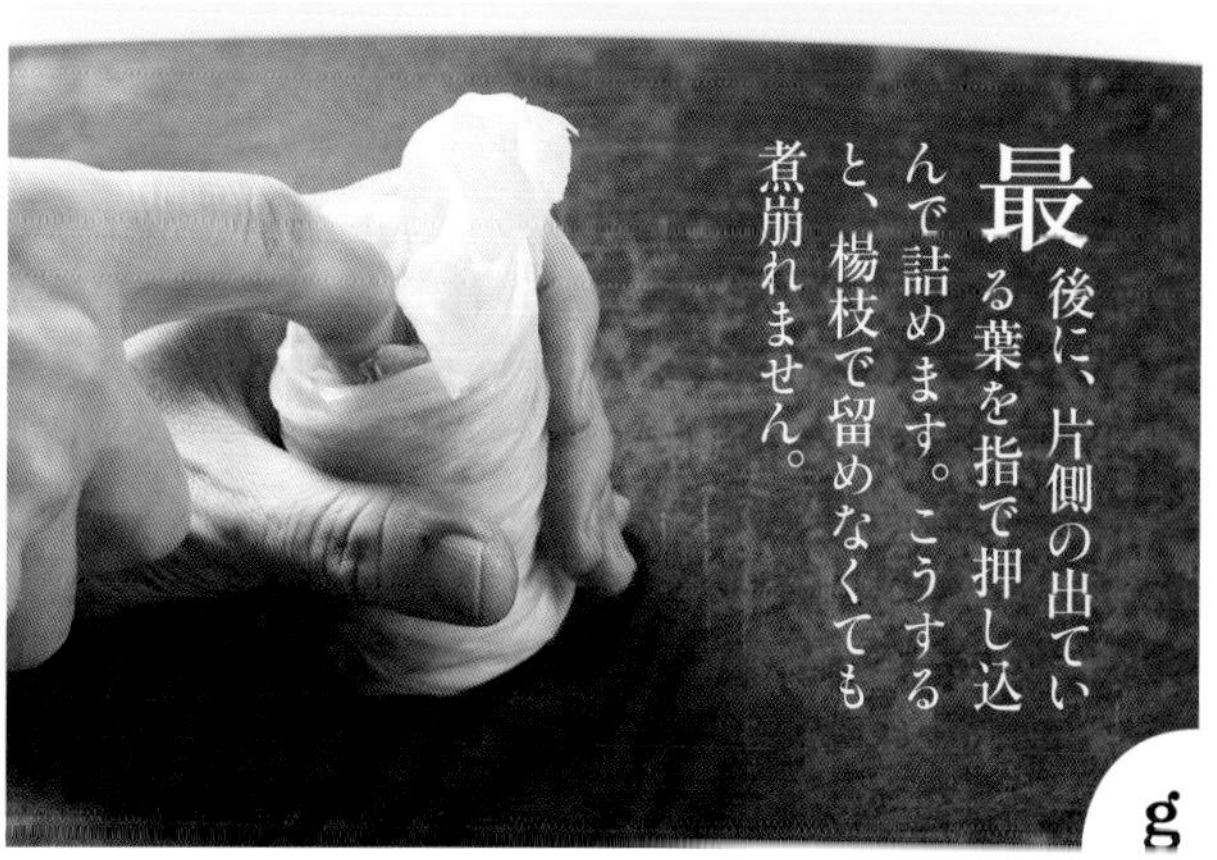

g

最後に、片側の出ている葉を指で押し込んで詰めます。こうすると、楊枝で留めなくても煮崩れません。

h

キャベツがやわらかくなるまで蓋をして火を通すと、全体がやわらかくなります。また、煮汁を軽く煮詰めることでうまみを凝縮します。

サクサク&ジューシーな〝メンチカツ〟の揚げ方

メンチカツはハードルが少し高いと感じる方が多いかもしれませんが、ポイントを押さえれば大丈夫。知らなかった！　と思う意外な知識が盛りだくさんのはず。重要なのは食材の切り方や肉だねの練り方、揚げ方。肉だねは食材の水分をしっかり閉じ込め、衣の水分を飛ばすように高温で揚げましょう。サクッとした食感の衣と、ゴロッとした肉だね、溢れる肉汁にきっと驚きますよ。

材料　2人分

合いびき肉……150g
豚バラ肉……50g
玉ねぎ……1/4個
エリンギ……30g
塩……2g
こしょう……少々
A｜小麦粉……大さじ2
　｜溶き卵……1個分
生パン粉……40g
揚げ油……適量
B｜トマトケチャップ・ウスターソース……各大さじ1

つけ合わせ

ミニトマト・ベビーリーフ……各適宜

作り方

1. 豚肉、玉ねぎ、エリンギは5mm角に切る(a)。ボウルに**A**を入れて泡立て器で混ぜてバッター液を作る。
2. ボウルにひき肉、**1**の豚肉、玉ねぎ、エリンギ、塩、こしょうを入れて軽く練り混ぜ(b)、冷蔵庫に15分ほどおく。4等分にして丸く成形し、**1**のバッター液、パン粉を順につける(c)。
3. 深型のフライパン(または鍋)に揚げ油を底から1.5cmの高さまで入れて170℃に熱し、**2**を入れて2分ほど揚げ(d)、ひっくり返してさらに2分ほど揚げる(e)。網に取り出し、油をきって5分ほど余熱で火を通す(f)。
4. 揚げ油を180℃に熱し、衣がカリッとこんがり小麦色になるまで二度揚げする(g)。油をきって170℃に熱したオーブンに6分ほど入れておく(h)。器に盛り、混ぜ合わせた**B**、つけ合わせを添える。

玉ねぎやエリンギはみじん切りではなく大きめの5㎜角に切って揚げると水分が出てジューシーに仕上がります。

a

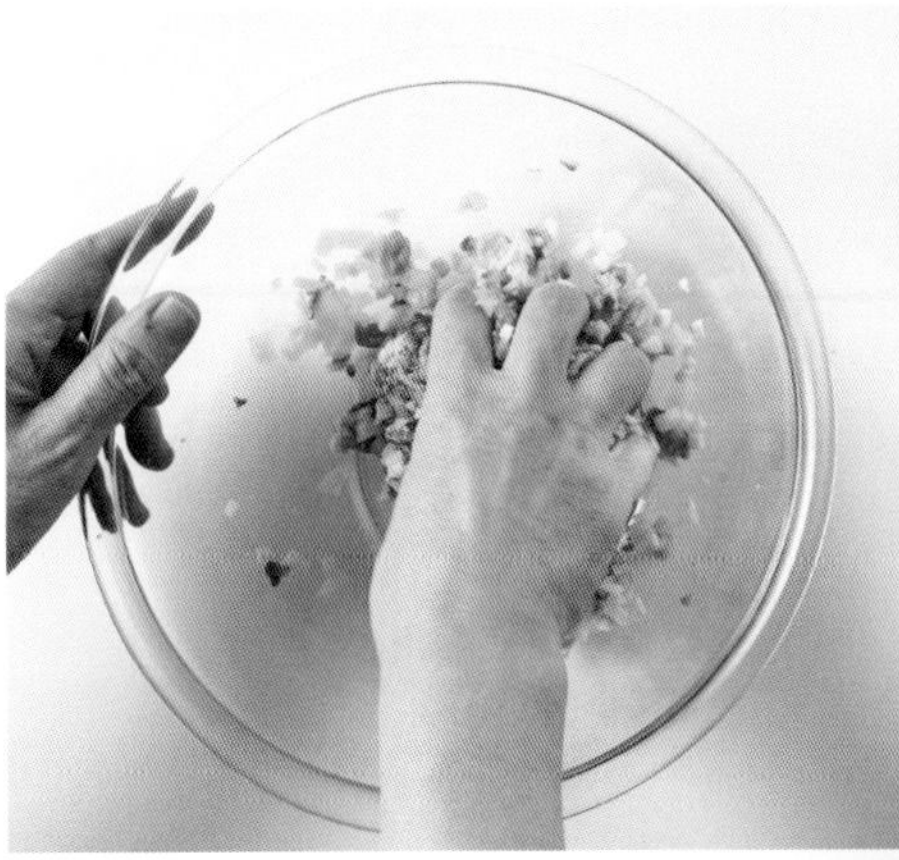

肉だねはつかむように握って練り混ぜると、均一にまとまります。

b

肉だねはやわらかいので、冷やしてからとろみのあるバッター液に全体をくぐらせ、パン粉をふんわりつけるのがコツ。

c

メンチカツの厚さの半分くらいがつかる量の、新鮮な揚げ油を使いましょう。崩れやすいので、多めの油ではなく底から1.5㎝深さが目安です。

d

調理科学のポイント

粗びきのひき肉にバラ肉を刻んで加えると、揚げている間に脂が溶け出しより肉汁たっぷりに。豚の脂の融点は33～46℃。体温で溶け始めるので軽く練り混ぜたら冷蔵庫で冷やします。練りすぎると粗びき肉がペースト状になるので注意。

フライパンの側面を使うと返しやすくなります。

e

メンチカツは一度揚げたら取り出し、網にのせて余熱でじんわり火を通します。

f

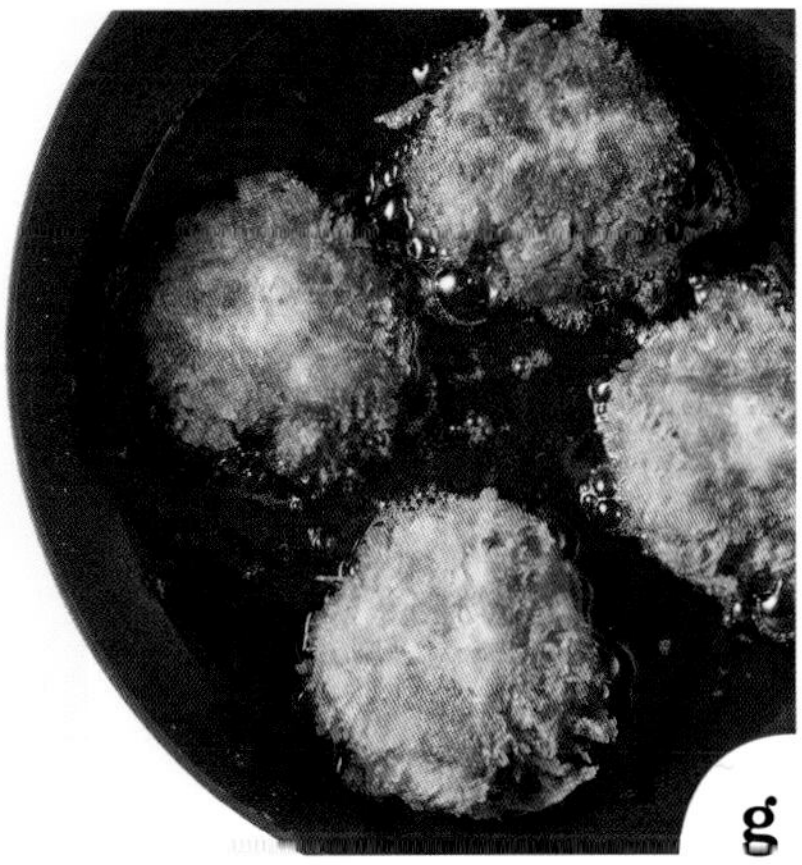

高温で短時間、二度揚げすることで、水分が飛び、カリッと揚がります。

g

ペーパータオルにのせて低温のオーブンに入れておくと、サクサク食感をキープできます。

h

column

肉の調理科学トリビア

肉の臭みを取り、肉汁を逃さないためには下処理が大切。
ちょっとした工夫で格段においしく仕上がります。

血が多い、またはパックに入って蒸れて臭みが出た肉は、数か所穴を開けるか、切り分けてから氷水で血抜きとアク抜きをするとおいしくなる。氷水で冷やすことで、切りやすくなる。

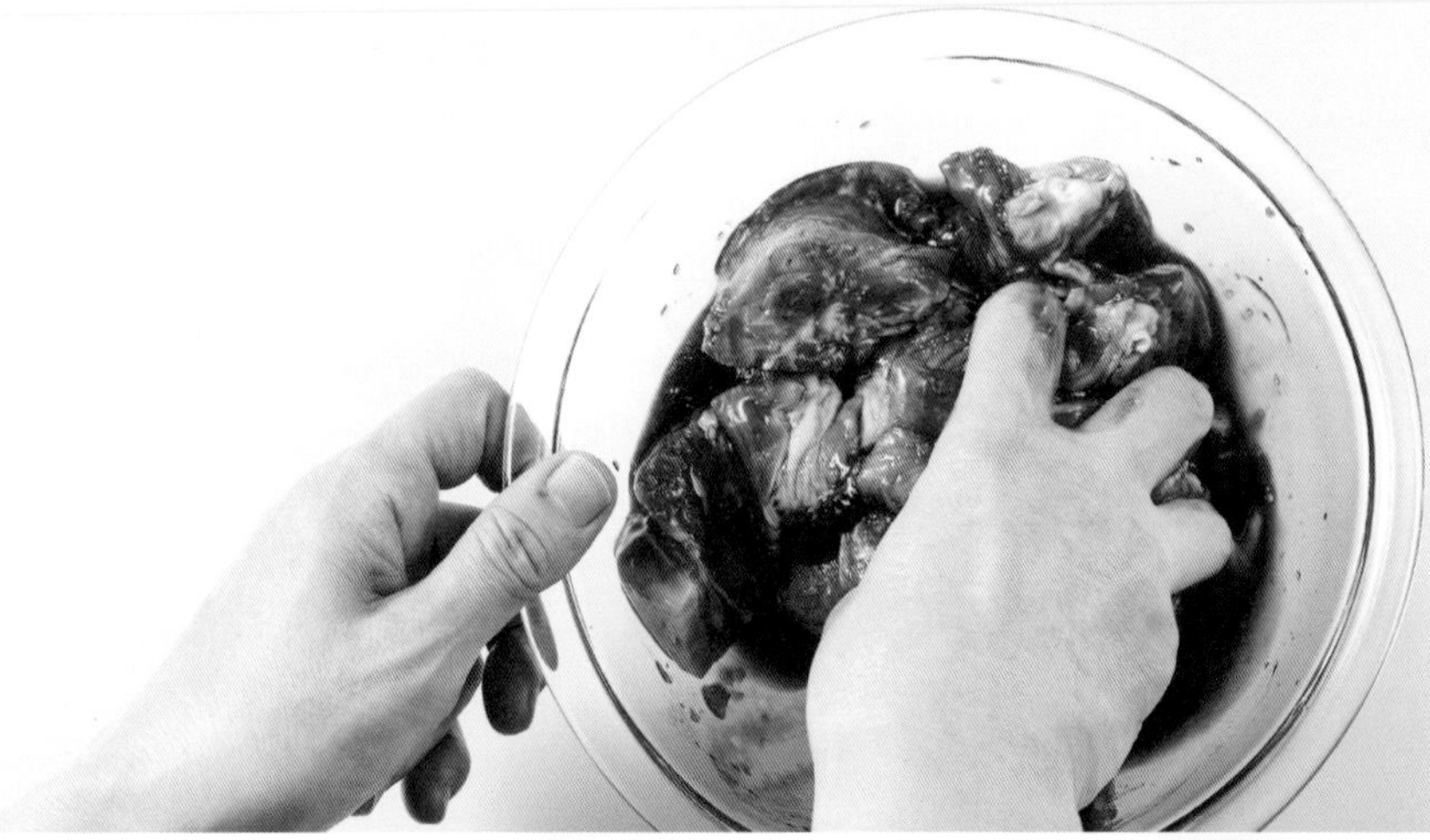

肉を液体（ブイヨンや酒、ワインなどのアルコール）につけ、手でよくもみ込んで肉に水分をしみ込ませるとやわらかくなる。

パサつきやすい鶏むね肉や豚ヒレ肉、豚もも肉などは、液体に絡める、低温調理をする、ベーコンなどを巻く、片栗粉をまぶすといった方法でしっとり仕上がる。脂の多い肉は、酢を加えて煮込むと脂のくどさが消えてすっきりと食べやすくなる。

Part 3

目からウロコの基本の魚料理

毎日の食事にもっと魚を登場させたいと思っている人も多いのでは。
魚料理とひと口にいっても、焼き魚や照り焼き、ムニエル、
煮魚など種類はさまざまですが、
下処理と加熱調理の要点をつかめば、
誰でも簡単に、おいしく魚料理を作ることができます。

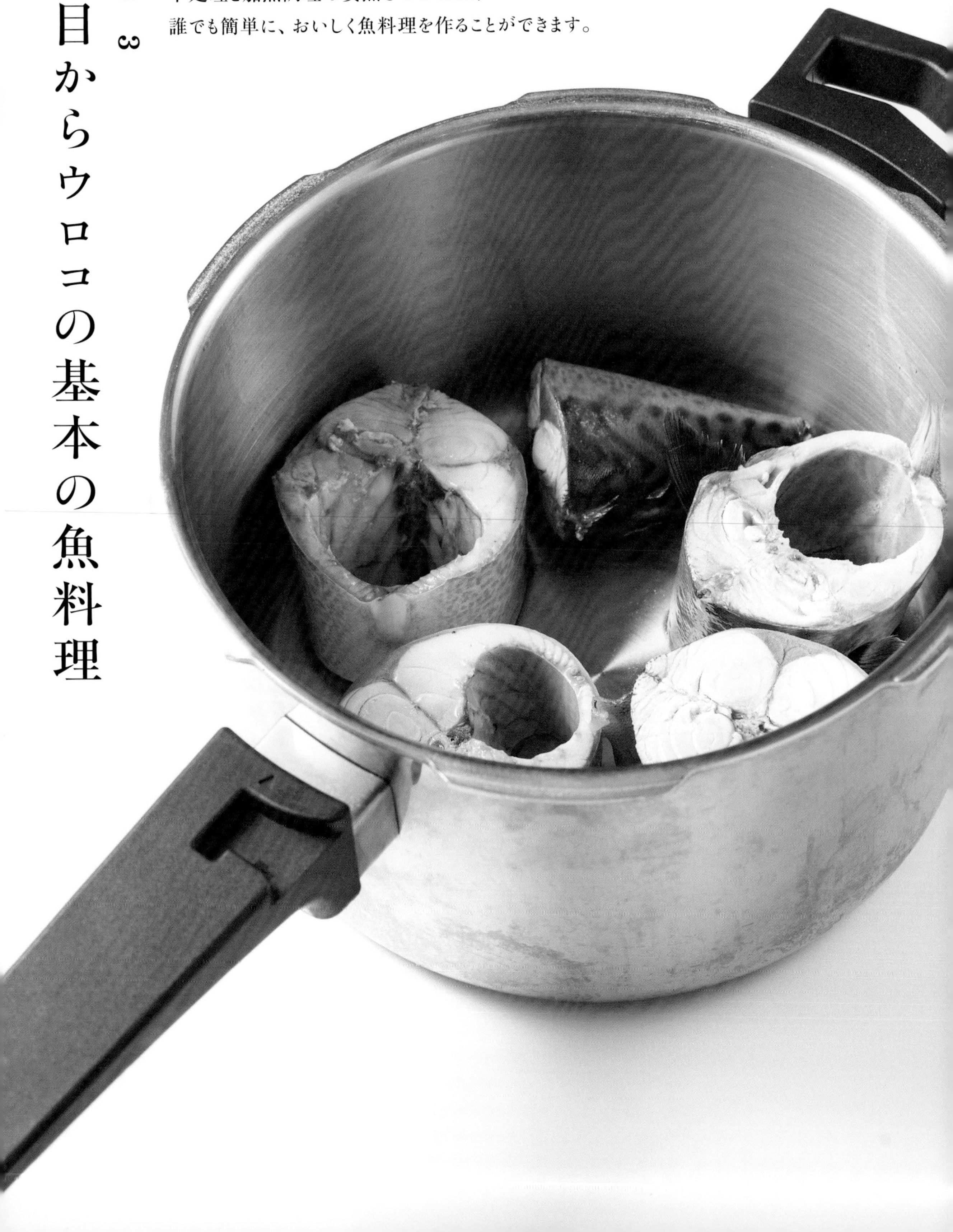

魚の目利きと魚介の下処理

魚・魚介料理で最も重要なのが鮮度と下処理。
魚の鮮度の見分け方や下処理方法を押さえましょう。

鮮度がいい魚の特徴

口角が上がっている
目は透明な部分が澄んでいる
エラの部分が赤い
お腹がぷっくり膨らんでいる
全体的に輝いていて色が鮮やか
ヒレが破れていない

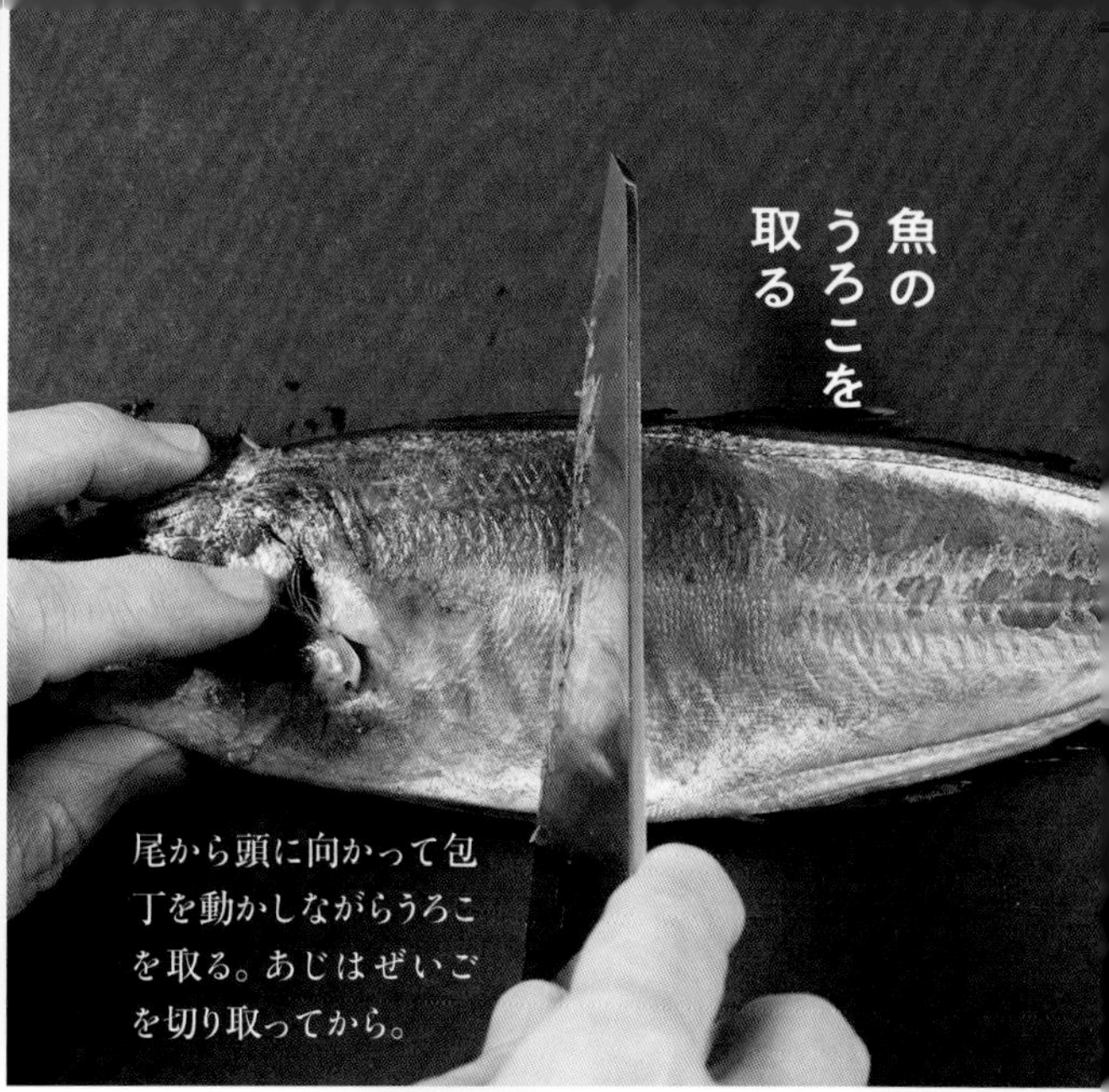

魚のうろこを取る

尾から頭に向かって包丁を動かしながらうろこを取る。あじはぜいごを切り取ってから。

内臓を取り除く

姿焼きにする場合は、盛りつけるときに下になる方の腹に切り込みを入れ、内臓を取り除く。

皮目に切り込みを入れる

焼き魚や煮魚を作るときは、火が通りやすいように皮目に切り込みを深く入れる。

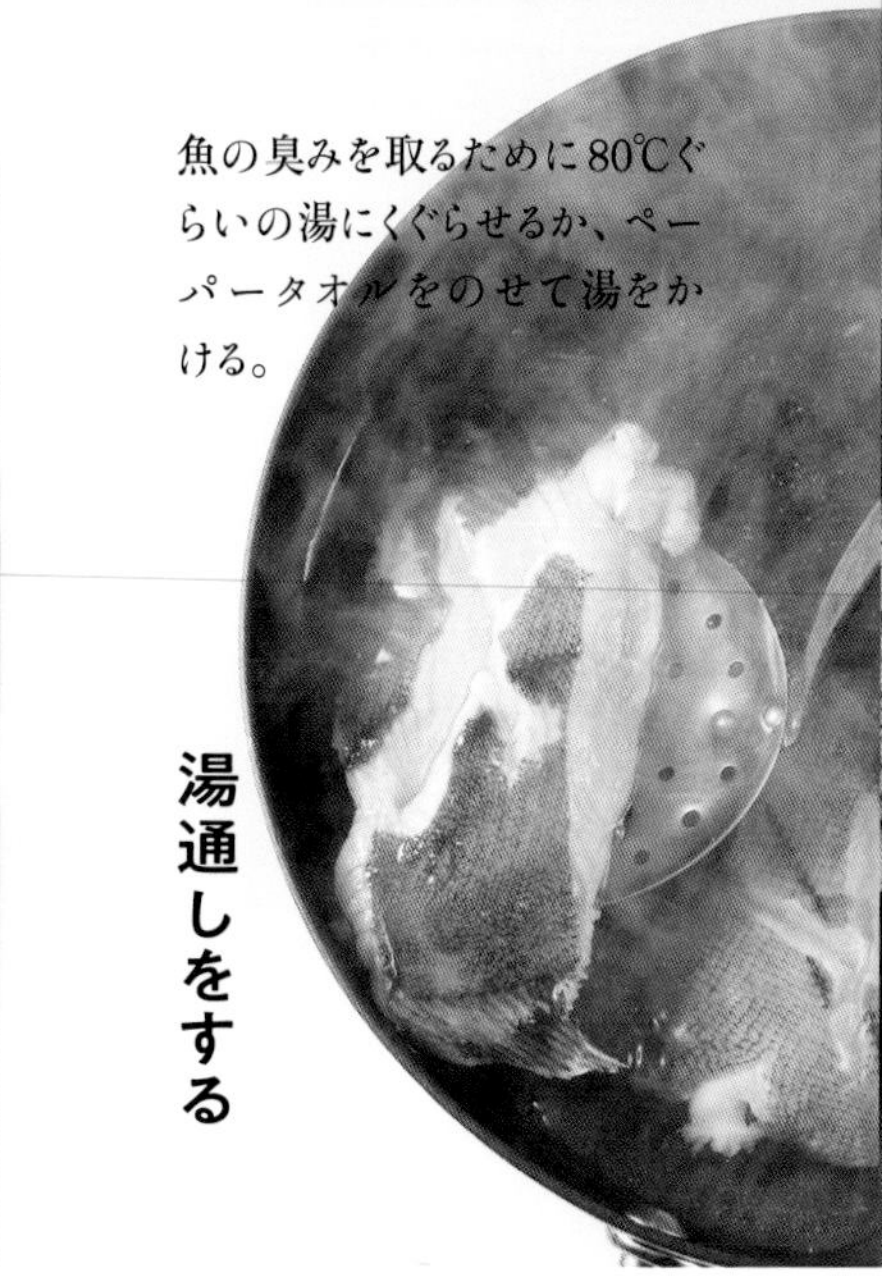

湯通しをする

魚の臭みを取るために80℃ぐらいの湯にくぐらせるか、ペーパータオルをのせて湯をかける。

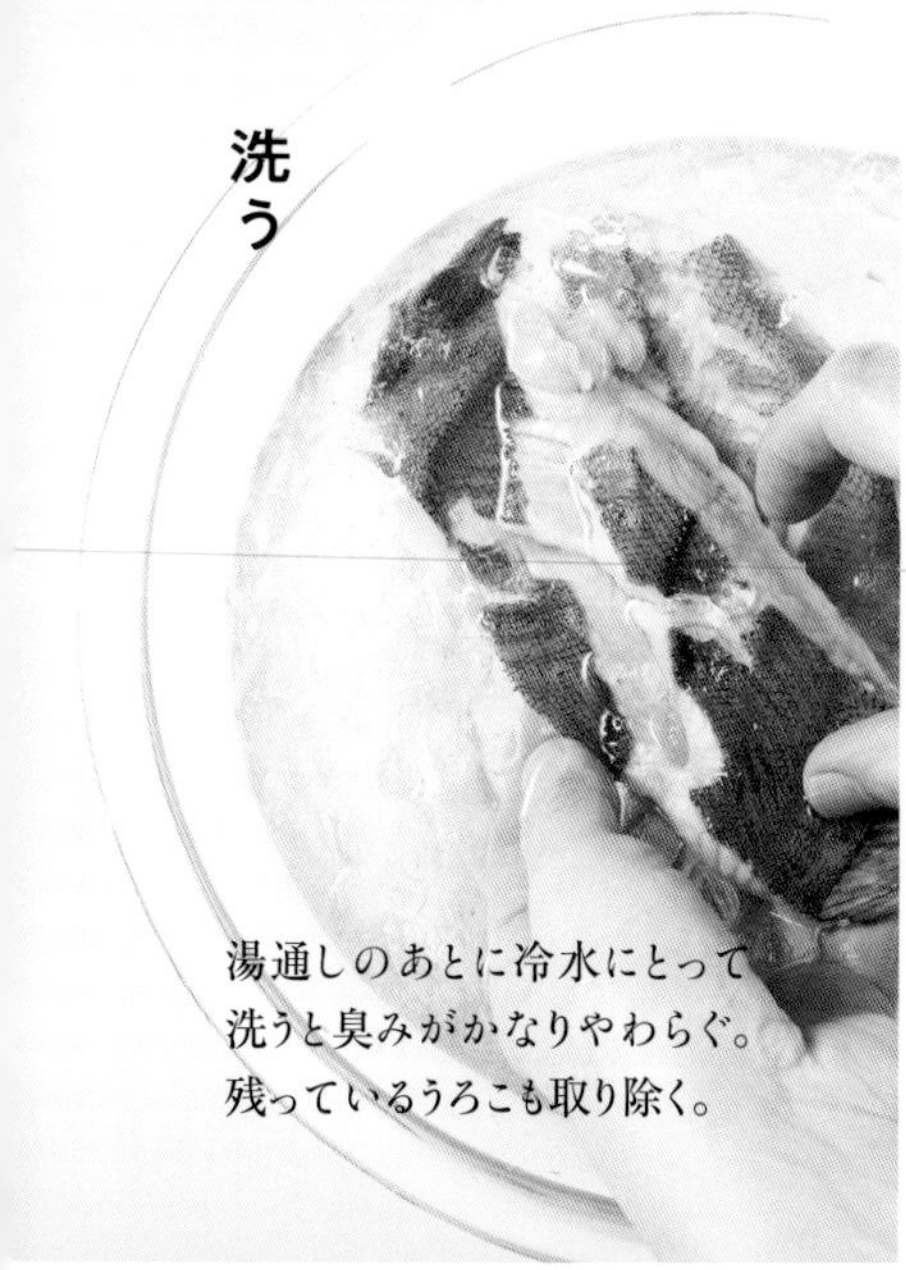

洗う

湯通しのあとに冷水にとって洗うと臭みがかなりやわらぐ。残っているうろこも取り除く。

筒切りにする

さばの頭を左にしておき、エラの下あたりに包丁を入れ、頭を落とす。

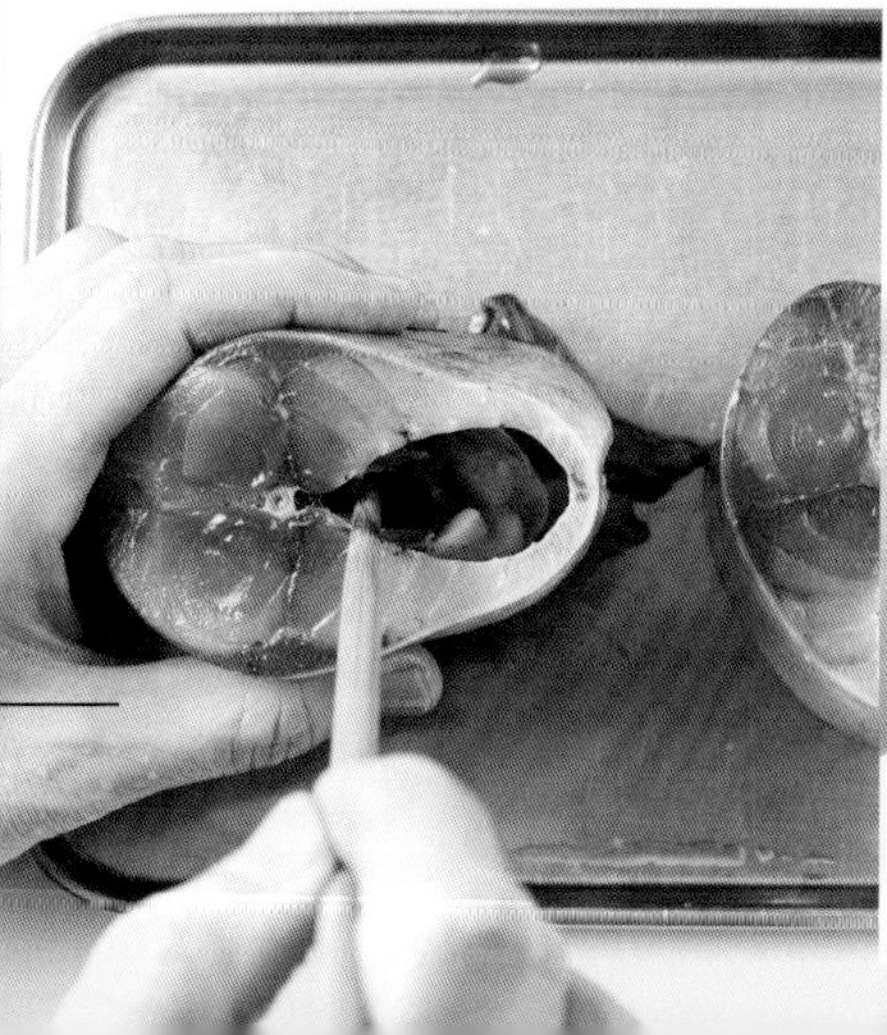

そのまま8cmぐらいの幅で筒切りにし、内臓を取り除く。菜箸などで内臓を押し出すと簡単。

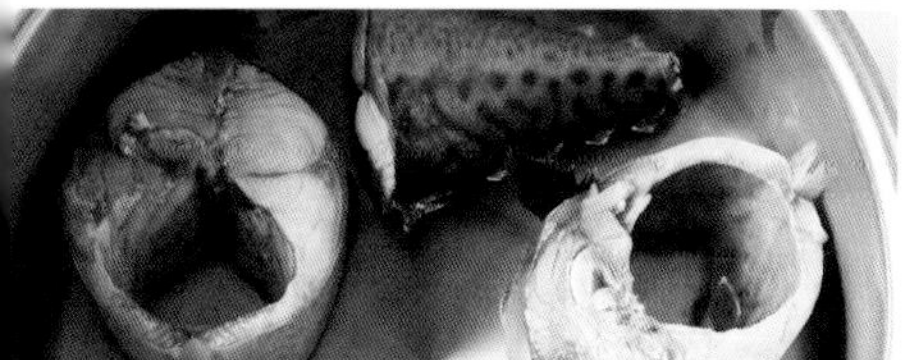

湯通しをしてから圧力鍋に入れ、水600mℓを加え、40分ほど加圧すれば、さばの水煮ができる。

えびの下処理（背ワタを取る）

頭と殻つきで調理するときは、えびのひげをキッチンバサミでカットする。

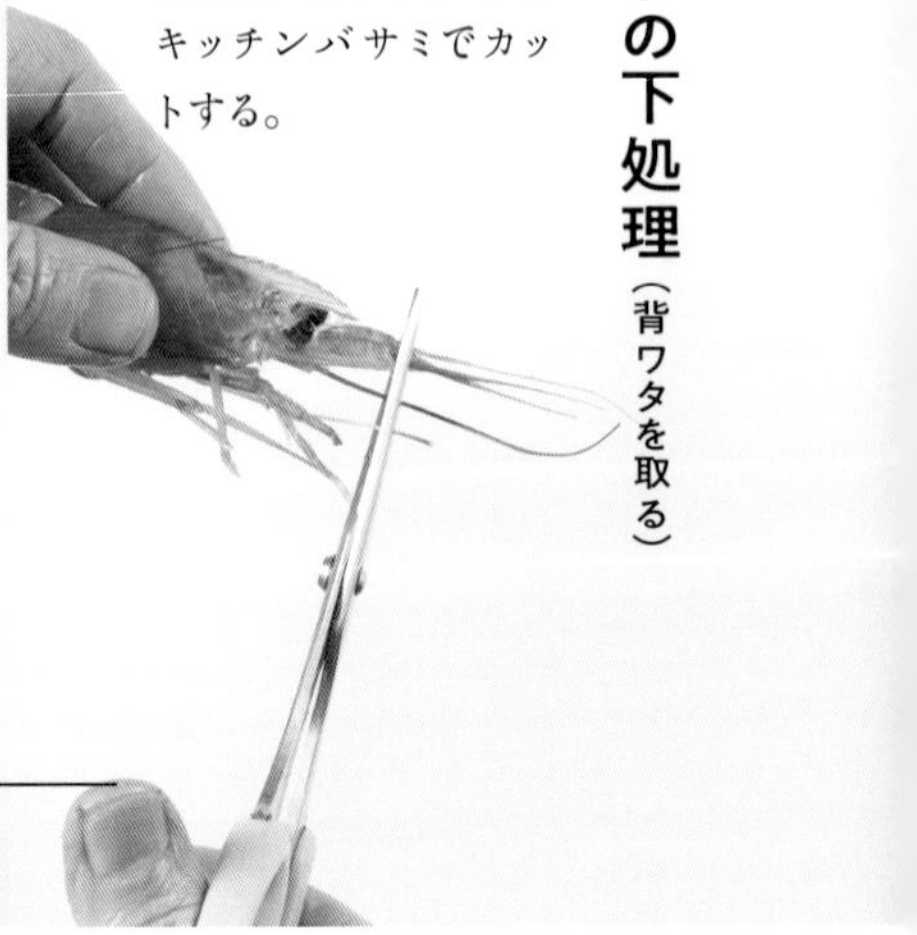

背の殻に尾の方からキッチンバサミを入れ、頭の方に向かって切り進める。

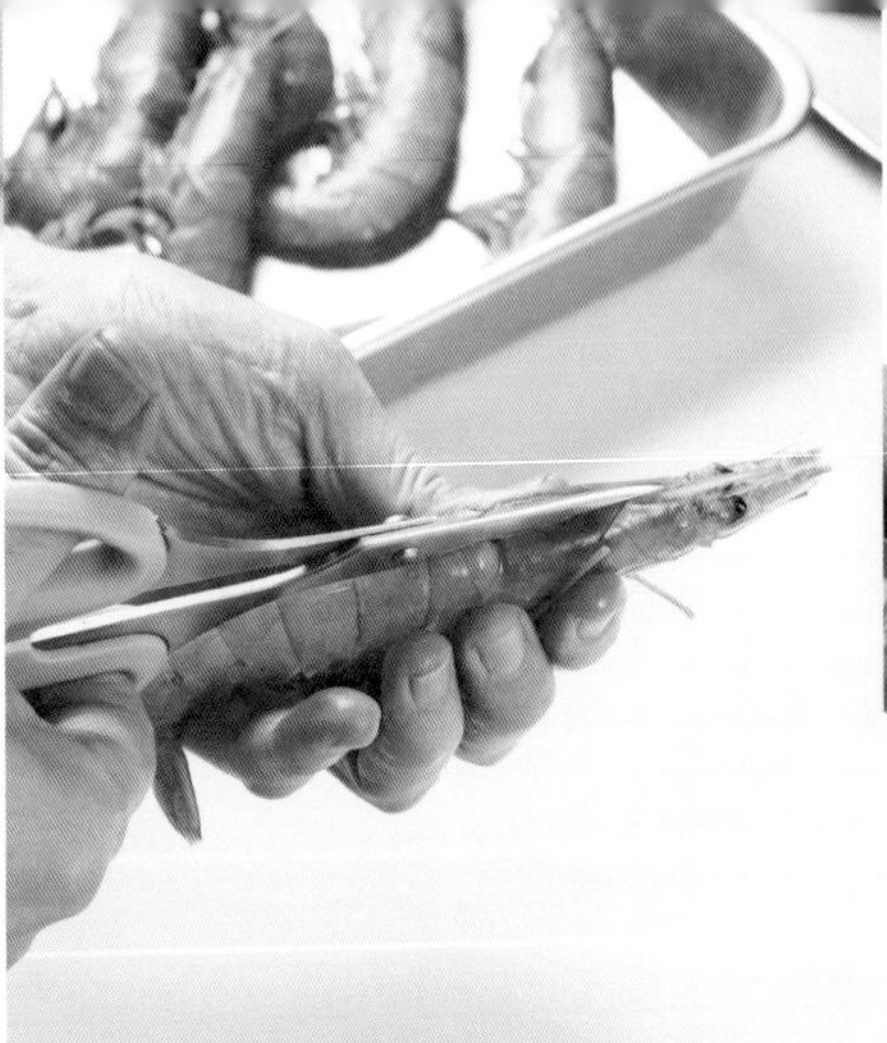

開いたら、背中の2〜3節目の殻のすき間に竹串を刺し、背ワタを引っ張って抜く。

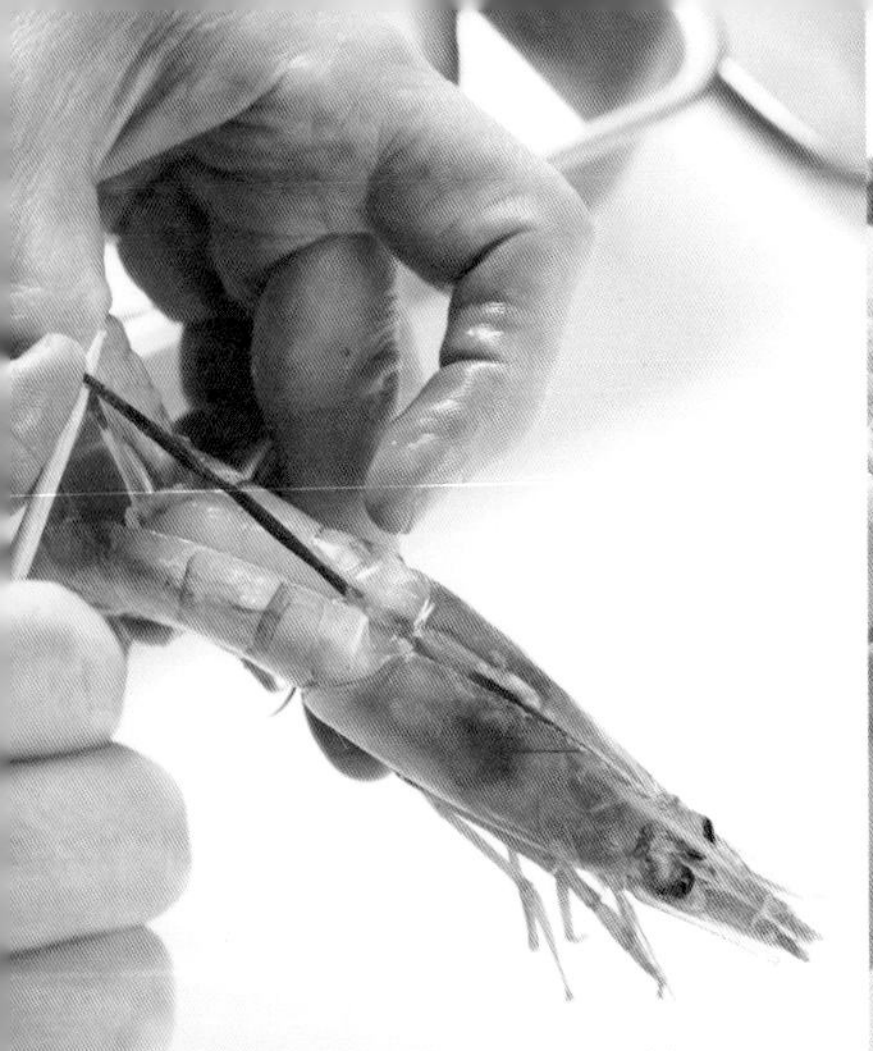

えびの下処理（洗う）

表面の汚れと臭いを取り除くために塩と片栗粉をもみ込む。

塩によって浮き上がった汚れが片栗粉に吸着されているので、水でよく洗い流す。

ペーパータオルで水けをしっかり拭き取る。

えびの下処理（天ぷら用）

天ぷら用に使うえびは、頭をひねってゆっくり引っ張ると背ワタも一緒に取れる。一緒に取れない場合、指でスーッと引っ張る。

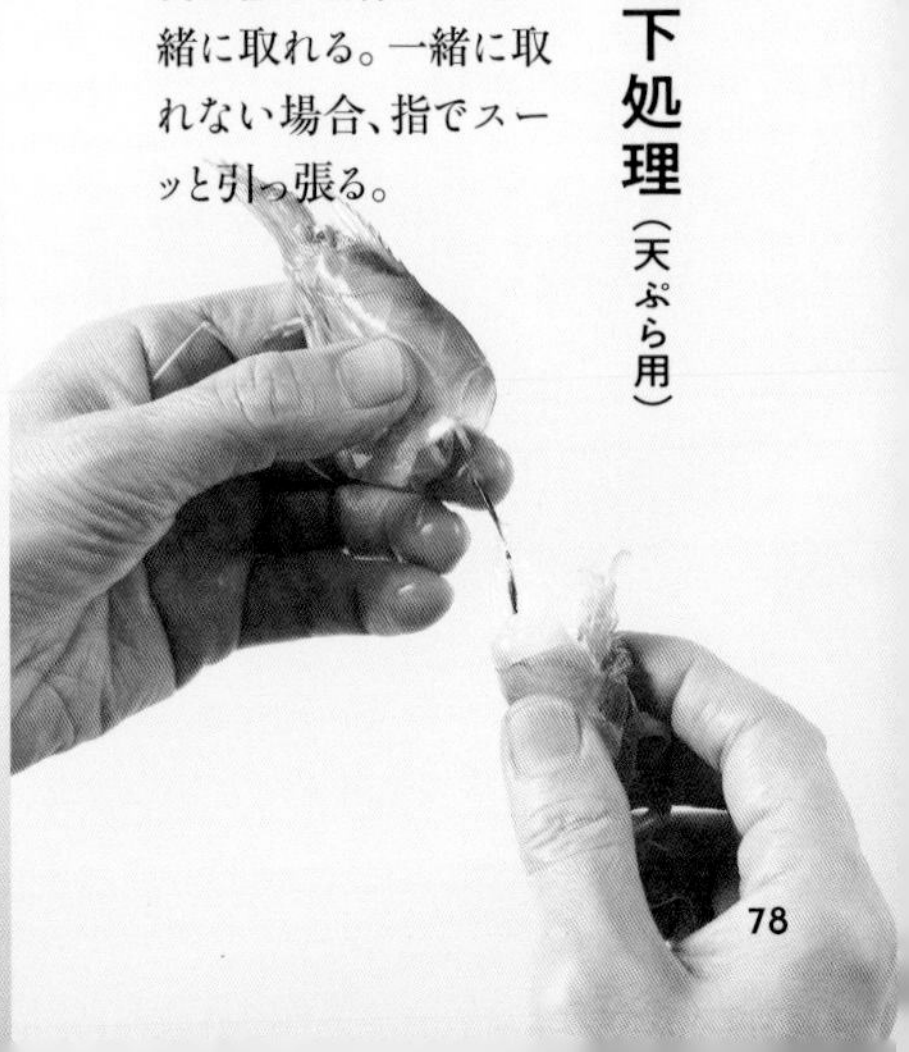

足の方から胴の殻をめくるようにむく。尾の殻一節は残しておく。

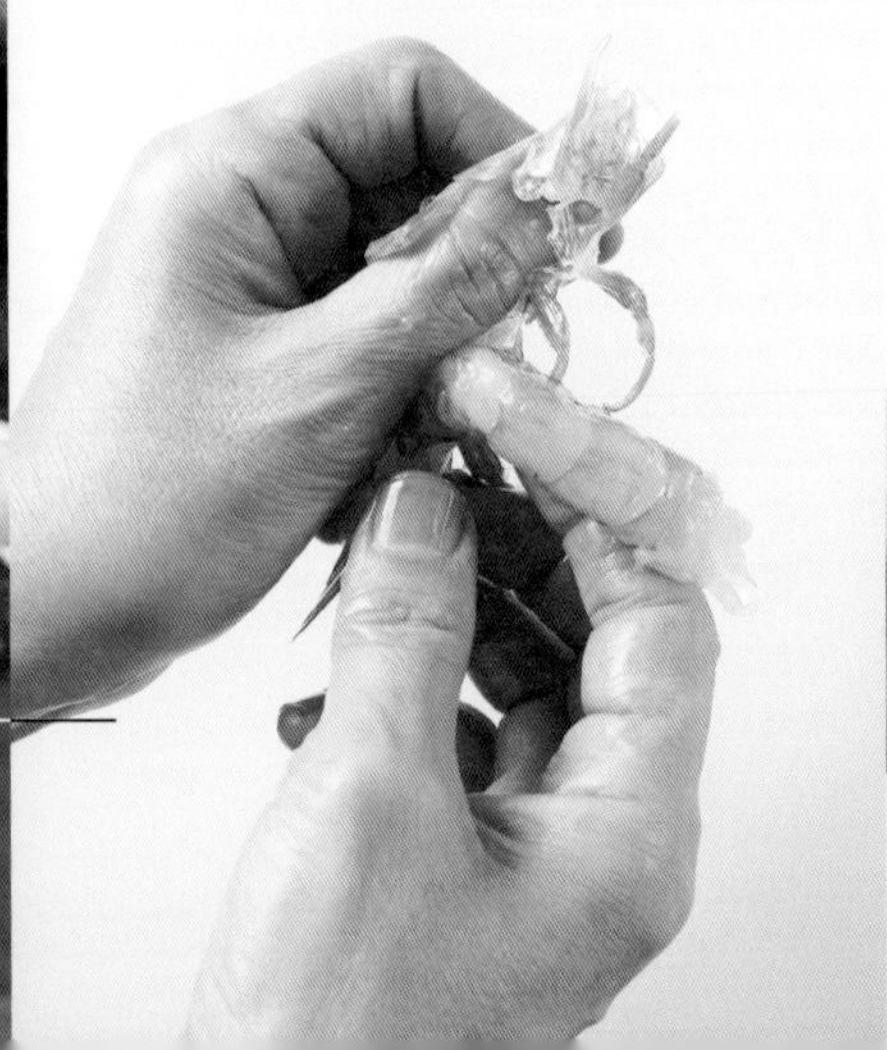

高温で揚げると縮むので、関節の筋を断ち切るように切り込みを入れ、まっすぐ伸ばす。

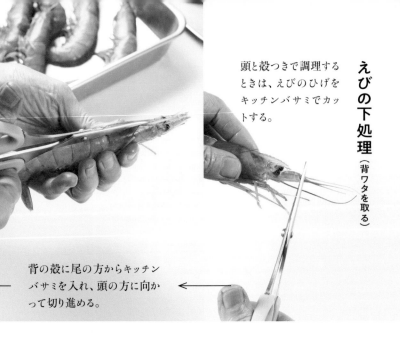

いかの下処理

胴の奥に指を入れ、ワタのつなぎ目を軟骨に沿って外しておく。

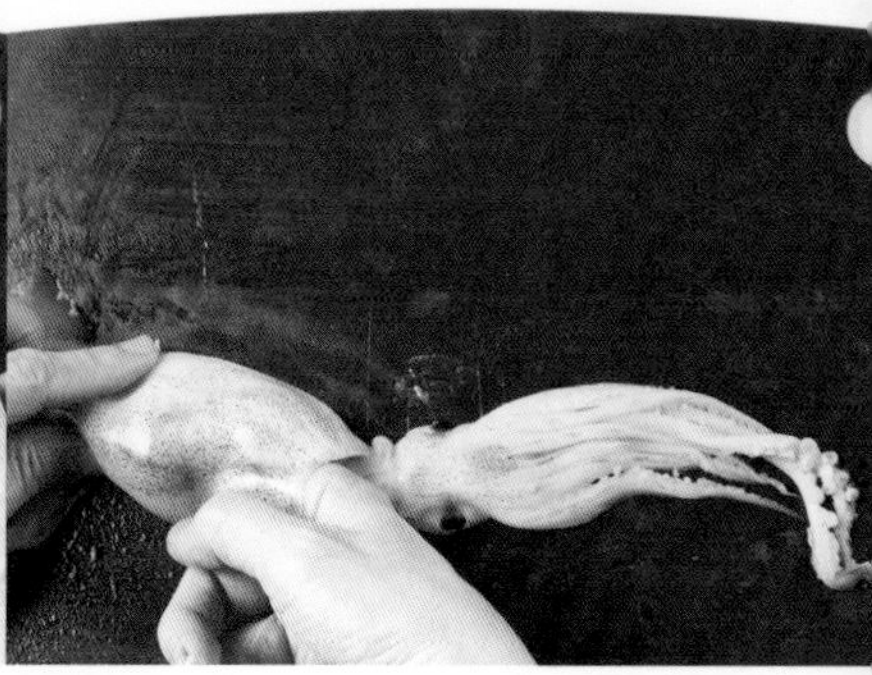

えんぺらと足をつかんでゆっくり引っ張ると、ワタごと外すことができる。

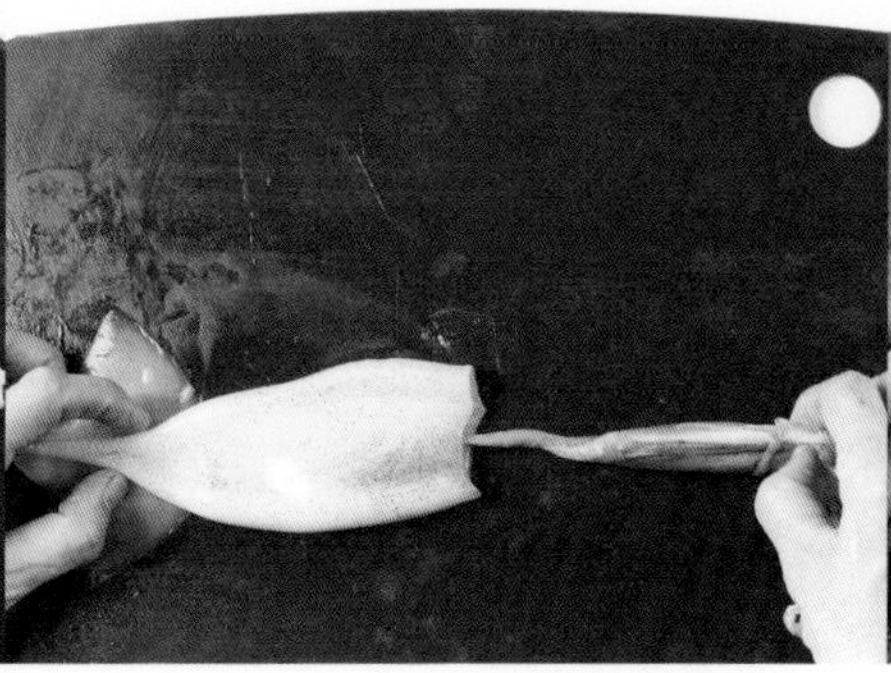

胴の内側にある透明な軟骨を指で引っ張って取り除き、胴の中を洗う。

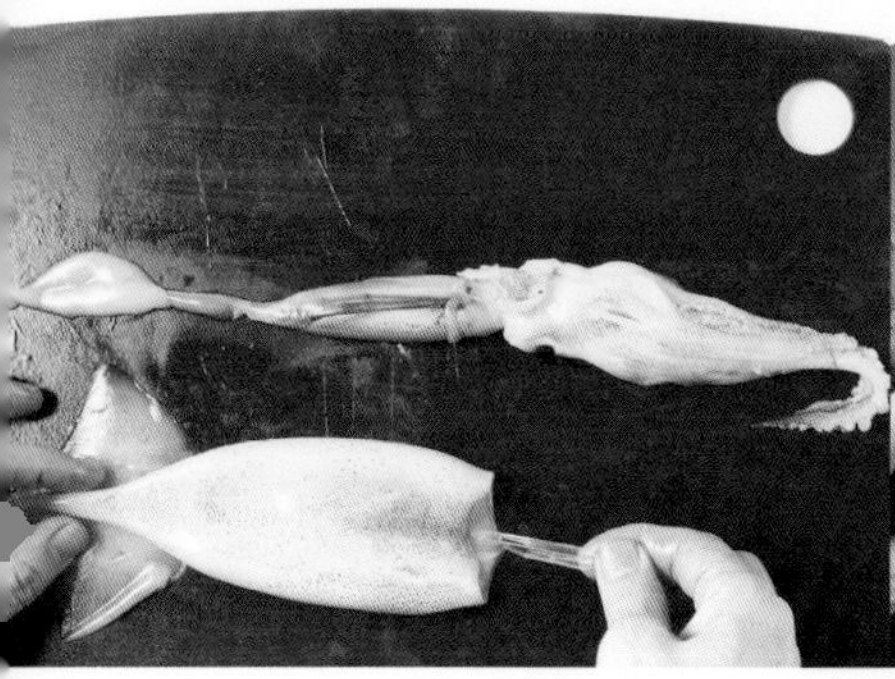

ワタの黒い筋（墨袋）がある方を上にして、目の下で切り離す。

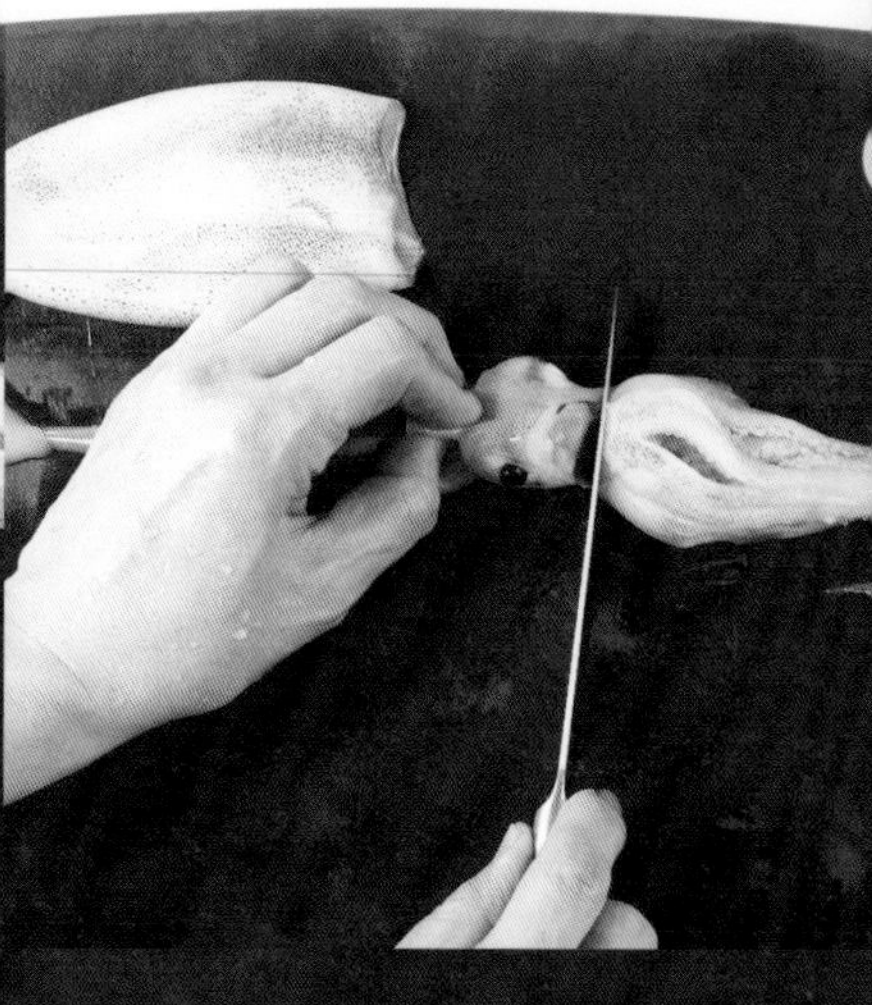

先端についている白っぽいワタは切り落とし、墨袋をつまんで引っ張り、外す。

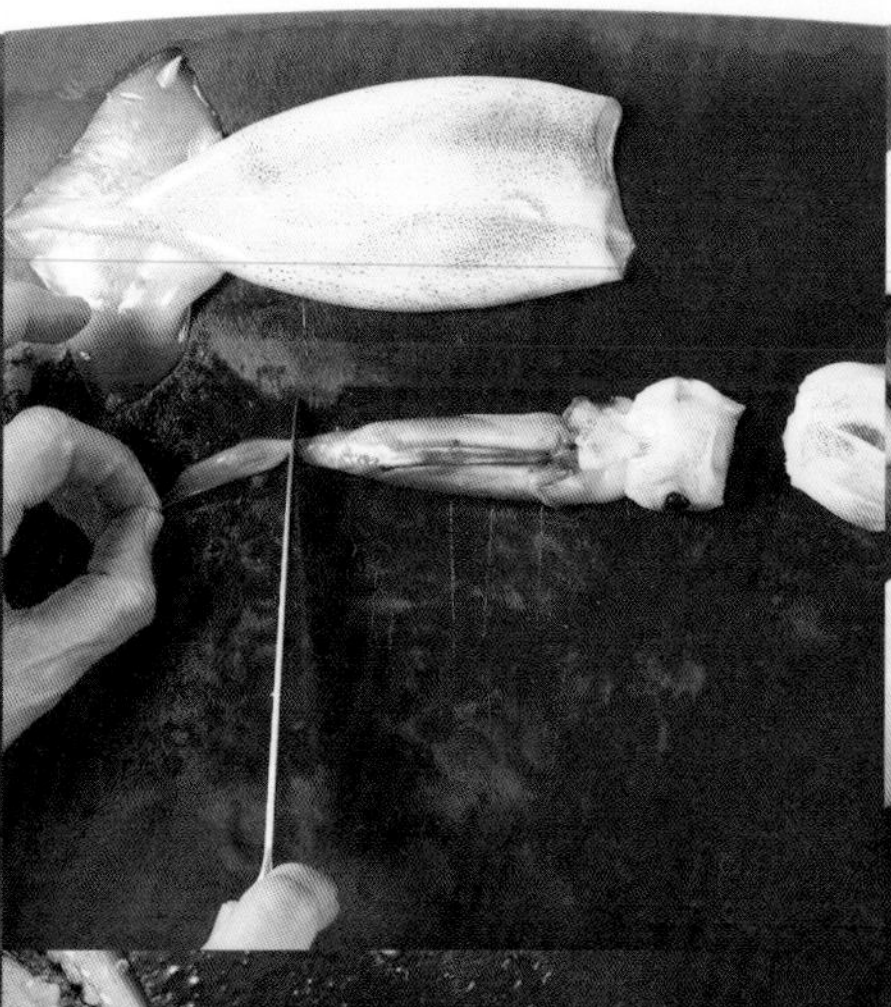

切り離した足は中央に切り込みを入れて開く。

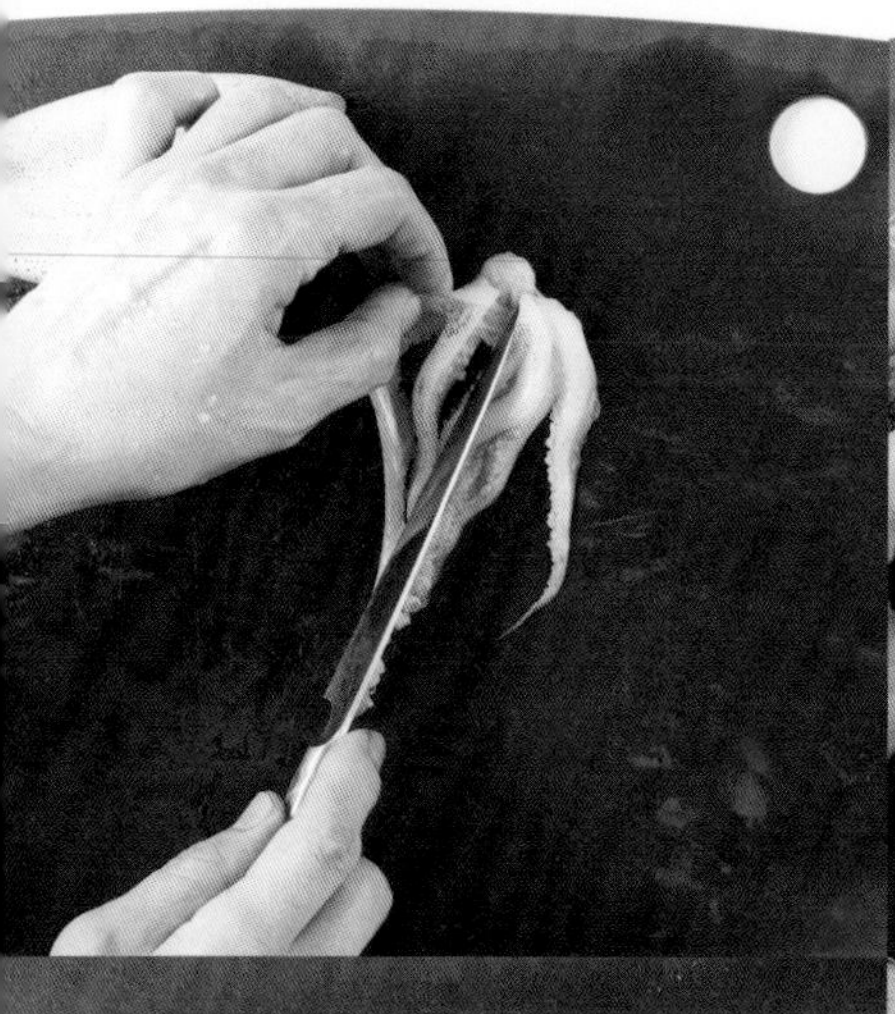

足のつけ根にあるかたいくちばしは指でつまみ取る。

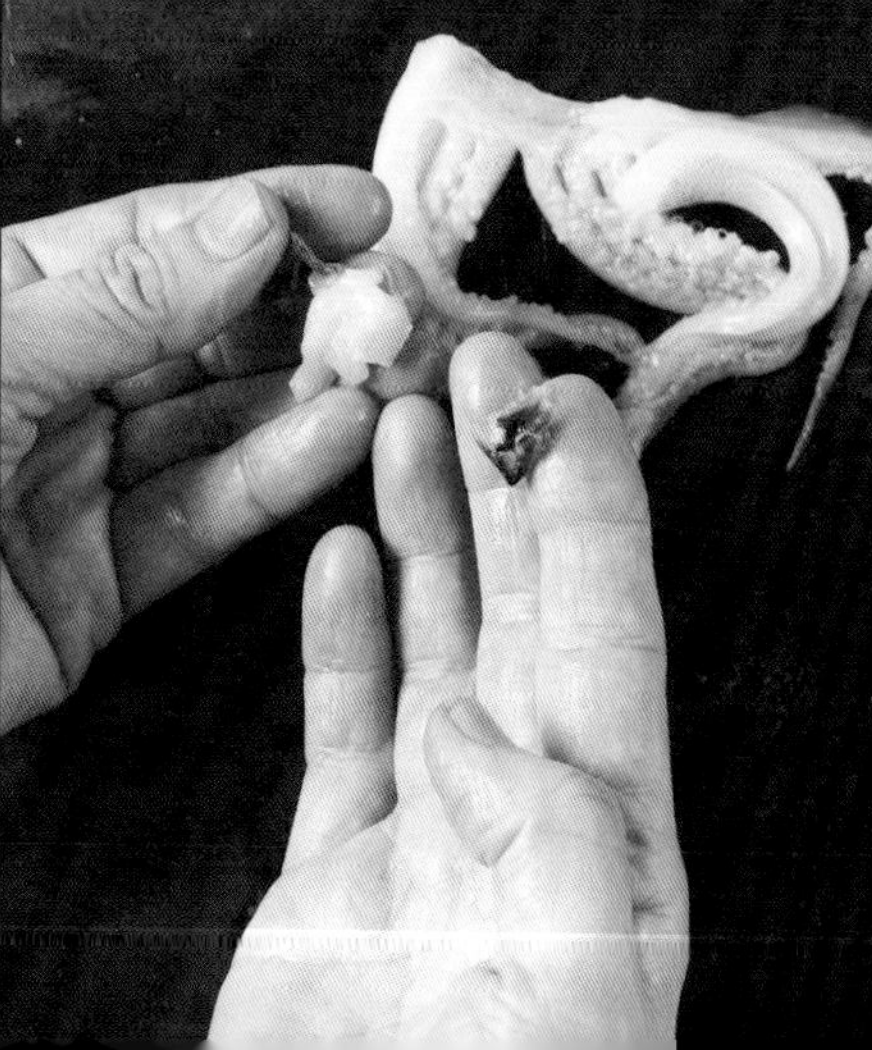

2本の長い足は、包丁を使って吸盤をこそげ取り、ほかの短い足の長さに揃えて切る。

料理に合わせて足を切り分ける。胴はえんぺらを引っ張りながら皮をむくか、そのまま輪切りにして使う。

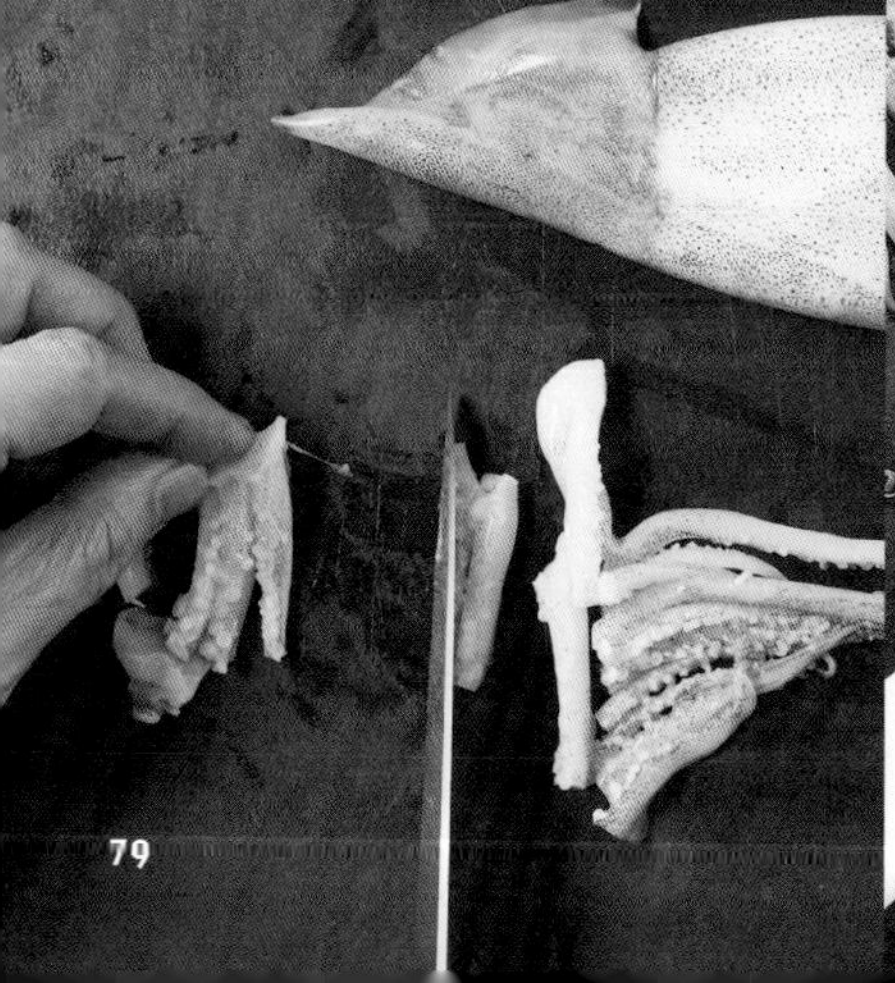

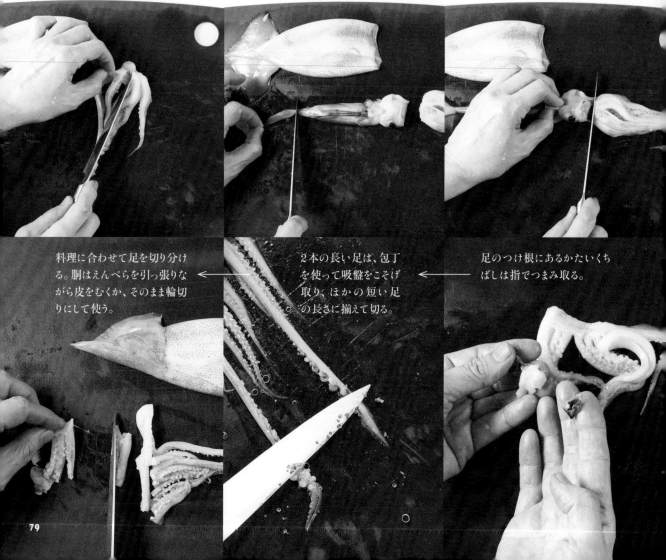

魚介の加熱調理

魚介のたんぱく質は、高温で加熱するとかたくなってパサパサな食感に。しっとりとしたままうまみも残す調理のコツを確認しましょう。

魚を焼く（魚焼きグリル）

魚焼きグリルに酢を塗ると、たんぱく質が酸で少しかたまり、くっつきにくくなる。

焼きすぎるとパサパサになるので、厚みに合わせて火加減と加熱時間を調節する。

魚を焼く（フライパン）

片栗粉をまぶしてからフライパンで焼くと、膜ができるのでたんぱく質が変性しにくい。

表になる面を下にして焼き、フライパンの側面を使って皮をパリッとさせる。

タレを絡める前に、ペーパータオルで余分な油を拭き取る。

表面をこんがり焼いたら、タレを加えて火を通しながら絡めて仕上げる。

魚を煮る（かれい）

煮汁に下処理した魚を並べ、落とし蓋をして火にかける。蒸れないように蓋はしない。

煮汁が軽く沸騰して対流している状態をキープすることでふっくらと煮ることができる。

煮つけはひっくり返すと煮崩れてしまうので、返さずに、煮汁を上からかける。

魚を煮る（青魚）

青魚は皮がデリケートなので、細心の注意を払って扱う。火を通しすぎないように注意。

魚に火が通ったら、香りを立てるためにしょうゆやみそは最後に入れる。

いかを煮る

いかはさっと煮込むか、じっくり煮込んで繊維までやわらかくするかのどちらかにする。

魚介を揚げる

水分を多く含むえびなどの魚介類の天ぷらは、180℃の高温でさっと揚げるのがポイント。

かきは、衣にもったりととろみをつけてから揚げると、かきの水分で油はねせずにふっくらと仕上がる。

かにを蒸す

かにを蒸すときは、お腹を上にして蒸すことが鉄則！　こうすることでうまみを逃さない。

パリッとふっくら〝焼き魚〟の焼き方

焼き魚は均一に火が通るように、厚い部分に切り込みを入れておくことが大切。酒をふりかけることで魚の臭みを取り除き、ふっくらと仕上げることができます。魚は焼きすぎると、パサついたり、かたくなったりしてしまうので、火加減がとても重要です。魚の厚さを考慮し、様子を見ながら調節しましょう。魚の種類により違うポイントもご紹介しています。皮がパリッと身はふっくら仕上がる焼き魚をぜひお試しください。

材料　2人分

鯛（切り身）……2切れ

A　酒……小さじ1
　　塩……魚の重量の1%

たらの芽……2個

酢……適量

つけ合わせ

大根おろし・しょうゆ……各適宜

作り方

1. 鯛はうろこが残っていれば包丁でこそげ取り（a）、皮目に3㎜間隔で切り込みを入れる（b）。Aをふりかけ（c）、10分ほどおいてペーパータオルで水けを拭き取る。たらの芽は半分に切る。

2. 魚焼きグリルの網に酢を塗り（d）、皮目を下にして1を並べる。両面焼きグリルの場合、強火で6分ほどこんがり焼く（e）。器に盛り、大根おろしとしょうゆを添える。

＊片面焼きグリルの場合、皮目を上にして1を並べ、強火で5分ほど焼き、ひっくり返して2分ほど焼く。

a

うろこがあれば包丁の刃先でこそげ取ることで口あたりがよくなります。

b

魚の身の厚い部分に切り込みを入れると均一に火が通り、焼き色もきれいについて調味料が浸透します。また、切り込みを細かく入れると皮が破れにくくなります。

c

塩と酒をふりかけるとふっくらと焼け、魚の臭みがなくなりおいしく仕上がります。

d

酢に含まれる酸の力で魚のたんぱく質が少しかたまり、網にくっつきにくくなります。

調理科学のポイント	焼き魚は、表面に適度な焦げ目がつき、中心まで適度に火が通り、ふっくら焼き上がるのが理想です。塩をふるのは、脱水させて表面のたんぱく質をかためるため。身が締まるので、焼き色がつきやすくなり、ひっくり返すときの身崩れも防げます。

e

魚は焼きすぎるとパサパサになるので、身の厚みに合わせて火加減を調節しましょう。グリルに入れっぱなしにするとかたくなるので、焼けたらすぐに取り出します。

身がかたいかつおやまぐろの場合、塩麹などに漬けるとやわらかくなります。

1尾を丸ごと使う場合、内臓はしっかり取り除きましょう（P77参照）。

幽庵焼きの場合、漬け汁にしっかり漬けて魚に水分を吸わせます。

身がふっくら！〝ぶりの照り焼き〟のコツ

甘辛いタレが絡む、身がふっくらとしたぶりの照り焼きのコツをご紹介します。ぶりは塩をふって余分な水分を出し、しっかりペーパータオルで拭き取るという工程が必須です。このひと手間を加えることで、ぶりの臭みを取り除くことができます。こんがりと焼き色がつくまで焼いて香ばしく仕上げ、濃厚なタレをよく絡めましょう。ぶりにまぶした片栗粉でとろみがつき、ふっくらして甘みを感じるぶりはやみつきになります。

材料 2人分

ぶり（切り身）……2切れ
塩……適量
片栗粉……大さじ1
長ねぎ……1/2本（16cm）
A しょうゆ・酒・みりん……各大さじ1と1/2
　砂糖……小さじ1
しょうがの薄切り……2枚
サラダ油……小さじ1

つけ合わせ
菜の花の塩ゆで……各適宜

作り方

1. 濡れ布巾でバットを拭き(a)、乾いた手でバットに塩をふる。ぶりを並べて塩を均等にふり、10分ほどおく(b)。ペーパータオルで水けを拭き取り(c)、片栗粉をまぶす(d)。長ねぎは4cm長さに切り、斜めに切り込みを入れる。
2. フライパンにサラダ油を強めの中火で熱し、1のぶりを表になる面を下にして入れ、焼き色がつくまで焼く。フライパンの側面で皮を焼き(e)、ひっくり返して空いたところに長ねぎを入れて焼く。
3. ぶりに焼き色がついたら、フライパンを傾けてペーパータオルで余分な油を吸い取り(f)、A、しょうがを加え、沸騰したらぶりをひっくり返して煮絡める(g)。器に盛り、つけ合わせを添える。

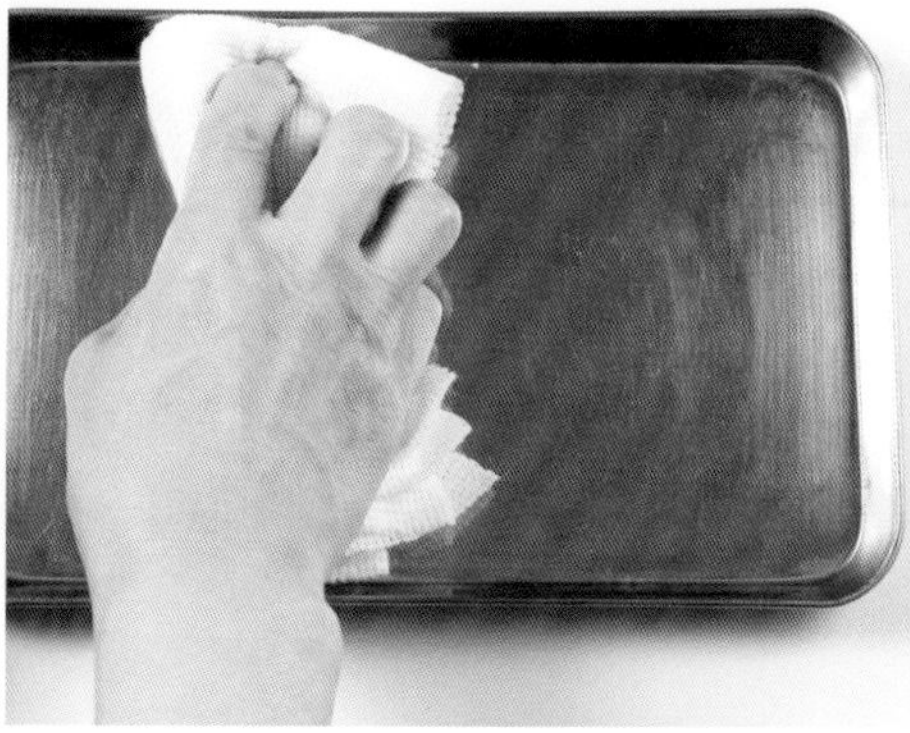

a

濡れ布巾でバットを拭くと、塩が均等にはりつきます。

b

バットに塩をふってから魚を並べおき、上からも塩をふって10分ほどおくことで、魚の臭みを取ることができます。

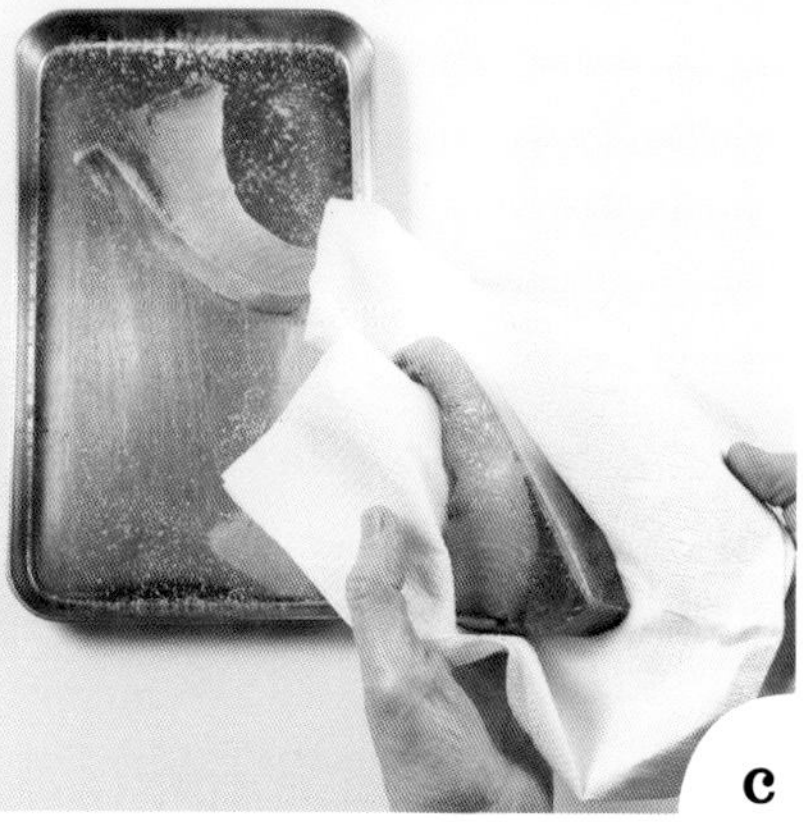

c

余分な水分が出てきたら、ペーパータオルでしっかりと拭き取るのがコツ。

d

魚に片栗粉をまぶすとフライパンにはりつきにくくなり、さらにとろみもついて煮汁が絡みやすくなります。

調理科学のポイント	魚を焼く前にフライパンで油を熱しておくのは、魚がくっつく原因にもなる熱凝着（たんぱく質が60～70℃で凝固し始めること）を防ぐため。油をフライパンに塗ることで、魚と金属の間に油の膜ができるので、熱凝着を防ぎます。

e

フライパンがきれいな状態で表になる面を先に焼くときれいに焼き色がつきます。皮もムラなく焼きましょう。

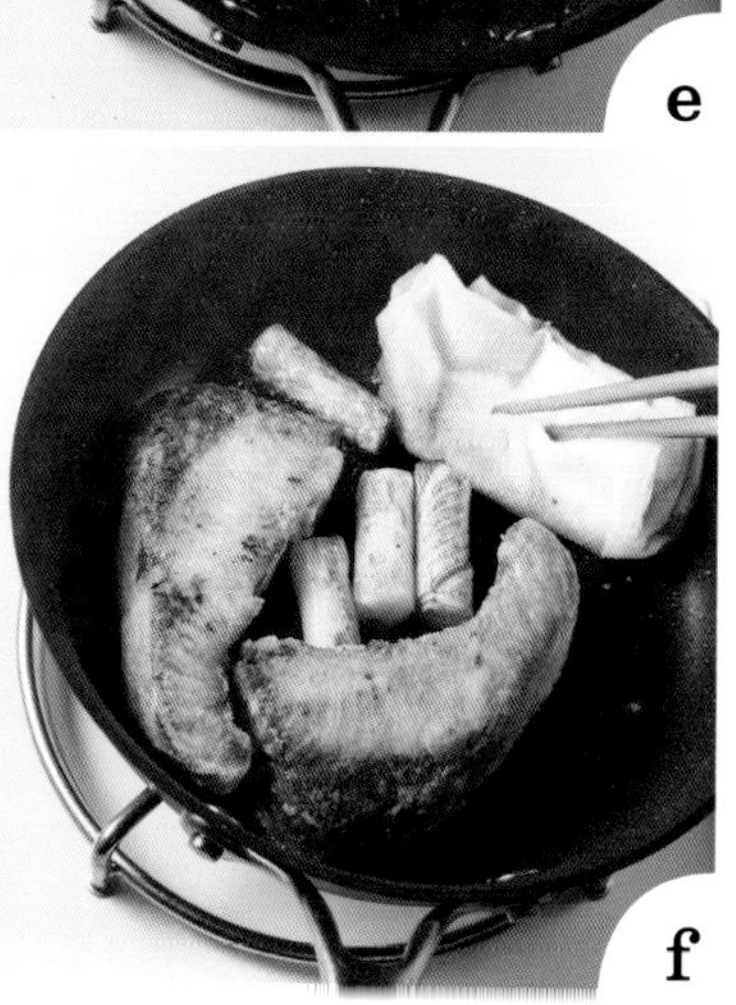

f

フライパンを斜めに傾けてペーパータオルで余分な油を吸い取るとタレが絡みやすくなります。

g

魚の表面がこんがりと焼けたら、タレの材料を加えてじっくり火を通しましょう。

皮もカリッとおいしい〝鮭のムニエル〟の焼き方

バターが香るおいしい鮭のムニエルの焼き方をご紹介します。小麦粉をまぶしてたっぷりのバターで焼きましょう。フライパンの側面で皮をパリッと焼き上げ、表面はバターでしっかり焼き色をつけます。また、ケイパーとパセリが香るソースにもバターを使い、濃厚に仕上げましょう。噛むたびにバターの風味が広がります。皮はパリッと、身はふっくらとしたムニエルを堪能してください。

材料　2人分

生鮭（切り身）……2切れ
塩……魚の重量の1%
こしょう……少々
小麦粉……大さじ2

ソース

ケイパー……小さじ1
パセリのみじん切り……小さじ1
A｜レモン汁……大さじ1
　｜塩・こしょう……各少々
バター（無塩）……40g
サラダ油……小さじ2

つけ合わせ

ブロッコリーの塩ゆで・
　マッシュポテト……各適宜

作り方

1. 鮭はうろこが残っていれば包丁でこそげ取り(a)、塩、こしょうをふり、ペーパータオルで水けを拭き取る。小麦粉をまぶし(b)、余分な粉を手ではたく。ケイパーは大きければ刻む。

2. ソースを作る。小鍋にバター30gとサラダ油を中火で熱し(c)、小麦色になって香ばしい香りがしてきたら、火を止める。Aを加え、よく混ぜて乳化させ、ケイパーを加える(d)。

3. フライパンにバター10gを中火で熱し、色づいたら(e)、1の鮭の表になる面を下にして並べる。フライパンの側面で皮を焼き、反らないようにフライ返しで上から全体を押さえ(f)、滑らせて移動させながら皮を香ばしく焼く。

4. ひっくり返して身の厚い部分にフライパンのバターをかけながら均一に火を通す。再び返して皮目をカリッと焼く。器に盛り、つけ合わせを添え、2のソースにパセリを加えて鮭にかける(g)。

魚のうろこをこそげ取るときは、皮を指で押さえながら取ると形が崩れにくいです。

a

小麦粉をまんべんなく全体にまぶすことで、均一に焦げ目がつき、皮や身がフライパンにはりつきにくくなります。

b

鍋でバターを熱して水分を飛ばし、泡が消えて色づいてきたら、火を止めてレモン汁を加え、よく混ぜて乳化させるのがポイントです。

c

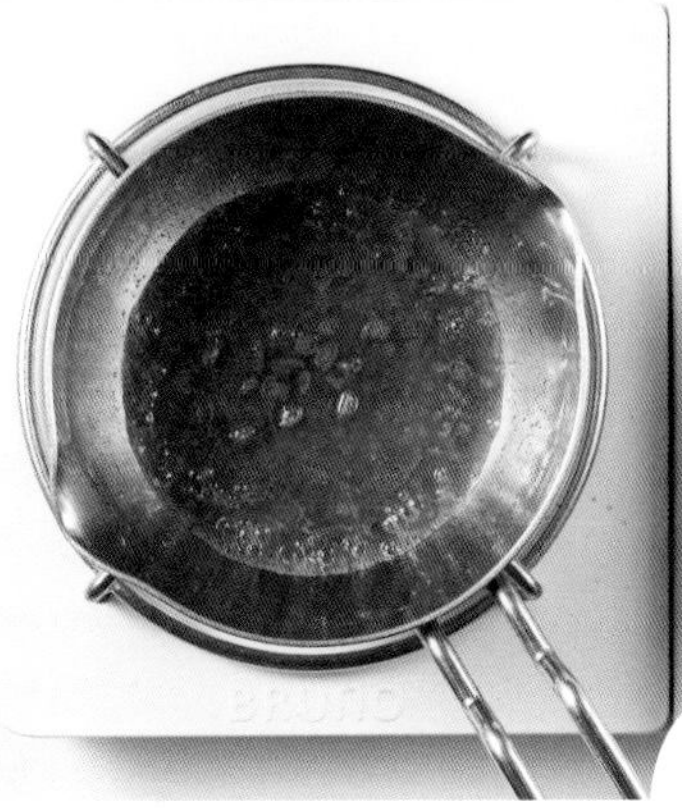

バターが茶色く色づく（ブールノワゼット）と香ばしいソースになります。

d

調理科学のポイント

鮭に粉をまぶしてから多めのバターで焼くのは、表面の水分を取り、香ばしく焼き色がつき、魚の水分を閉じ込めてしっとりと焼き上げる効果があるため。魚の皮目と身は65℃以上になると身がパサついてかたくなるので、火が通ったらすぐに取り出します。

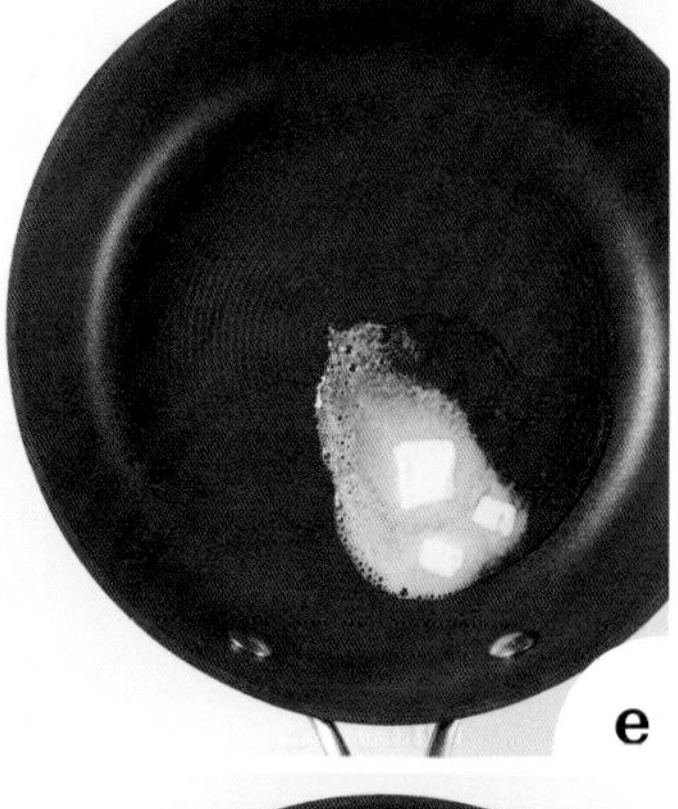

バターは乳しょうという水分により乳化しているので、水分を蒸発させることで１００％油脂になり、色づいて魚が香ばしく焼けます。

e

皮全体に焼き色をつけるとき、身の薄い部分や、端の浮いている部分は焼き色がつきにくいので、フライ返しで押しつけます。

f

パセリはレモン汁の酸で茶色くなってしまうので、ソースをかける直前に混ぜましょう。

g

煮崩れない！〝かれいの煮つけ〟のコツ

味をしみ込ませたいけれど煮崩れが心配な煮魚は、煮込む前の下ごしらえをしっかり行っておけば、煮崩れせずにふっくらと仕上がります。味をしみ込ませるためには、身に切り込みを入れておくこと。煮たときに、切り込みから中まで煮汁がしっかり入っていきます。また、魚を湯通ししたら氷水につけて身を引き締めることもポイント。キュッと引き締まった身に煮汁がしみ込み、ふっくらときれいな煮魚が作れます。

材料 2人分

かれい（切り身）………2切れ
塩………少々
A
- しょうがの薄切り………4枚
- 水………200mℓ
- 酒………大さじ3
- しょうゆ・みりん………各大さじ2
- 砂糖………大さじ1

つけ合わせ
水菜の塩ゆで・白髪ねぎ………各適宜

作り方

1. かれいはうろこが残っていれば包丁でこそげ取り、皮目に×印の切り込みを入れ（a）、塩をふって10分ほどおく。約80℃の湯にかれいを入れて全体が白くなったら取り出す（b）。氷水につけて冷えたら指でうろこを確認し、残っていれば取り除く（c）。
2. 深型のフライパン（または鍋）にA、1を入れ、落とし蓋をして中火にかける（d）。沸騰したら5分ほど煮て（e）、落とし蓋を外し、煮汁をかけながら3〜4分煮る（f）。器に盛り、つけ合わせを添える。

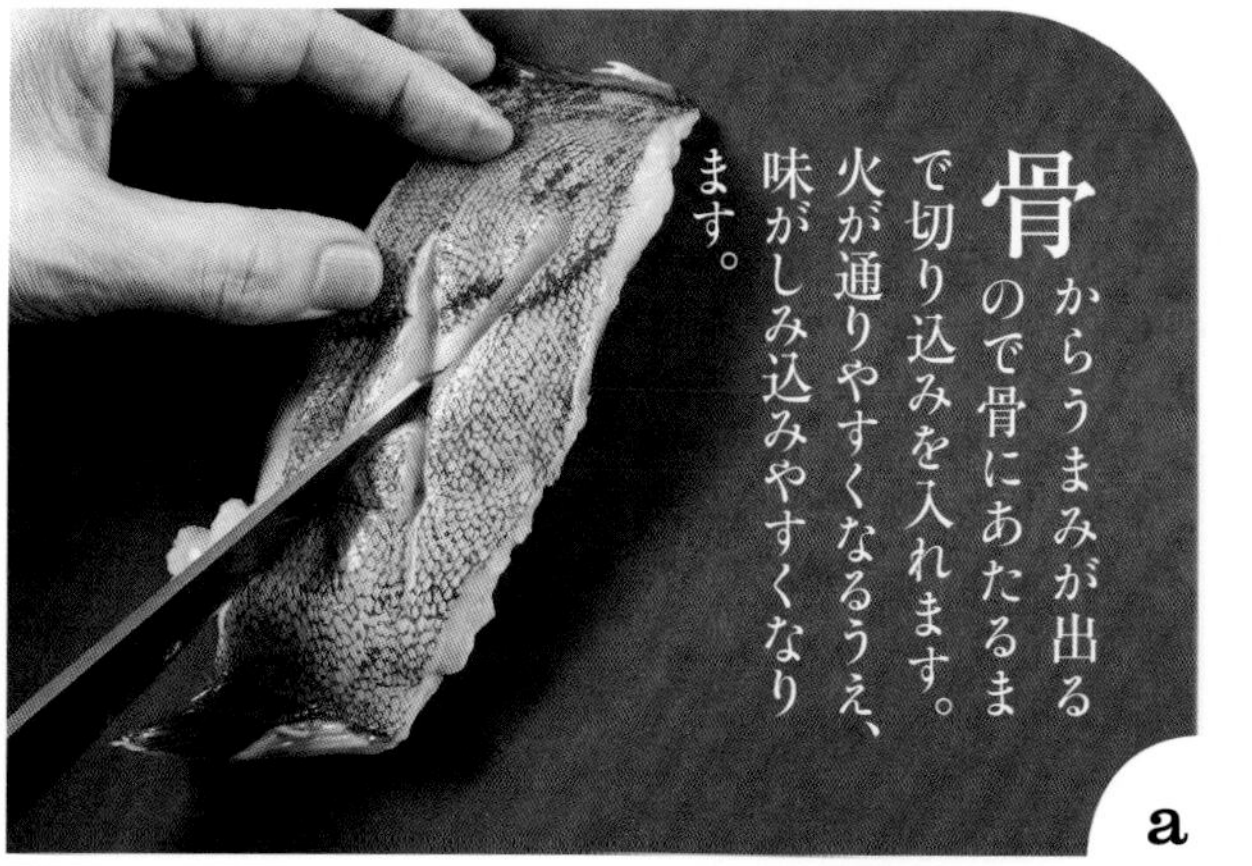

骨からうまみが出るので骨にあたるまで切り込みを入れます。火が通りやすくなるうえ、味がしみ込みやすくなります。

a

湯通しするときは、温度が高いと皮が破れるので、80℃くらいの湯にくぐらせるのがコツ。かれい全体が白くなるまでが目安。

b

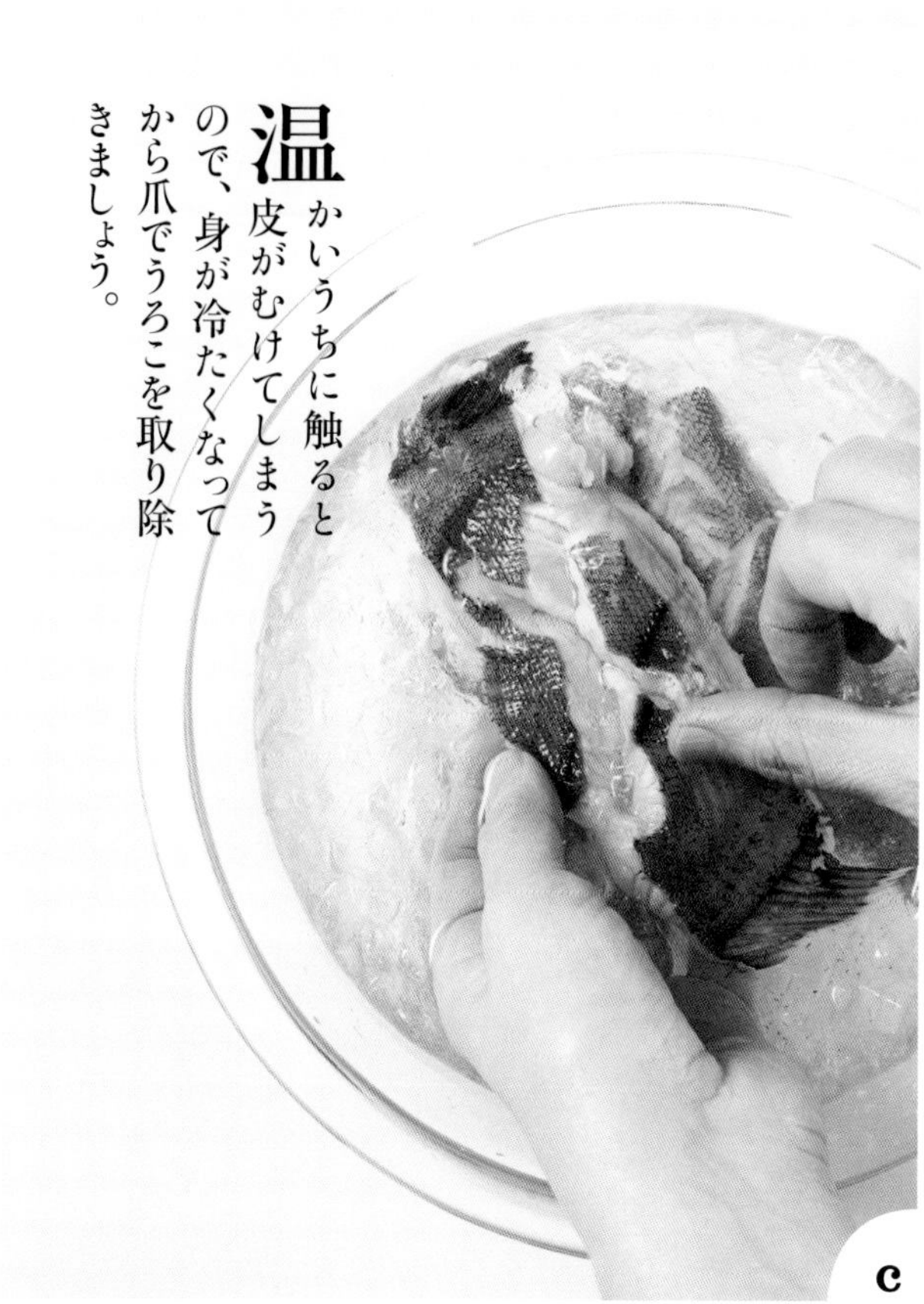

温かいうちに触ると皮がむけてしまうので、身が冷たくなってから爪でうろこを取り除きましょう。

c

調理科学のポイント	最初に湯通しをすることで、魚の表面のたんぱく質が熱凝固して、うまみを外に出さないようにするのがポイント。表面に切り込みを入れたり、落とし蓋をしたり、煮汁をかけながら火を通すことにより、ひっくり返さなくても短時間で煮上がります。

蒸れないように、蓋はせず落とし蓋の穴から余分な水分を飛ばします。

d

煮汁が軽く沸騰している程度の火加減で、やわらかくなるまで煮ていきます。

e

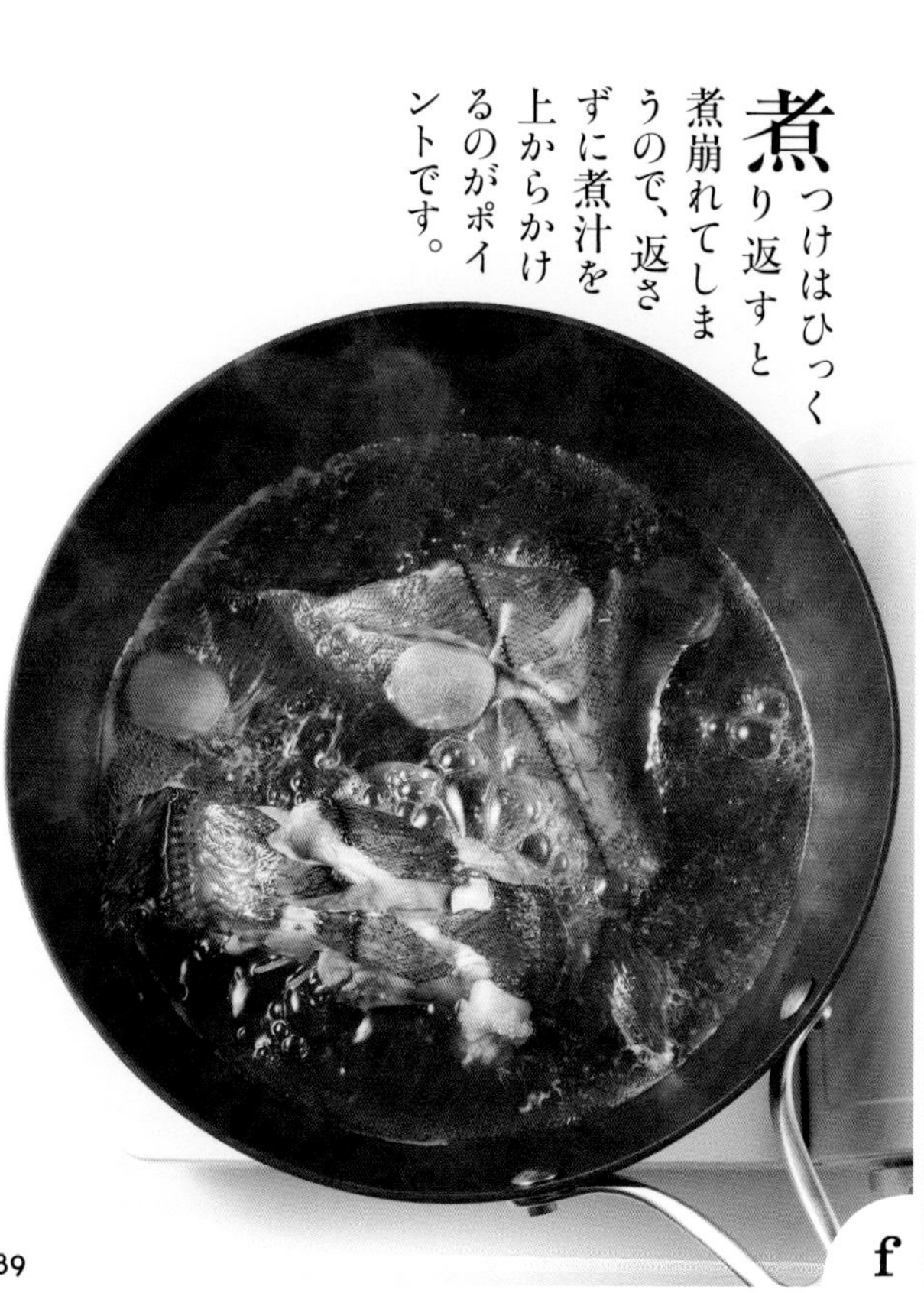

煮つけはひっくり返すと煮崩れてしまうので、返さずに煮汁を上からかけるのがポイントです。

f

濃厚でやわらかい〝さばのみそ煮〟のコツ

濃厚でやわらかい、さばのみそ煮の作り方をご紹介します。〝かれいの煮つけ〟と同様に、湯通しして氷水で身を引き締めるのは鉄則。酒で煮たり、しょうがなどの香りの強い香味野菜と煮込むことで、青魚の臭みを取り除いて食べやすくします。煮込むときは魚に触らず、煮汁を上からかけながら煮ると、身が崩れることなく中まで味がしみ込みます。さばに濃厚なみその煮汁が絡んで絶品です。

材料 2人分

さば（切り身）……2切れ
塩……少々
ごぼう……1/2本

A
しょうがの薄切り……4枚
水……150mℓ
酒……大さじ2
砂糖・みりん……各大さじ1

B
みそ……大さじ2
しょうゆ……小さじ1

針しょうが……適量

作り方

1. さばは皮目に×印の切り込みを入れ、塩をふって10分ほどおく。70〜75℃の湯で湯通しをし(a)、氷水につけ(b)、アクなどがついていたら手でやさしく取る(c)。ごぼうは斜め薄切りにし、水に5分ほどさらす。5分ほどゆでてざるにあげる。
2. 深型のフライパン（または鍋）に1のさば、Aを入れ、落とし蓋をして強火にかける(d)。沸騰したら中火にし、4分ほど煮る(e)。落とし蓋を外し、Bに煮汁適量を加えて溶き伸ばす。
3. ごぼう、溶き伸ばしたBを加えて混ぜ(f)、さばに煮汁をかけながら2〜3分煮る(g)。器に盛り、針しょうがをのせる。

a 青魚は皮がはがれやすいので、70～75℃の湯で湯通しをします。湯のにごりが臭みや汚れが落ちている証拠。

b さばに塩をふって臭みを出し、湯通ししたら氷水につけて冷やすことで、臭みがかなりやわらぎます。

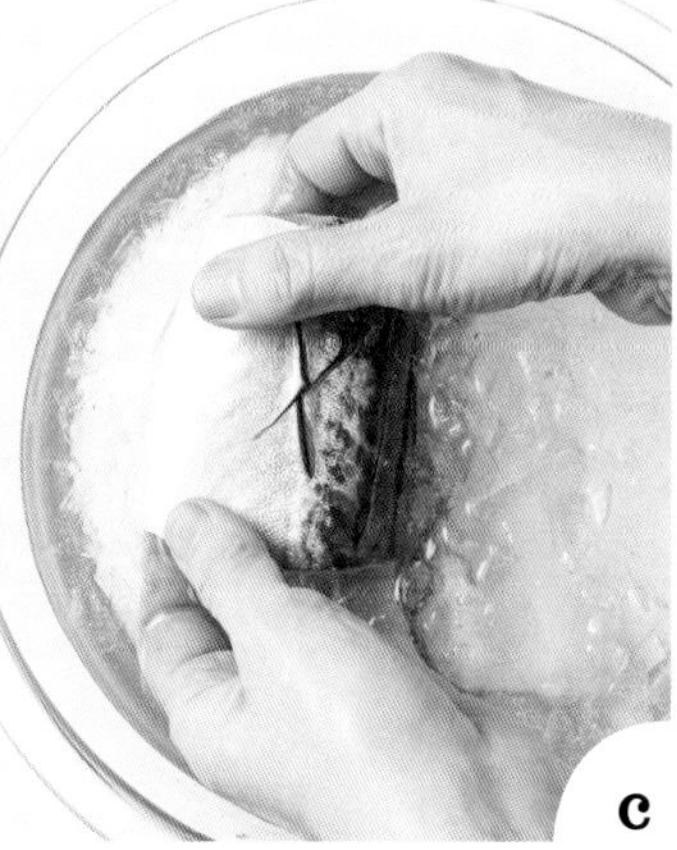

c 完全に冷えてから汚れを取るのがポイント。ペーパータオルで拭くと皮がはがれてしまうので、皮目は拭かずに煮込みます。

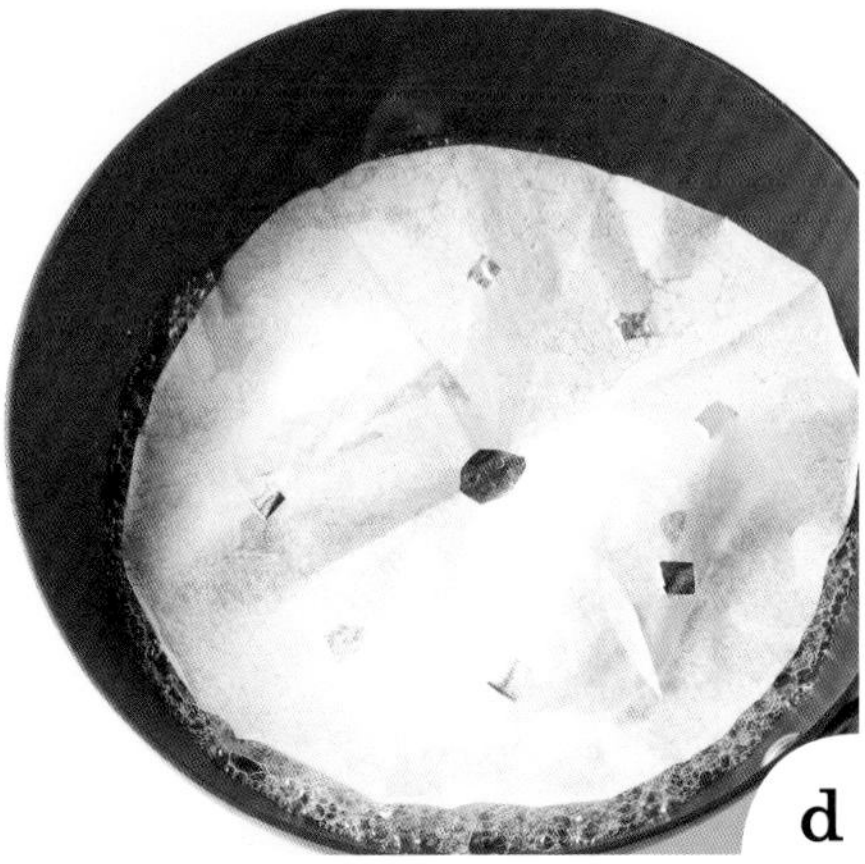

d 酒を入れた煮汁で先に煮ることで、魚の臭みを取り除きます。

調理科学のポイント	臭みの元になる血合いやぬめりを落とすため、湯通しをします。身をしっとりさせるには66℃で20分ほど煮るか、骨までやわらかくするには圧力鍋を使うのがおすすめ。直火で火を通しすぎるとかたくなるので、中まで火が通ったらそれ以上煮ません。

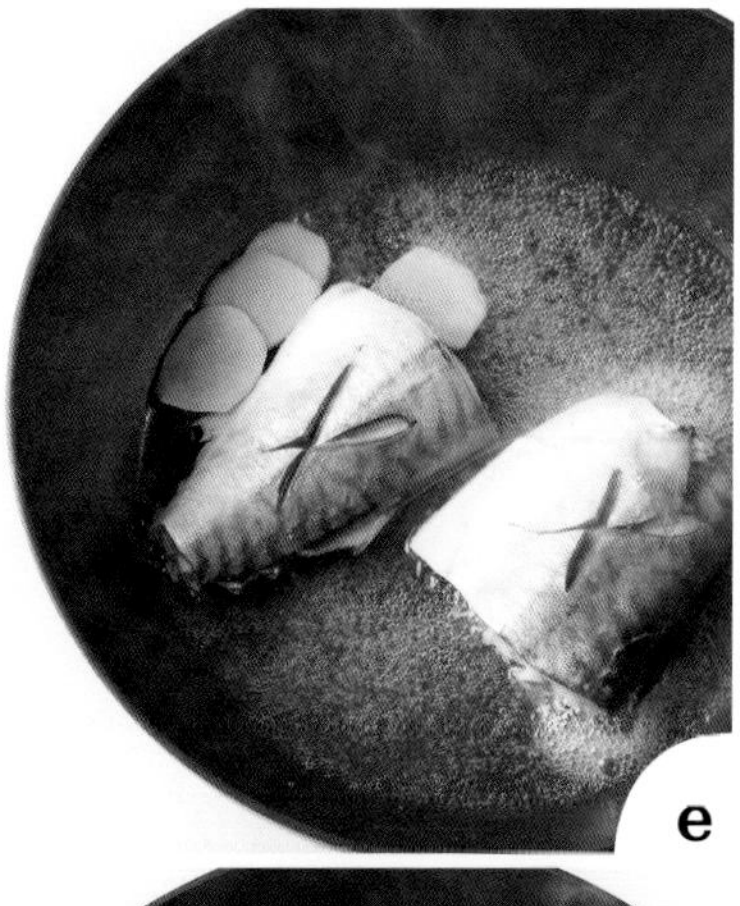

e 青魚は臭みがあるので、香りの強いさわやかなしょうが、または長ねぎと煮ることで臭みを消すことができます。

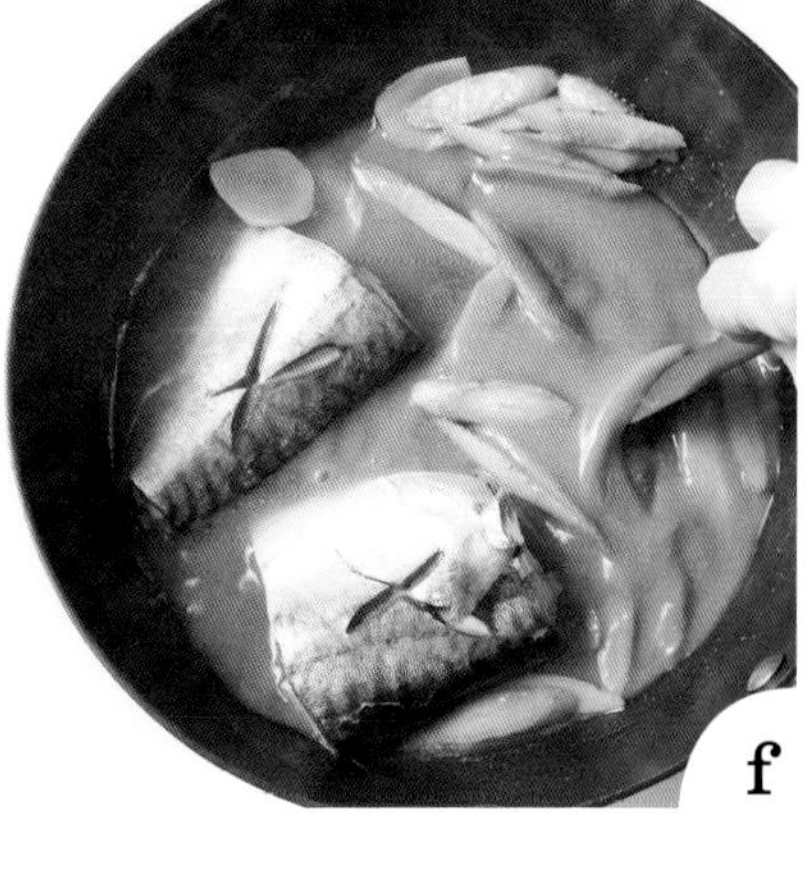

f しょうゆやみそは最初から加えると香りが飛ぶので、最後に加えます。

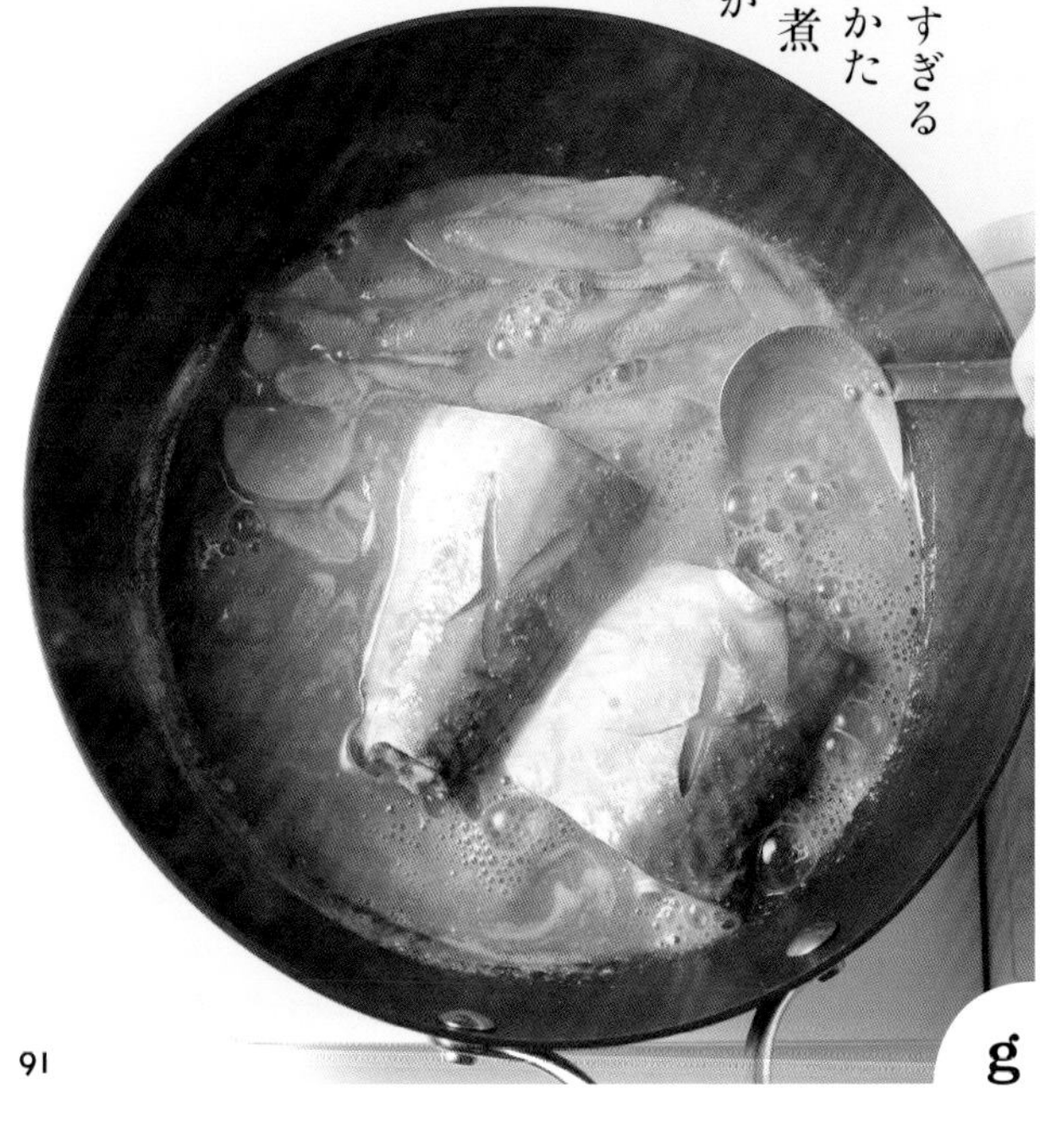

g 火を通しすぎると身がかたくなるので、煮汁をかけながら水分が逃げないように煮上げます。

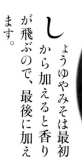

大根にぶりのうまみがしみ込む
〝ぶり大根〟のコツ

うまみたっぷりのぶり大根の作り方をご紹介します。ぶりを湯通しし、大根を下ゆでしてから煮込むことで、臭みやアクが消えて、クセのないおいしい煮物に仕上がります。かたい大根は、先に煮汁で煮込んで味をしみ込ませておきましょう。ぶりを加えたら煮込みすぎないこと。火を止めて少しおいておくと、ぶりに煮汁がしみ込んでいきます。中までぶりのうまみがよくしみ込んだ大根と、やわらかいぶりでごはんが進みます。

材料　2人分

ぶり（切り身）……3切れ
塩……少々
大根……300g
米のとぎ汁……適量
A　しょうがの薄切り……4枚
　だし……300mℓ
　酒……大さじ3
　砂糖・しょうゆ……各大さじ2

作り方

1. ぶりは半分に切り、塩をふって10分ほどおき、湯通しする(a)。氷水につけて指でうろこを確認し、残っていれば取り除く(b)。
2. 大根は1.5cm幅の半月切りにし、角を取って面取りをする。鍋に大根と米のとぎ汁を入れて火にかけ、やわらかくなるまで下ゆでし(c)、ざるにあげて洗う。
3. 深型のフライパン（または鍋）に2、Aを入れ(d)、落とし蓋をして強火にかける。沸騰したら中火にし、10分ほど煮たら1を加え、再び落とし蓋をして5分ほど煮る(e)。
4. 落とし蓋を外し、煮汁をかけながら5分ほど煮る(f)。火を止め、落とし蓋をして10分ほどおく。

a

青魚は、塩をふり、湯通しをして臭みを抜いてから煮込むのが基本です。

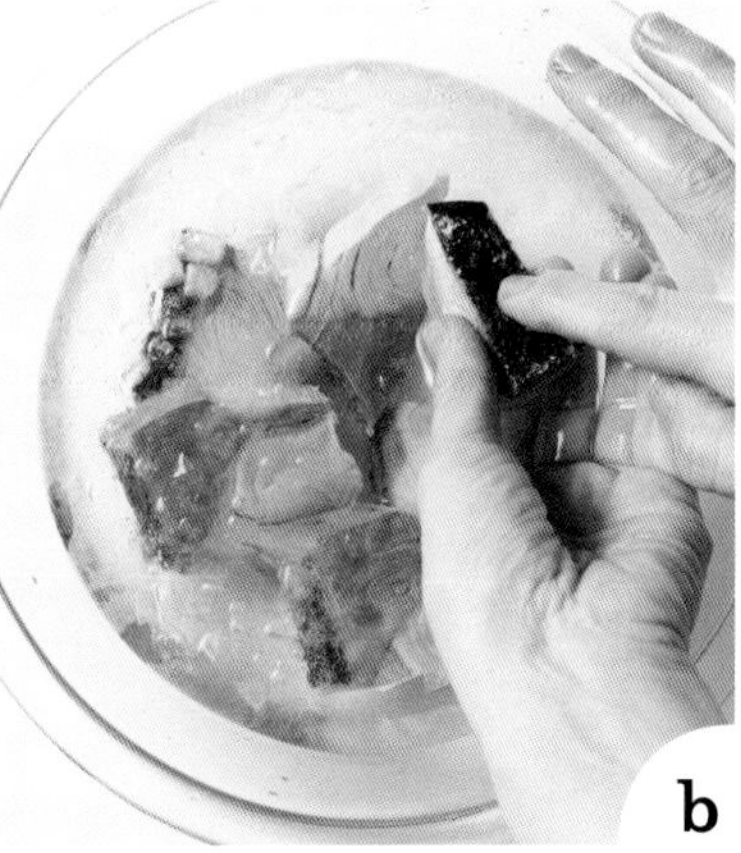

b

完全に冷たくなってから、うろこを取ると皮が破れません。うろこは丁寧に取ることで、口あたりがよくなります。

c

大根は米のとぎ汁で下ゆですると、酵素の作用でやわらかいのに崩れにくくなり、アクも取れます。煮汁が濁るので下ゆでしたら洗います。

調理科学のポイント

大根を煮汁で煮ると身が締まって煮えるのに時間がかかるため、先に下ゆでしてから煮汁に入れて煮ることで、味が中心まで入ります。そのあとぶりを入れるのは、煮すぎによるぶりのパサつきを防ぐため。乾燥もパサつきの原因になるので、落とし蓋も忘れずに。

d

大根はかたいので、下ゆでしてからざるにあげ、煮汁で煮て味をなじませておきます。

e

湯通ししたぶりを大根の上にのせたら、落とし蓋をして煮汁をぶりにも回して味をしみ込ませます。

f

ぶりに煮汁をかけながら煮るのがポイント。そのあとは火を止めてしばらく味を含ませます。

プリプリ！ 絶品〃えびチリ〃のコツ

有頭えびを使ってプリプリのえびチリを作りましょう。えびは下処理を丁寧に行うことで、おいしく仕上がります。えびを殻ごと使い、殻から出るうまみや香ばしさを十分に生かすのもポイント。尾の先から頭のみそまでおいしくいただけるレシピになっています。香味野菜をよく炒めて香りを移したソースをたっぷり絡めましょう。身がプリプリなえびと、とろみのある濃厚なソースが絶品です。

材料　2人分

有頭えび（冷凍）……10尾

A | 塩……少々
片栗粉……小さじ2

B | 塩……小さじ1/3
片栗粉・卵白……各小さじ2
サラダ油……小さじ1

にんにく……1かけ

しょうが……1/2かけ

長ねぎ……4cm

豆板醤……小さじ1

酒……小さじ2

C | 鶏がらスープ……150mℓ
トマトケチャップ……40g
砂糖……小さじ1

水溶き片栗粉……水大さじ1＋片栗粉大さじ1/2

D | 酢・しょうゆ……各小さじ1/2

サラダ油・ごま油……各小さじ2

作り方

1. えびは解凍し(a)、ひげを切る。背の殻に切り込みを入れて背ワタを取り除き(b)、**A**をまぶして水で洗う(c)。ペーパータオルで水けを拭き取り、**B**をまぶす(d)。にんにく、しょうがはみじん切りにし、長ねぎは粗みじん切りにする。

2. フライパンにサラダ油を強火で熱し、えびを入れて全体が赤くなったら一度取り出す(e)。

3. 2のフライパンを弱火で熱し、ごま油小さじ1、にんにく、しょうが、豆板醤を入れて香りが出るまでじっくり炒める(f)。

4. 長ねぎを加えて香ばしく炒め、酒を加えてアルコール分を飛ばす。**C**を加えて混ぜ、沸騰したら水溶き片栗粉を加えてとろみをつける(g)。えびを戻し入れ(h)、**D**で味を調える。ごま油小さじ1を鍋肌から回し入れる。

a

えびは使う直前に水で解凍すると、黒く変色しにくいので、生のえびを買うより、冷凍を買っておくのがおすすめ。

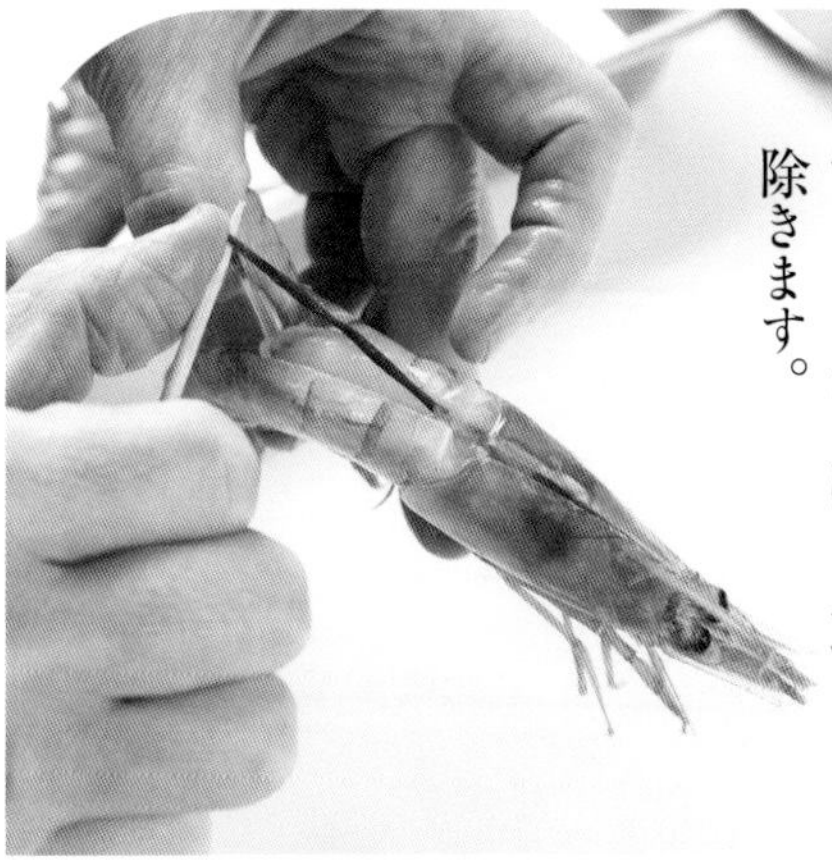

b

背の殻にキッチンバサミで切り込みを入れて開き、竹串を使って背ワタを引っ張って取り除きます。

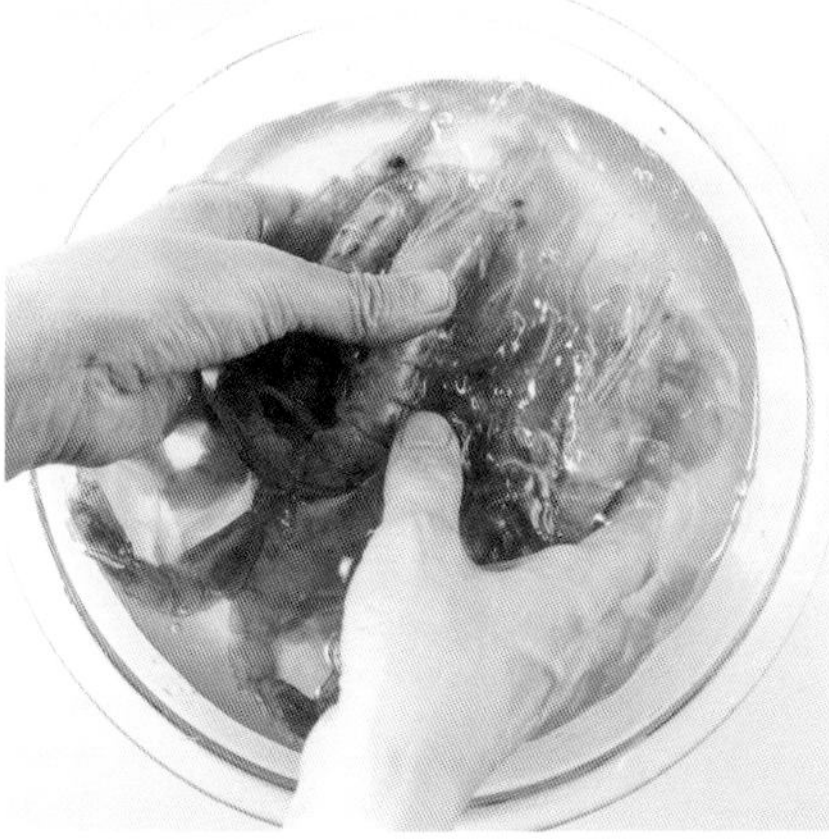

c

塩と片栗粉をまぶしてから洗うことで、汚れをしっかり絡め取ることができます。

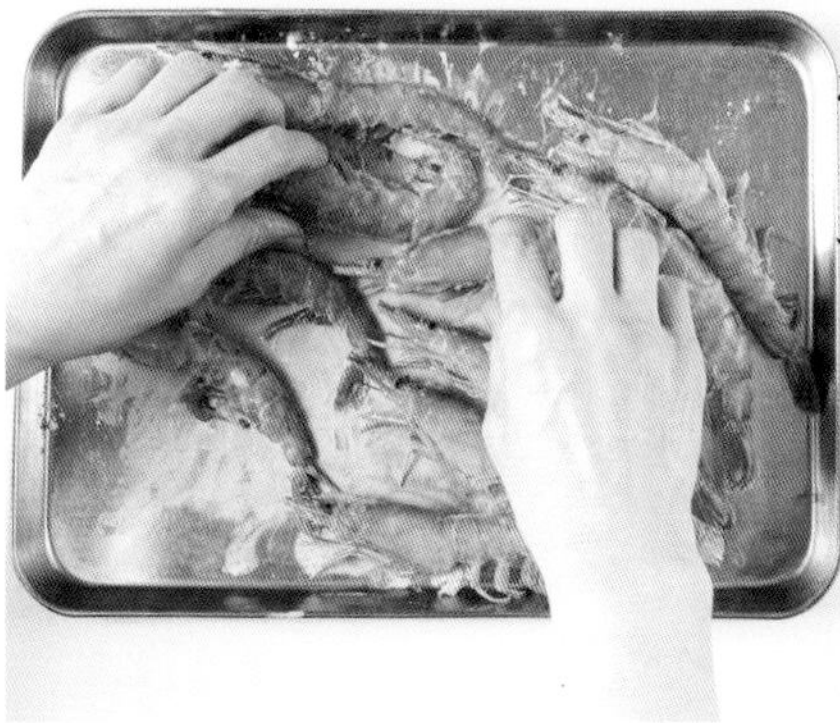

d

先に背に切り込みを入れてBをまぶすことでソースが絡みやすくなります。

調理科学のポイント	殻を焼いたときの香ばしさは、主に「チアルジン」という成分によるもの。この香りを生かすために殻ごと一度焼いて取り出しておくのがコツ。えびは加熱しすぎるとかたくなるので、最後はソースに絡めて火が通ればOKです。

e

えびの殻からうまみや香ばしさが出るので、取り出したら同じフライパンを使います。

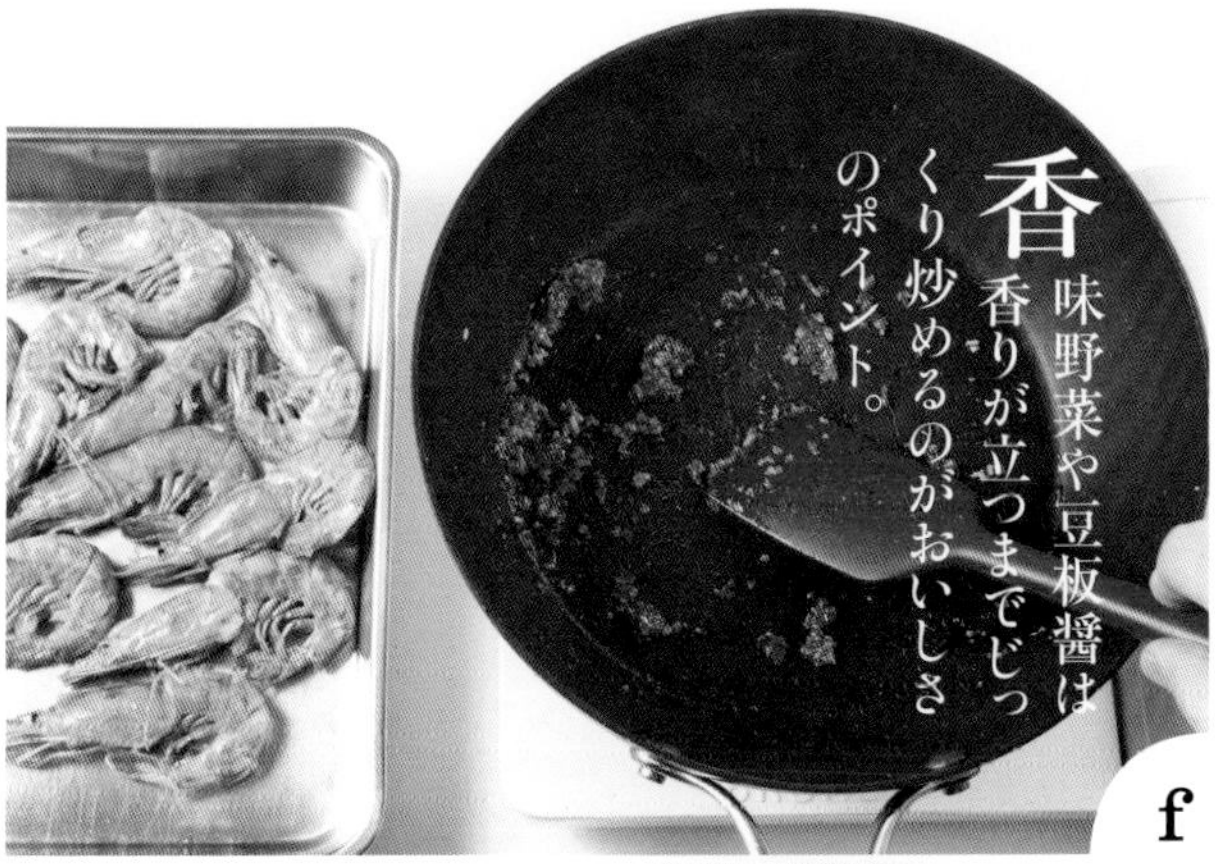

f

香味野菜や豆板醤は香りが立つまでじっくり炒めるのがおいしさのポイント。

g

水溶き片栗粉は、かき混ぜて沸騰しているところに加えます。流し入れながら全体をよく混ぜます。

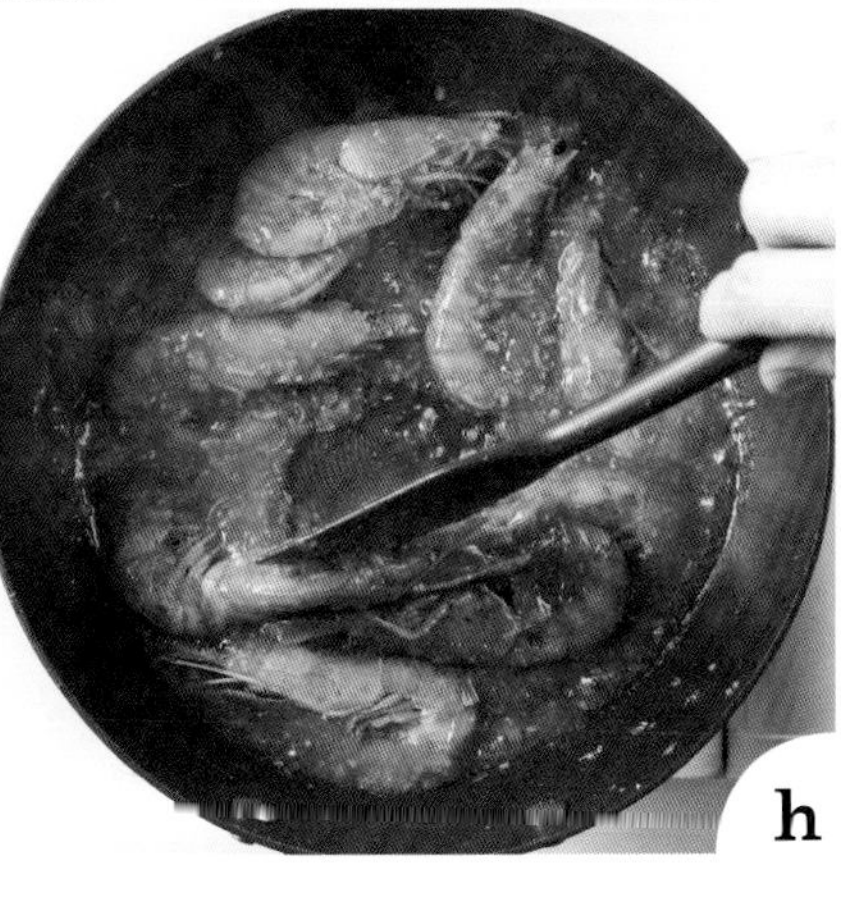

h

えびは頭が取れないようにソースと絡め、えびに火が通れば完成。

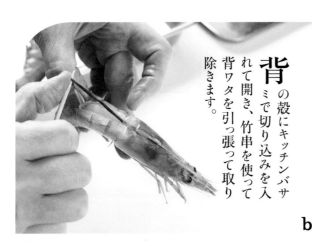

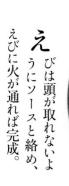

やわらかくてコクうま！〝いかと里いもの煮物〟のコツ

いかを丸ごと使った煮物の作り方をご紹介します。煮物は、いかの皮むきが不要なので手軽です。しっかり下処理をし、ゆでるときに丁寧にアクを取り除きましょう。里いもは米のとぎ汁を使って下ゆでするとぬめりが取れ、さっぱりと仕上がります。いかは煮込む時間がとても大切。じっくり煮込むことでやわらかくなり、中まで調味料がしみ込みます。コクうまなやわらかいいかとホクホクの里いもが相性抜群です。

材料 2人分

するめいか
……小2杯（または大1杯）
里いも……400g
米のとぎ汁……適量
A | だし……600mℓ
昆布……5cm四方
酒……大さじ2
B | 砂糖・みりん……各大さじ2
しょうゆ……大さじ2

作り方

1. するめいかの下処理をする（P79参照）。足は3〜4cm長さに切って1本ずつ切り分ける。胴は皮つきのまま約2cm幅の輪切りにし(a)、えんぺらは食べやすい大きさに切る。

2. 里いもは皮を洗って汚れを落とし、ざるにあげて乾かす(b)。乾燥したら皮をむき(c)、一口大に切ってさっと洗い、ぬめりを取る。深型のフライパン（または鍋）に里いもを入れ、ひたひたの米のとぎ汁を加え(d)、中火にかけて沸騰したら弱火で5分ほどゆでる。水にさらし(e)、水けをきる。

3. 2のフライパンをさっと洗い、Aを入れて30分ほどおく。1を加えて火にかけ、沸騰したらアクを取り除き(f)、軽く沸騰するくらいの火加減で20分ほど煮る。2、Bを加えてさらに20分ほど煮る。しょうゆを加え、中火にして沸騰したら10分ほど煮る(g)。火を止めて10分ほどおく。器に盛り、煮汁をかける。

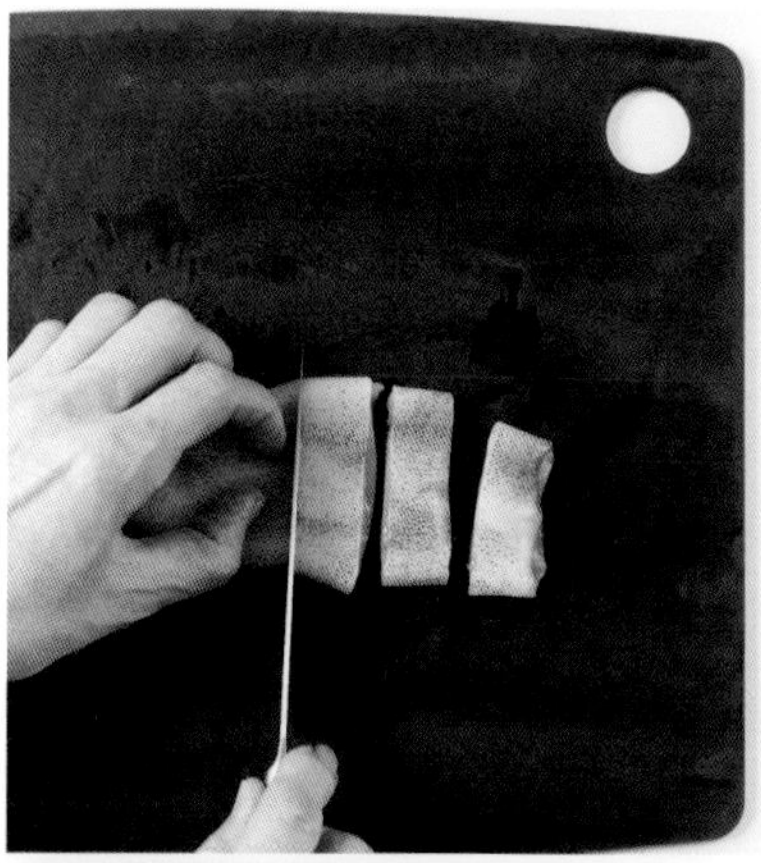

煮物に使うときは、いかの皮をむかなくてもOK。皮がピンクに染まり、きれいに仕上がります。

a

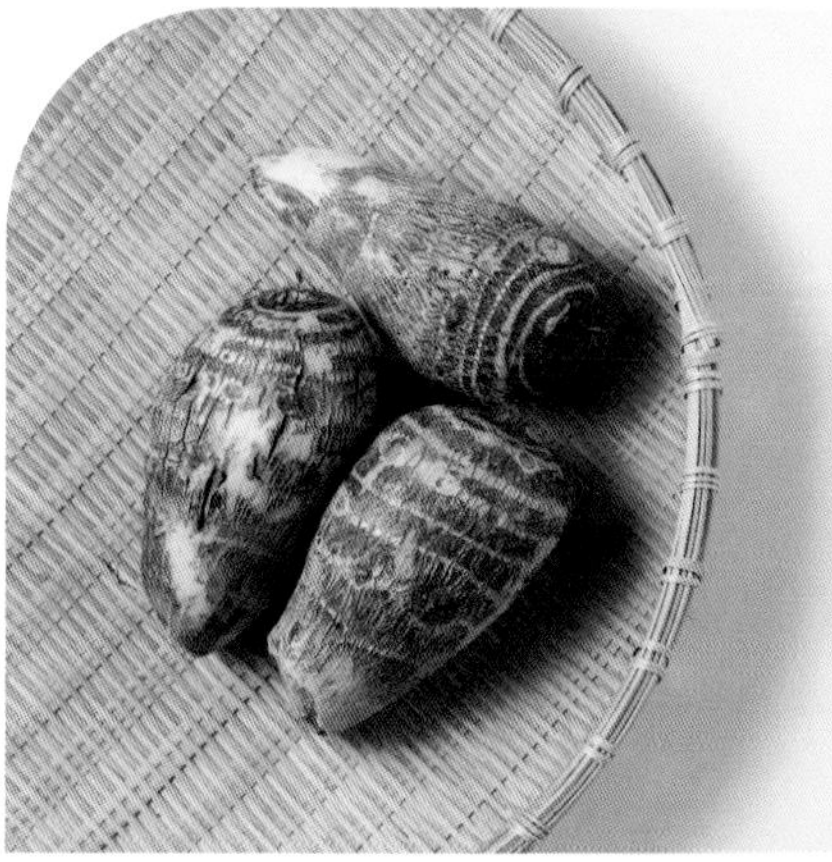

里いもは洗ってからざるにあげて乾燥させましょう。皮をむくときにぬるぬるしません。

b

里いもの皮をむくときは、片手で里いもを縦向きに持ち、上から下に向かって包丁を動かします。

c

里いもは米のとぎ汁で下ゆでしてから煮ると、やわらかくても、崩れにくく仕上がります。

d

調理科学のポイント	いかはコラーゲン繊維が表皮側に走っているため、加熱すると横方向に走っている筋繊維が縮んで脱水します。そのため繊維がやわらかくなるまで40分以上煮込みます。また、里いもをねっとり仕上げたいときは、下ゆでせずにそのまま煮ます。

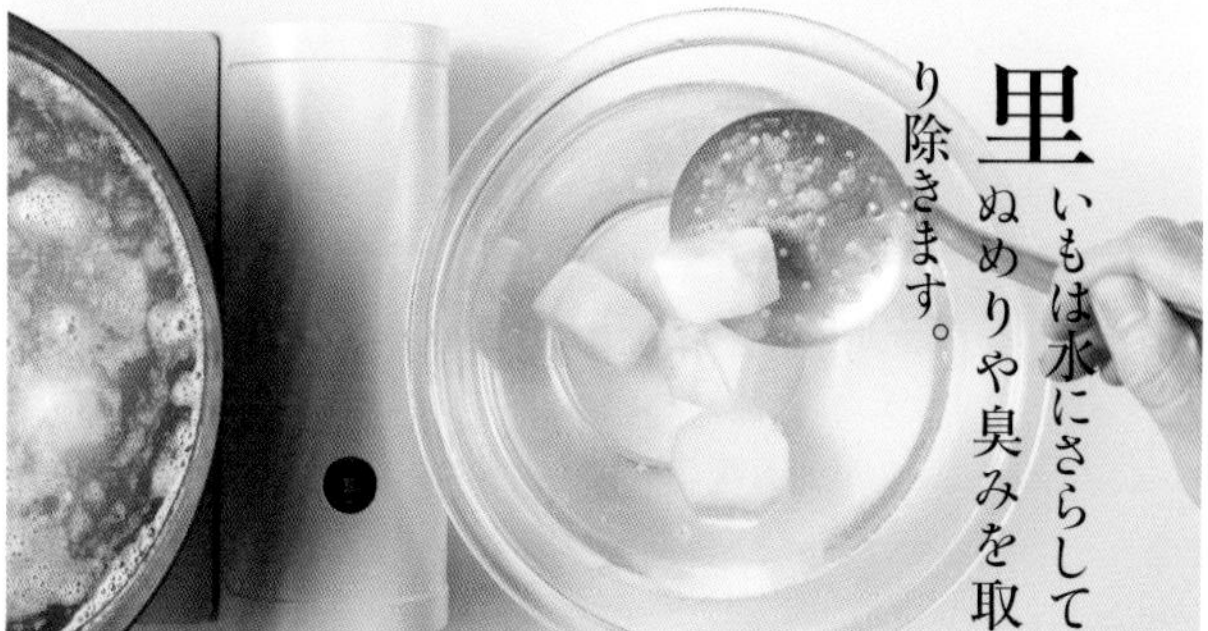

里いもは水にさらしてぬめりや臭みを取り除きます。

e

いかをゆでている間にアクが出てきたら、丁寧に取り除きましょう。

f

いかはじっくり煮込むと、繊維までやわらかくなります。もしくは、さっと火が通るくらい煮た半生でもやわらかく食べられます。

g

いろいろな種類の魚介でサクサクでふわふわな天ぷらを作りましょう。レシピではえびといか、かきの天ぷらとかき揚げの作り方をご紹介します。どの魚介も、水けをしっかり拭き取ることと、粉を全体にまんべんなくまぶして高温で揚げるのが肝になります。水けを拭き取ることで油はねしにくくなり、高温で衣がカラッと揚がります。衣はサクサク、中がふわふわな天ぷらをレモンや藻塩でさっぱりといただきます。

サクサク&ふわふわ！〝魚介の天ぷら〟の揚げ方

材料 2人分

有頭えび……2尾
小麦粉……適量
するめいか……100g
かき……4個
A
小麦粉……100g
ベーキングパウダー……小さじ1
水……100mℓ
B
玉ねぎ（薄切り）……1/2個分
にんじん（せん切り）……4cm長さ分
三つ葉（ざく切り）……4本分
揚げ油……適量

つけ合わせ
カットレモン・藻塩……各適宜

作り方

1. えびの頭はひねって外し、背ワタを取り除く(a)。胴は尾と一節を残して殻を取り除き、腹部に2/3の深さまで斜めの切り込みを数本入れ、筋を伸ばす(b)。尾の先を斜めに切り落とし、中の水分を取り除く(c)。頭はかたい殻を取り除いたら(d)、小麦粉適量をまぶす。いかは皮をむいて皮目にかのこ状の切り込みを入れ(e)、食べやすい大きさに切る。かきはペーパータオルで水けをよく拭き取る。

2. ボウルに**A**を入れて泡立て器で混ぜ合わせ(f)、ざるでふるいながら**1**に適量をまぶす(g・h)。

3. 氷をあてたボウルに水を入れ、**2**の残りの粉をざるでふるいながら加え(i)（**A**の粉は少し取り分けておく）、とろりとするまで泡立て器で大きく混ぜる(j)。

4. かき用に**3**を少し取り分け、小麦粉適量を加えてもったりするまで泡立て器で大きく混ぜる。

5. 深型のフライパン（または鍋）に揚げ油を底から3cm高さまで入れて180℃に熱し、えびの胴といかは**3**に、かきは**4**につけて入れ、薄いきつね色になったら取り出して油をきる。えびの頭はそのまま揚げる。

6. **3**で取り分けた**A**の粉に**B**を入れて混ぜ合わせる(k)。**5**で残ったえびの胴といかの衣を全量加え、さらに混ぜ合わせる。スプーン1杯分をすくって揚げ油に入れ、菜箸で均一に広げて所々穴を開ける。両面2分ずつ揚げ(l)、油をきる(m)。器に盛り、つけ合わせを添える。

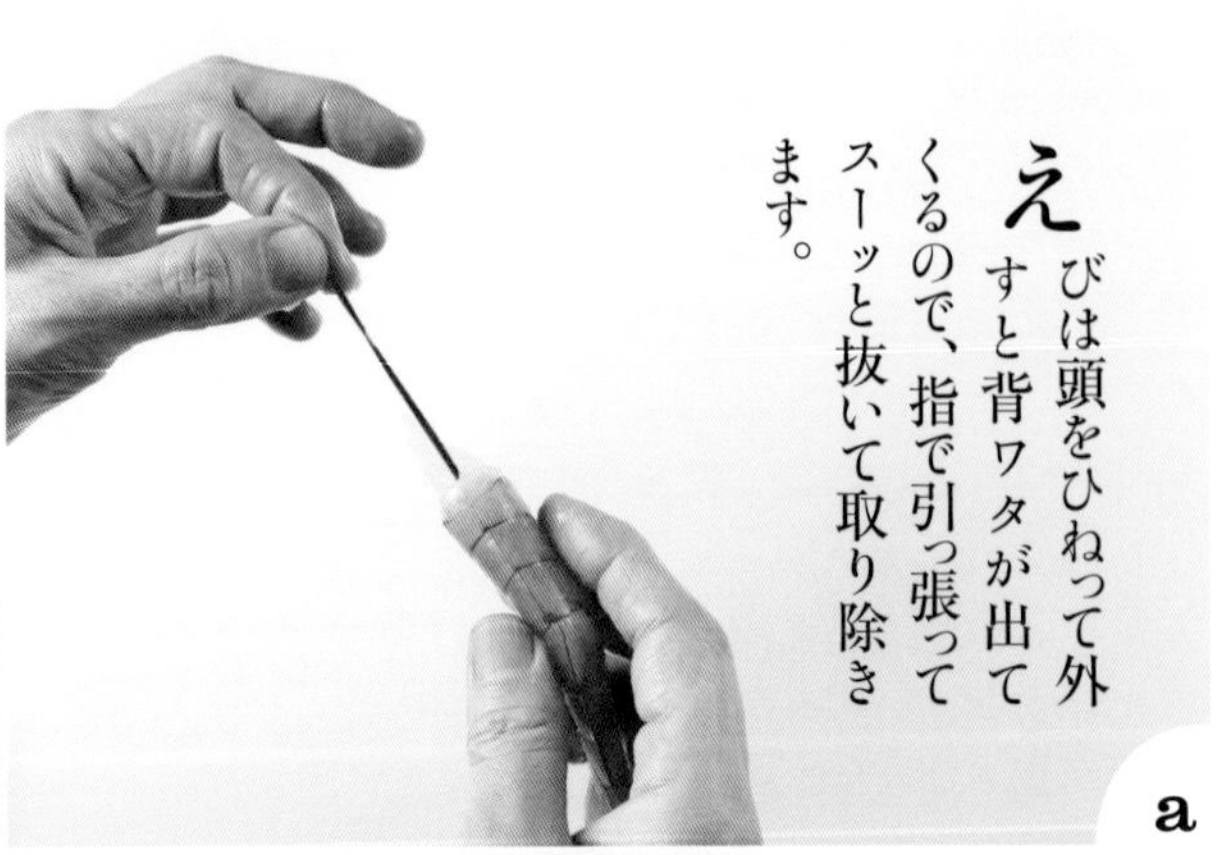

えびは頭をひねって外すと背ワタが出てくるので、指で引っ張ってスーッと抜いて取り除きます。

a

えびは1.5倍くらいの長さになるように、切り込みを入れて伸ばすことで、揚げたときに丸まるのを防ぎます。

b

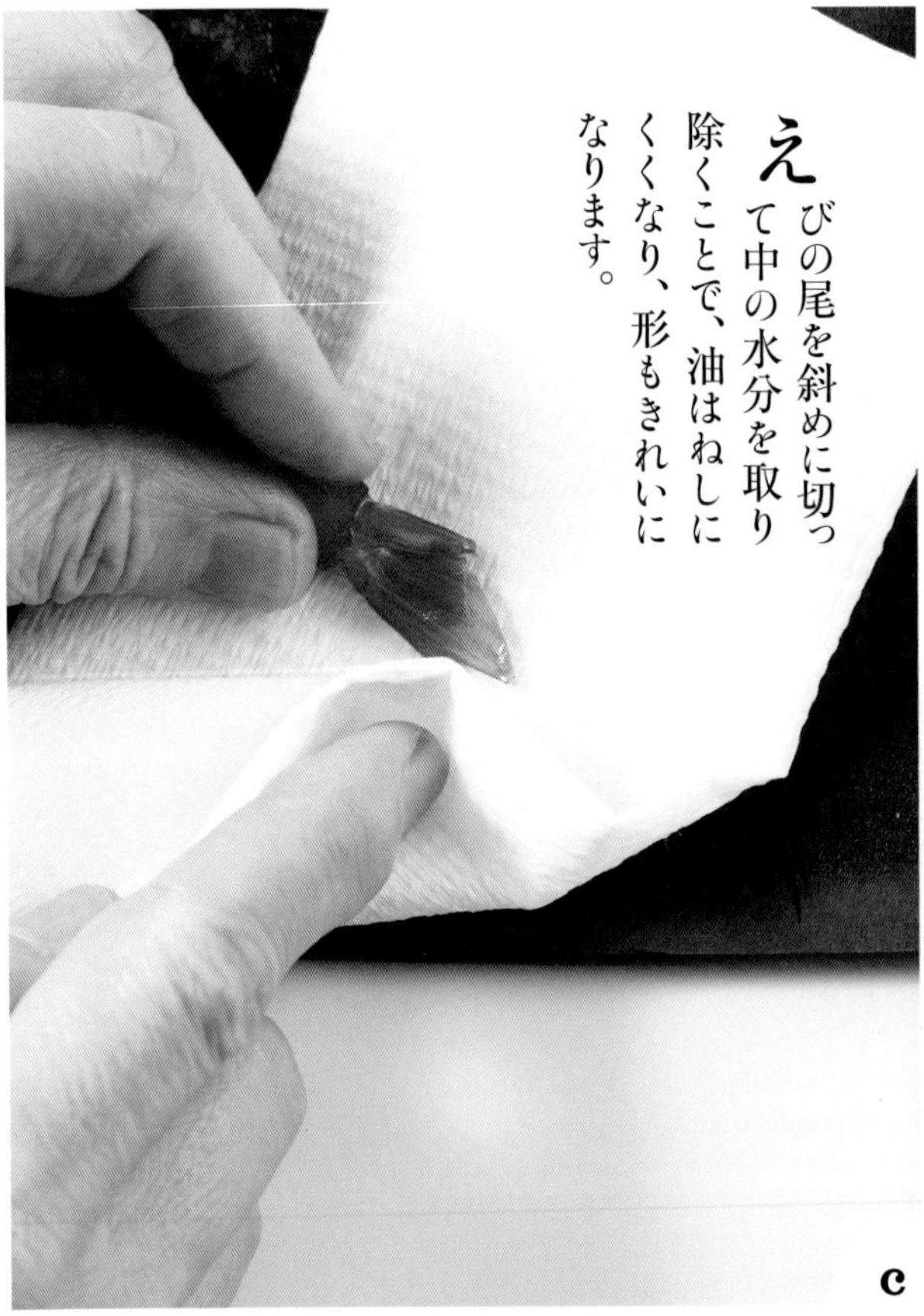

えびの尾を斜めに切って中の水分を取り除くことで、油はねしにくくなり、形もきれいになります。

c

調理科学のポイント

小麦粉に含まれるたんぱく質は、水と結合すると粘りけのある物質（グルテン）になり、その分子は低温だと動きがにぶくなるので、氷で冷やしながらとろりとするまで混ぜるのがコツ。衣がはがれ落ちやすい魚などは、小麦粉をまぶしてから衣をつけます。

頭はかたい殻を取り除きます。この頭の部分はカリカリに香ばしい素揚げにします。

d

いかはかのこ状の切り込みを入れることで、揚げたときに丸まるのを防ぎます。

e

小麦粉とベーキングパウダーは泡立て器で均一に混ぜると、ふんわりサクサクに揚がります。

f

下処理をした食材に粉をふるいながら全体にまんべんなくまぶします。

g

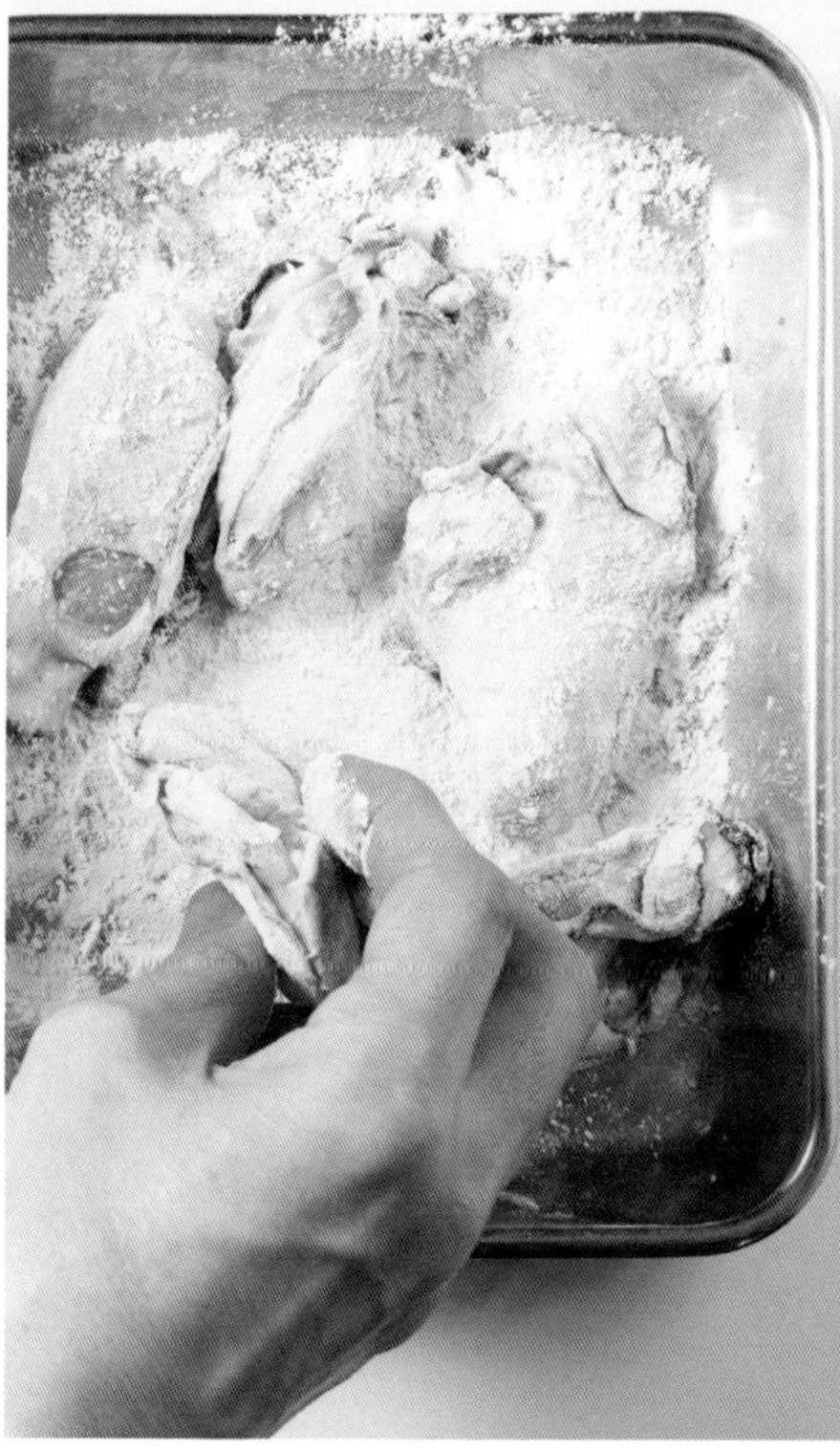
h

かきは油がはねやすいので、中の水分を吸い取るくらいの多めの粉をつけ、とろみをつけた衣をまんべんなく絡めます。

i

衣に卵を使うとふんわりするものの、サクサクに仕上がらないので、小麦粉、ベーキングパウダー、水のみで作ります。

j

氷で冷やしながら衣を作るときは、粉をふるいながら加え、その都度混ぜましょう。サクサクに仕上がりやすくなります。

調理科学のポイント

揚げ油で天ぷらを揚げている間は、衣に含まれている水分と揚げ油の交換作業が行われ、サクサクとした食感を生み出します。えびやいかなどの具材はゆるやかに温度が上昇していき、ふっくらとした食感が生まれます。

k

かき揚げ用の野菜は先に小麦粉とベーキングパウダーをまぶしておくと、衣が絡みやすくなります。

l

かき揚げを入れて広げるとき、所々菜箸で刺して穴を開けます。菜箸で触ってカリッとするまで揚げましょう。

m

食材を立てて油をきるので、バットは深めのものを使うのがおすすめ。

column

魚の調理科学トリビア

刺身やかつおのたたきなどをおいしく食べるコツや
魚の生臭さを消すための方法を教えます。

白身は透明感がありプリッとしているもの、赤身は鮮紅色のものが新鮮。かつおのたたきや刺身は、盛りつけたあと10分程度でいいので、食べる直前までラップをして器ごと冷蔵庫で冷やしておくと、おいしさがまったく違う。生ぬるいと弾力などの食感も変わってくる。

あら汁を作るか、だしをとる場合は、そのまま使うと生臭さが残るので、塩をふってから熱湯をかけ、冷水で洗う。

下処理をした魚のあらを鍋に入れて水を注ぎ、しょうがや長ねぎの青い部分、香味野菜、ハーブなどを入れると臭み消しになる。

Part 4

目からウロコの基本の野菜料理

野菜はサラダやおひたし、炒め物、煮物など、どんな料理にも
使える万能食材ですが、性質を知らないまま調理すると
水っぽくなったり、煮崩れたりすことも。
青菜や根菜、いも類など、それぞれの特徴を踏まえた
色よくおいしく調理できるテクニックをご紹介します。

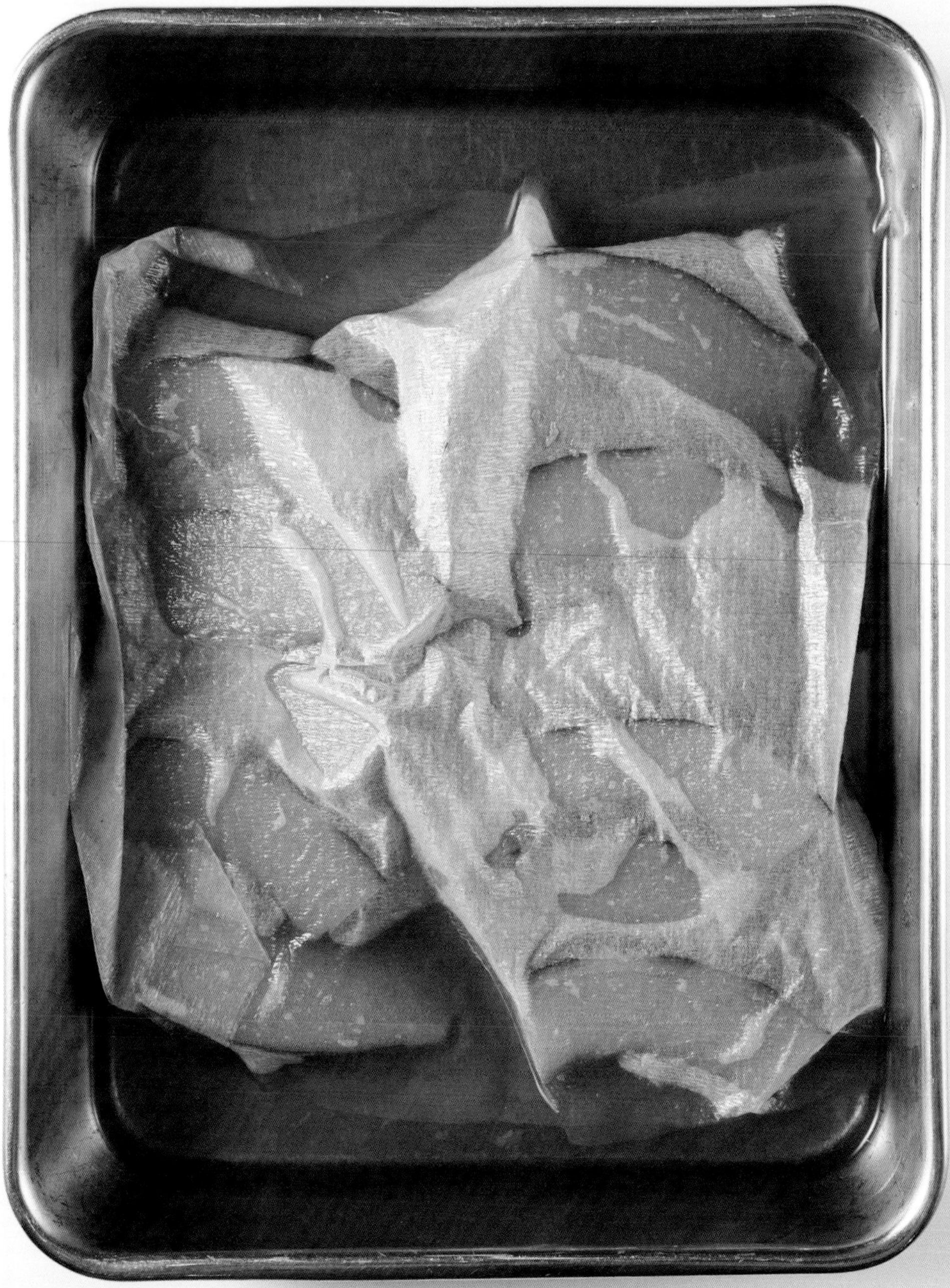

野菜の下処理・切り方

野菜は下処理や切り方によって、色や食感が変わります。適切な下処理とさまざまな切り方を確認しておきましょう。

皮をむく

基本はピーラーを使うのが簡単。ごぼうは風味がなくなるのでたわしでこする。

かぼちゃの煮物を作るときは、包丁でまだらに皮をむくと調味料がしみ込みやすい。

きゅうりの下処理

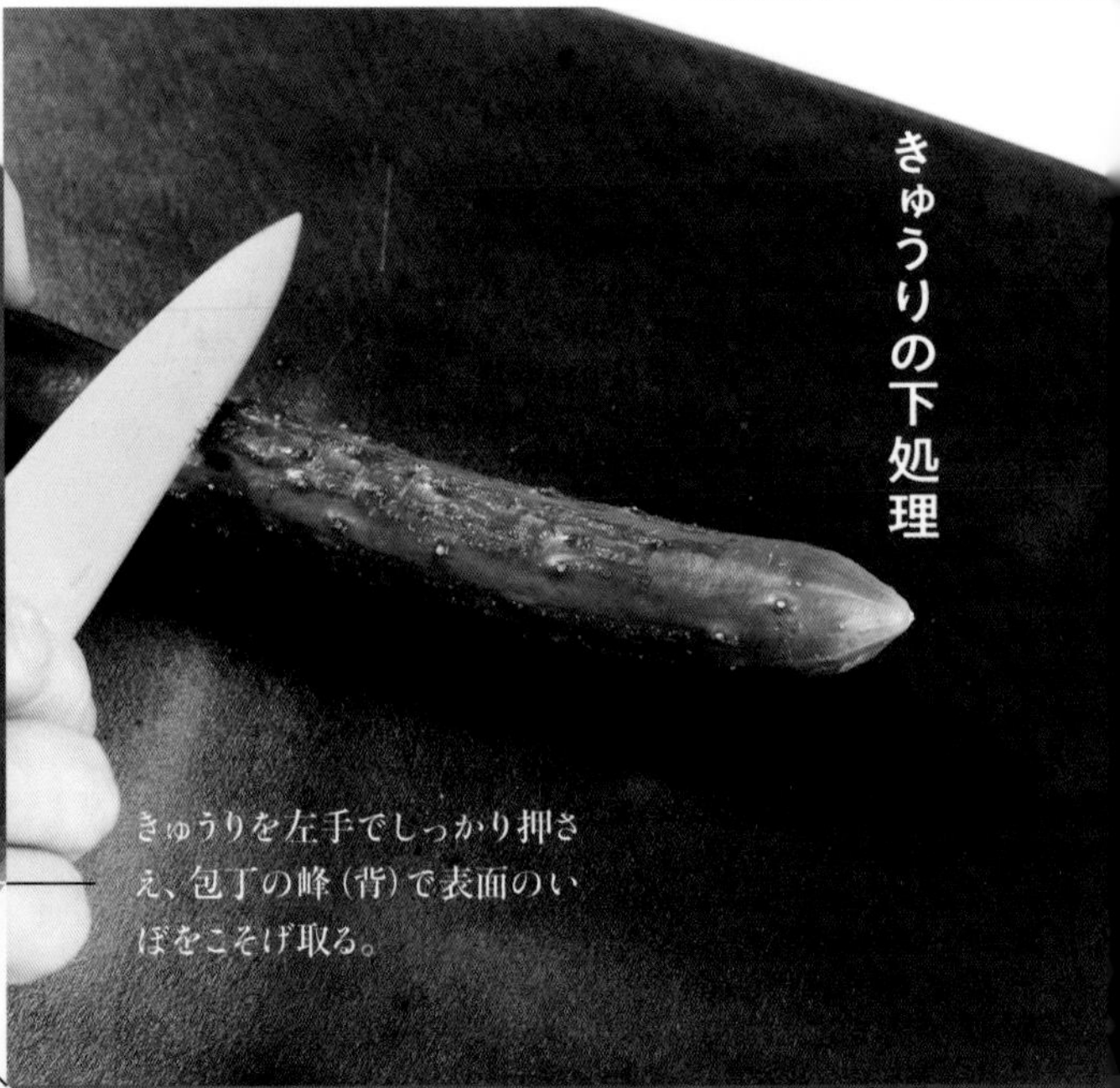

きゅうりを左手でしっかり押さえ、包丁の峰（背）で表面のいぼをこそげ取る。

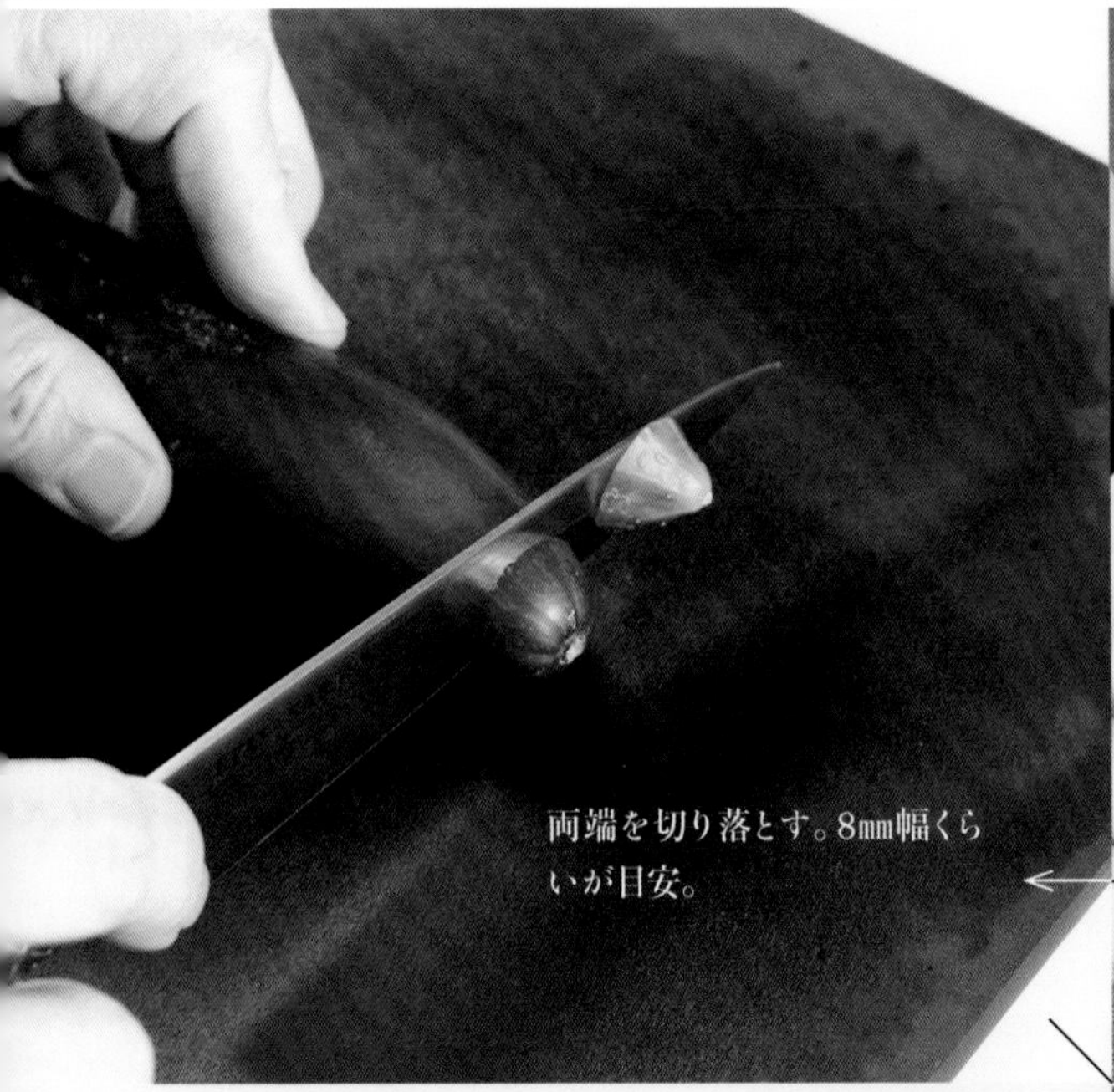

両端を切り落とす。8㎜幅くらいが目安。

切り落とした端と切り口をこすり合わせる。白いものがアク。

切り口付近はアクが強いので、皮をむく。

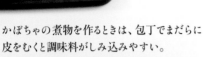

かぼちゃの下処理

種とワタはスプーンでこそげるようにして取り除く。

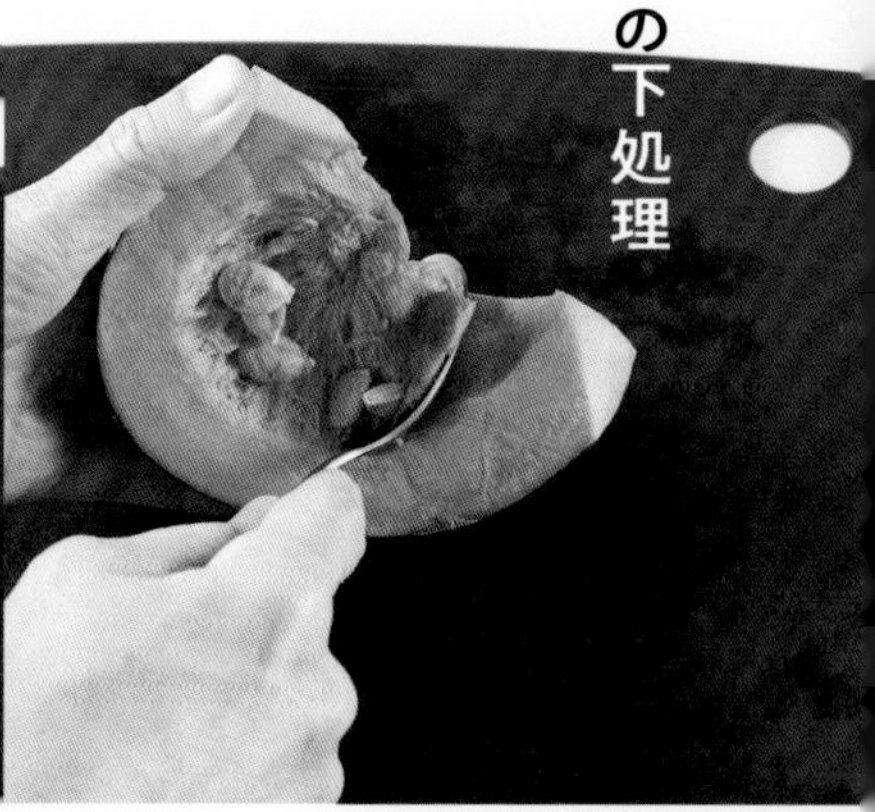

煮物にするときは、最初に3等分にしてからくし形切りなどにする。

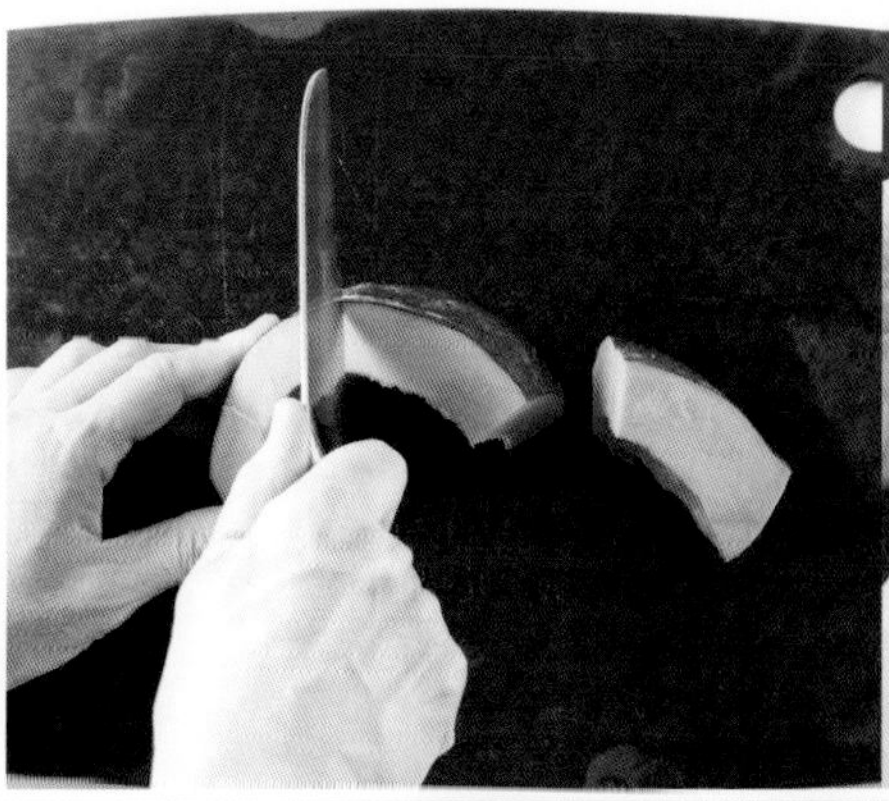

グリーンアスパラガスの下処理

袴を取り除き、穂先の5cmほど下からピーラーで皮をむき、根元を切り落とす。

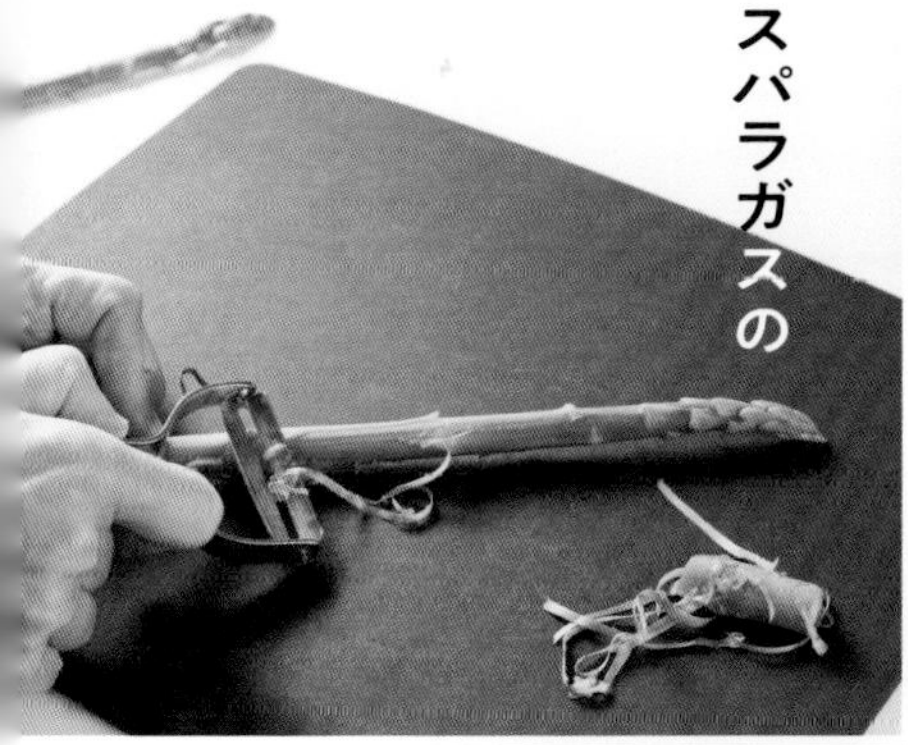

青菜の下処理

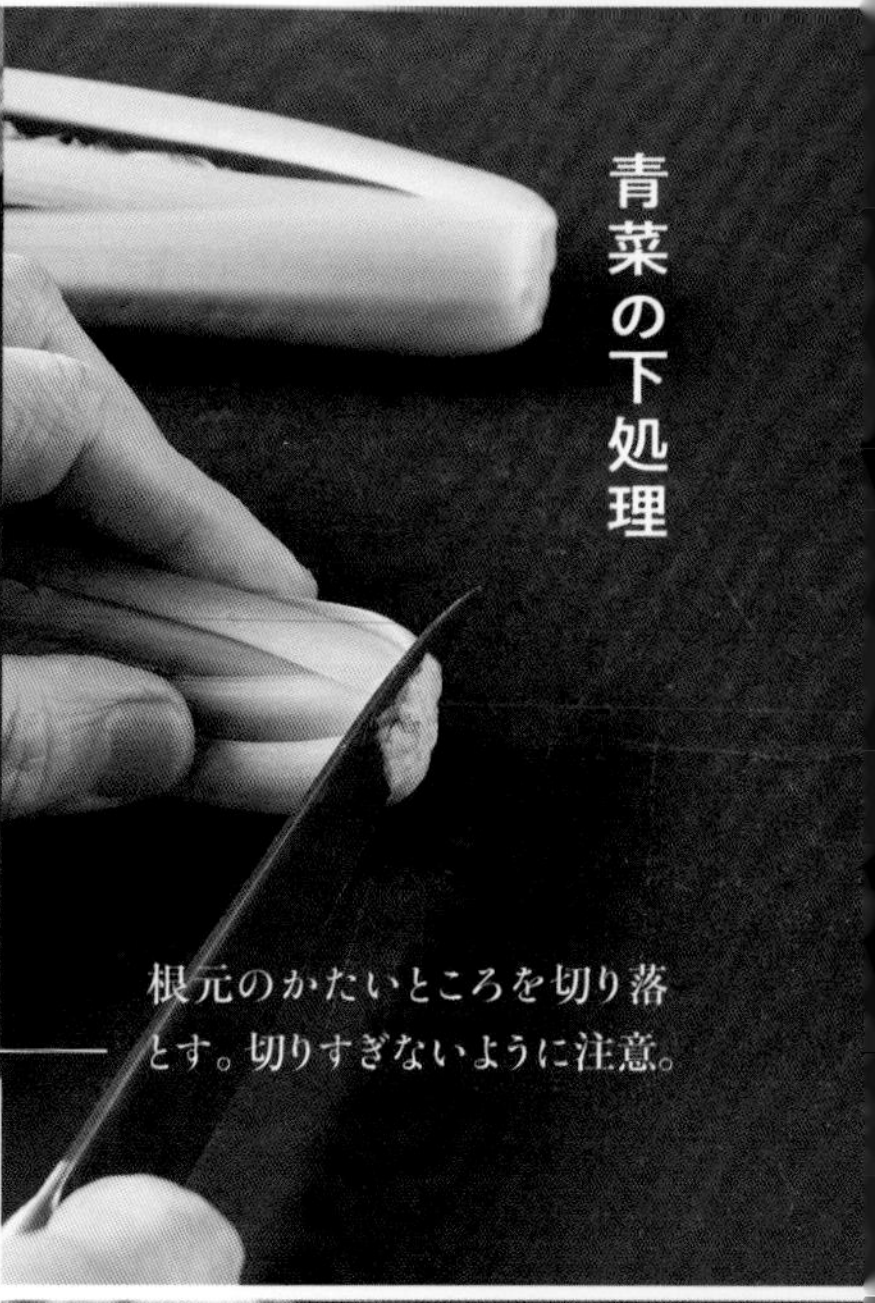

根元のかたいところを切り落とす。切りすぎないように注意。

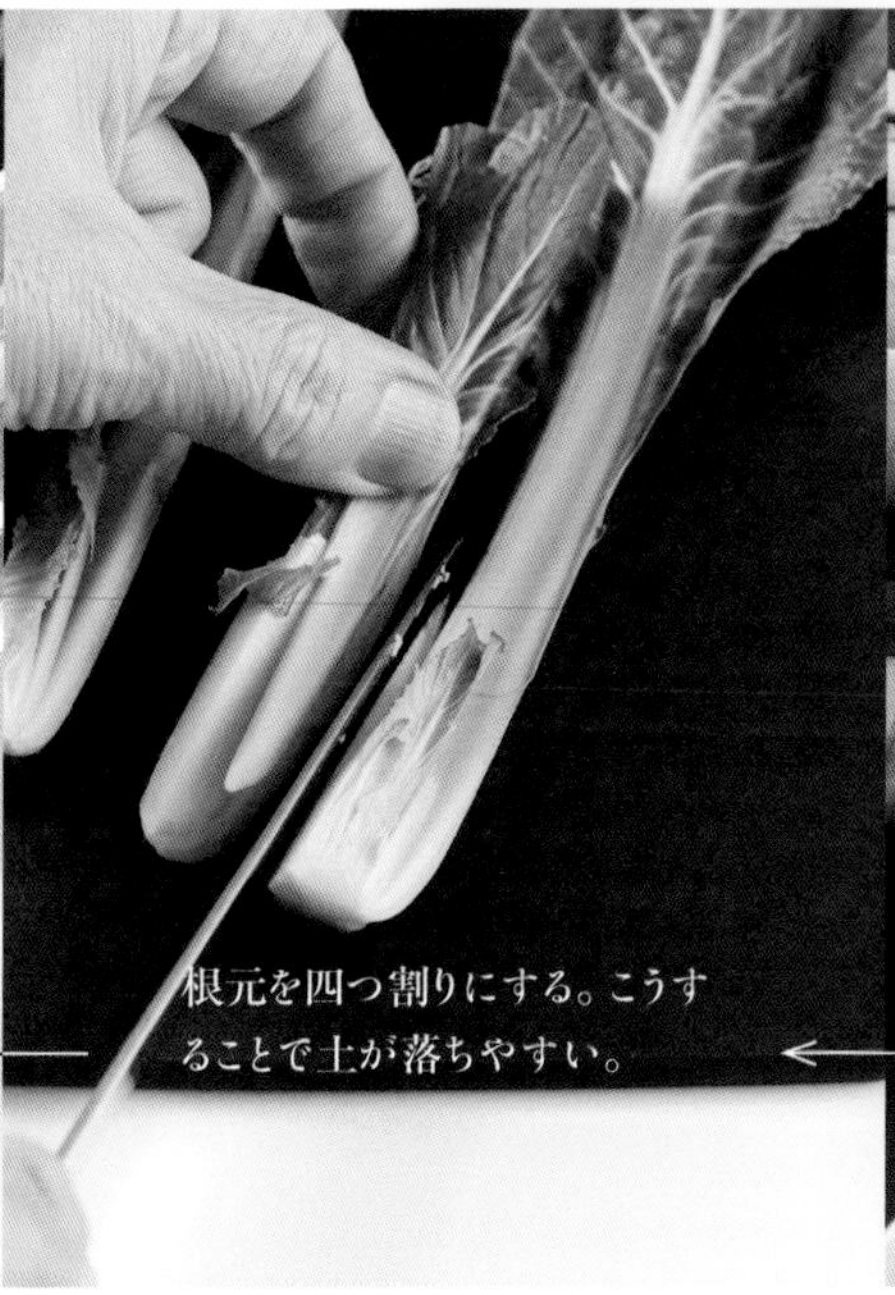

根元を四つ割りにする。こうすることで土が落ちやすい。

たっぷりの水を張ったボウルに根元をつけてしばらくおき、土をきれいに落とす。

グリーンリーフ・レタスの下処理

根元の変色した部分を薄く切り落とす。

水を張ったボウルに根元を下にしてつけると、葉が元気によみがえる。

サラダスピナーを使うか、ボウルとざるを組み合わせて上下にふって水きりする。

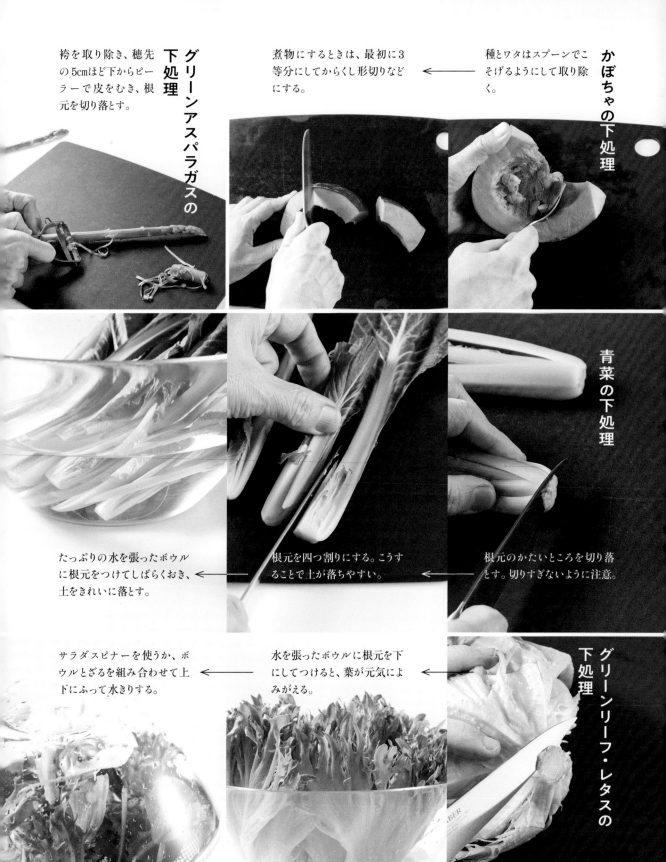

小口切り・輪切り

きゅうり、にんじんなどの棒状の野菜を端から一定の厚さに切る。

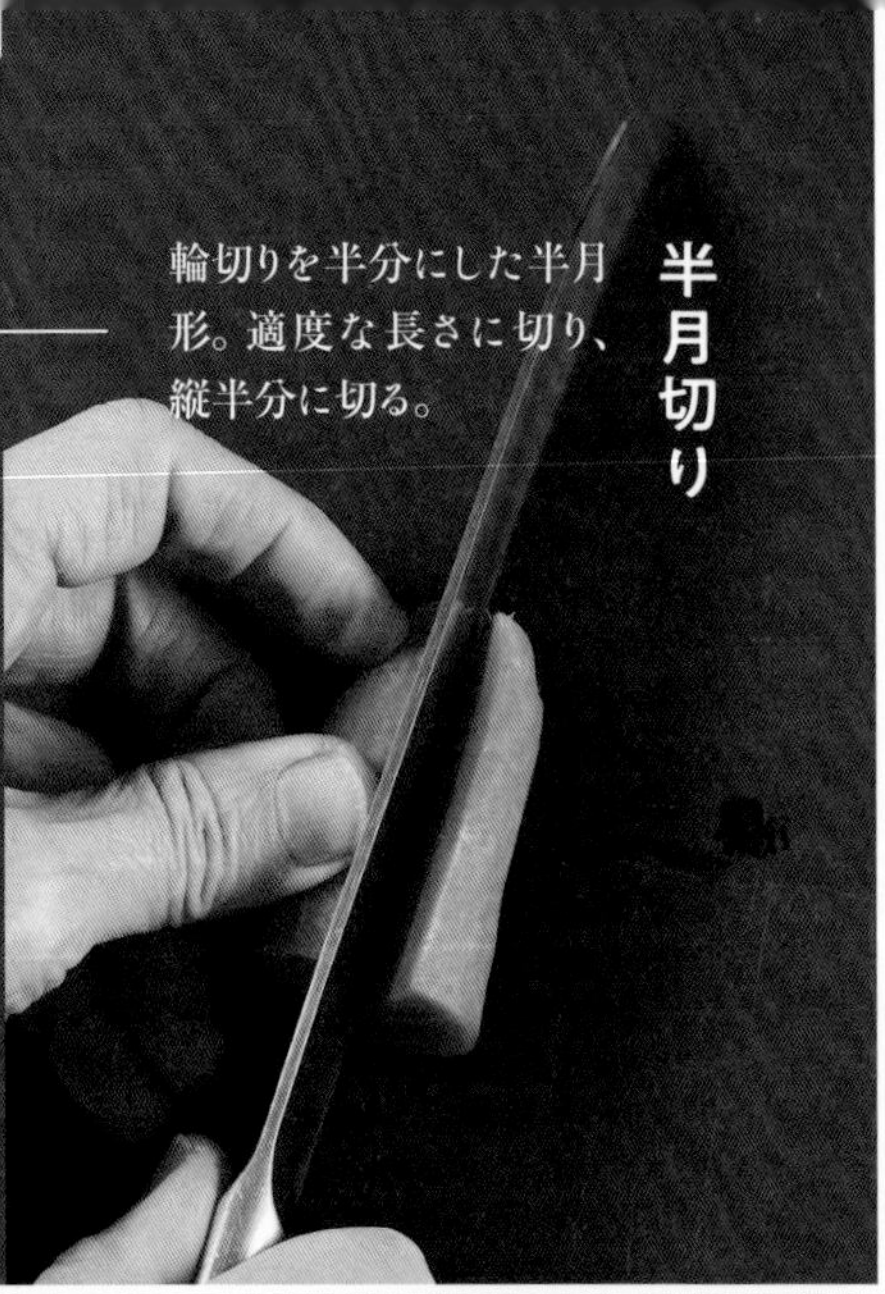

半月切り

輪切りを半分にした半月形。適度な長さに切り、縦半分に切る。

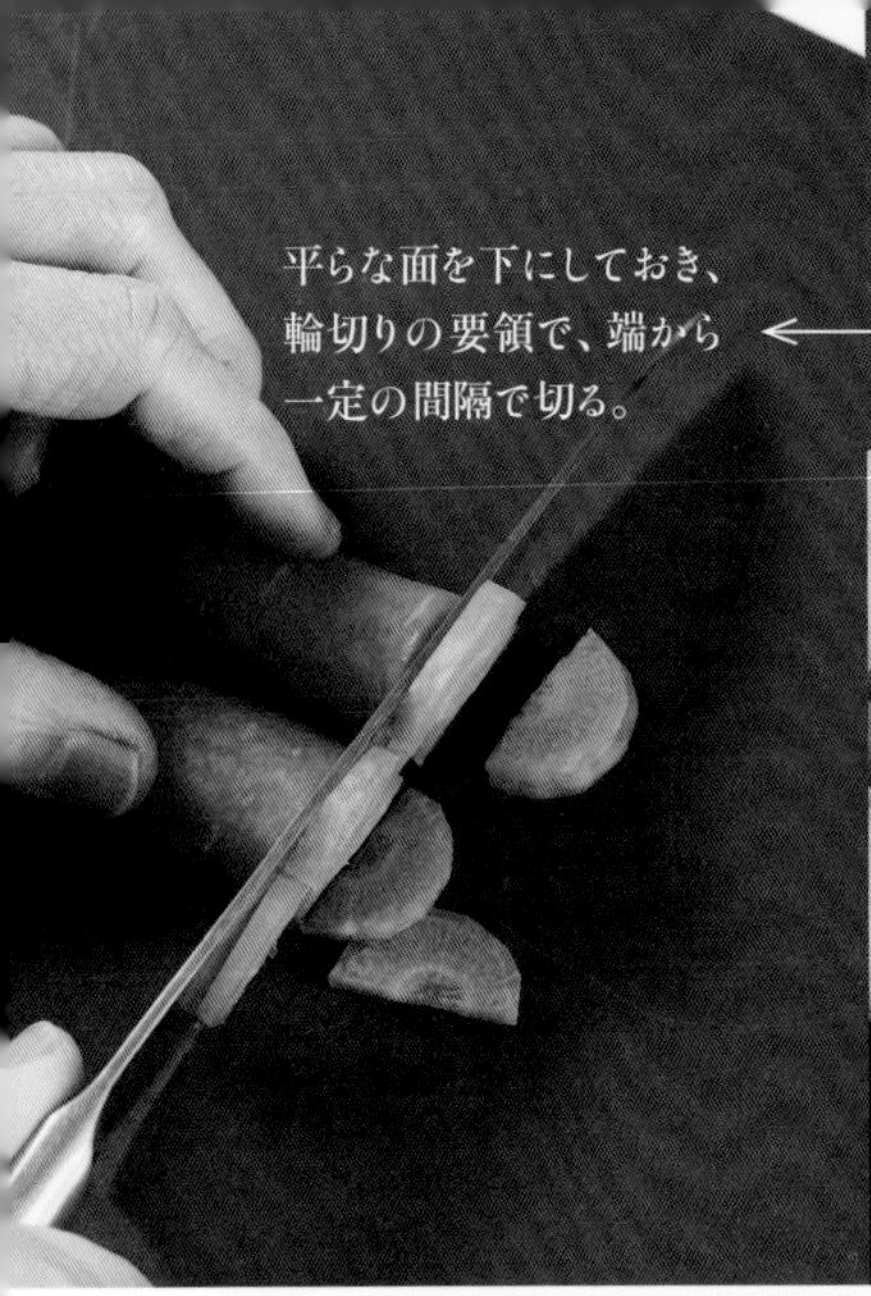

平らな面を下にしておき、輪切りの要領で、端から一定の間隔で切る。

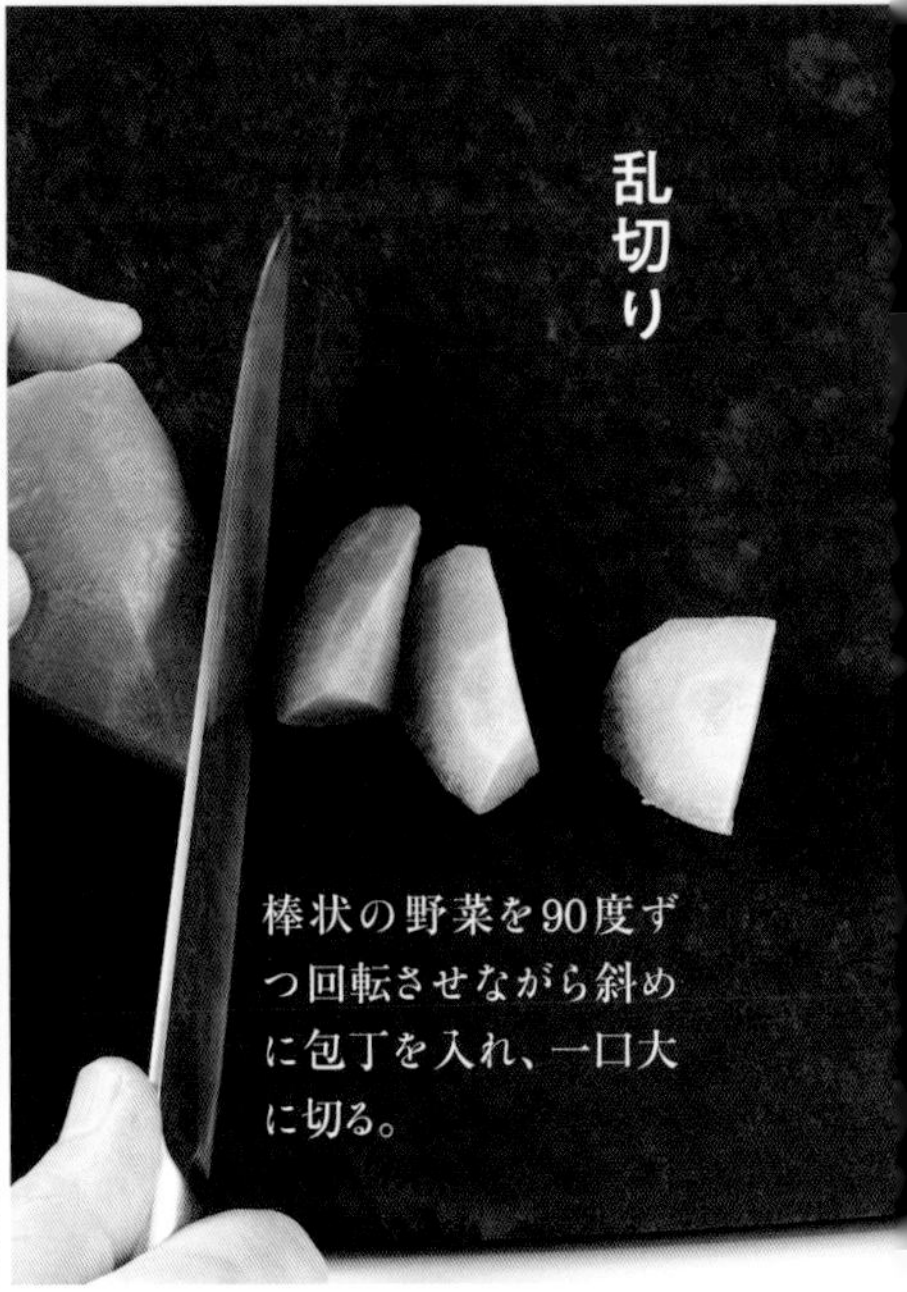

乱切り

棒状の野菜を90度ずつ回転させながら斜めに包丁を入れ、一口大に切る。

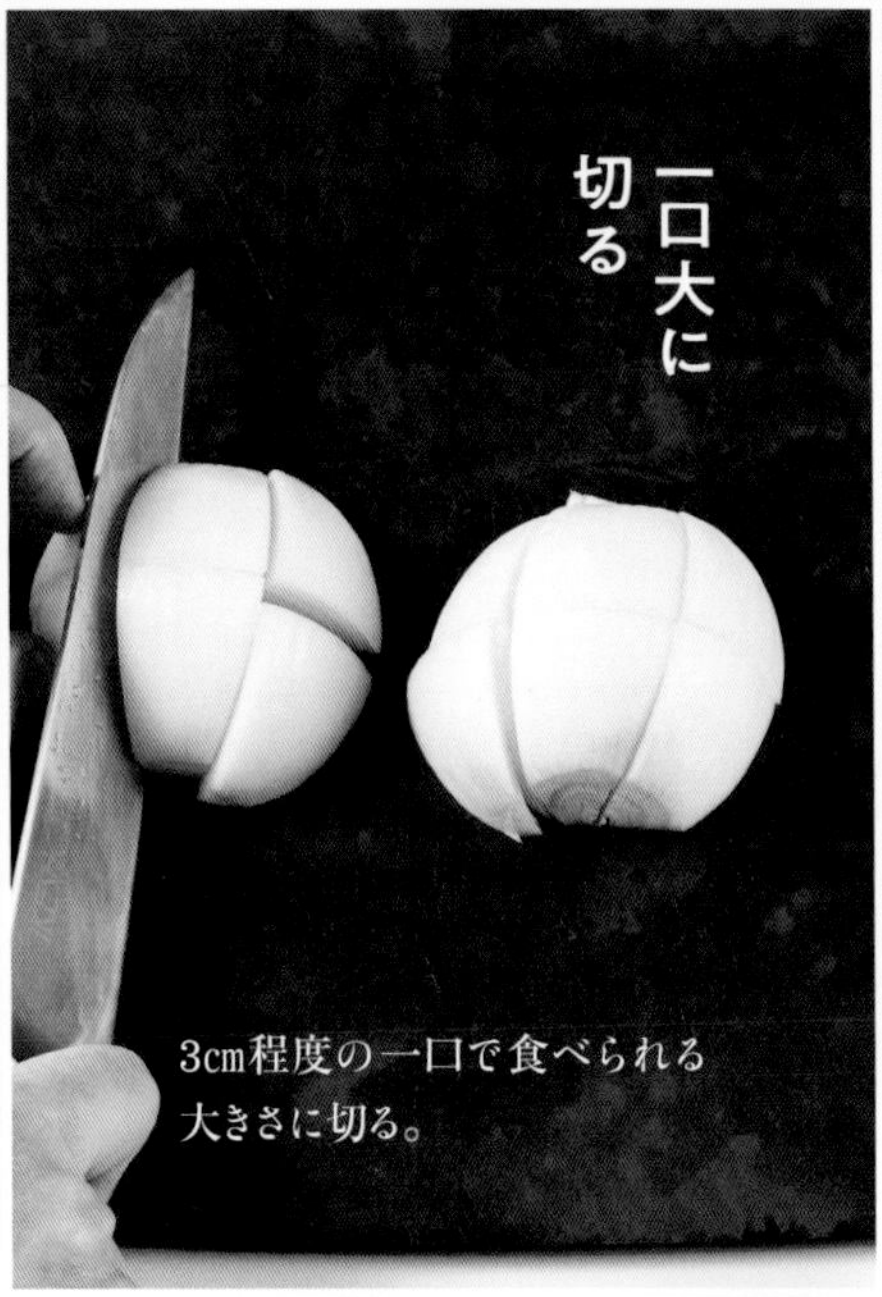

一口大に切る

3cm程度の一口で食べられる大きさに切る。

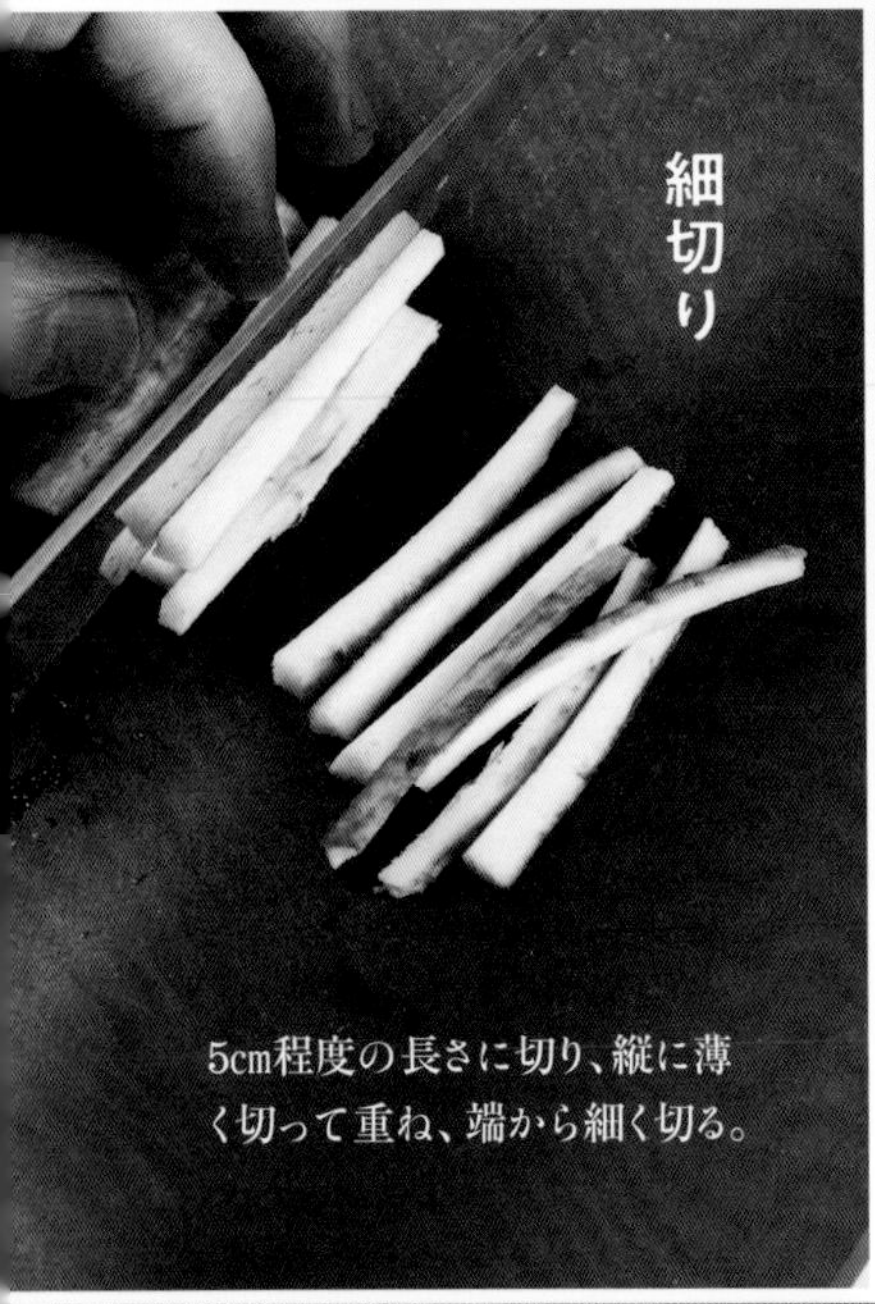

細切り

5cm程度の長さに切り、縦に薄く切って重ね、端から細く切る。

ざく切り

葉物野菜などを3cm程度の幅に大まかにざくざくと切る。

蛇腹切り

切断しないように端から斜めに切り込みを入れる。裏返して同様に切り込みを入れる。

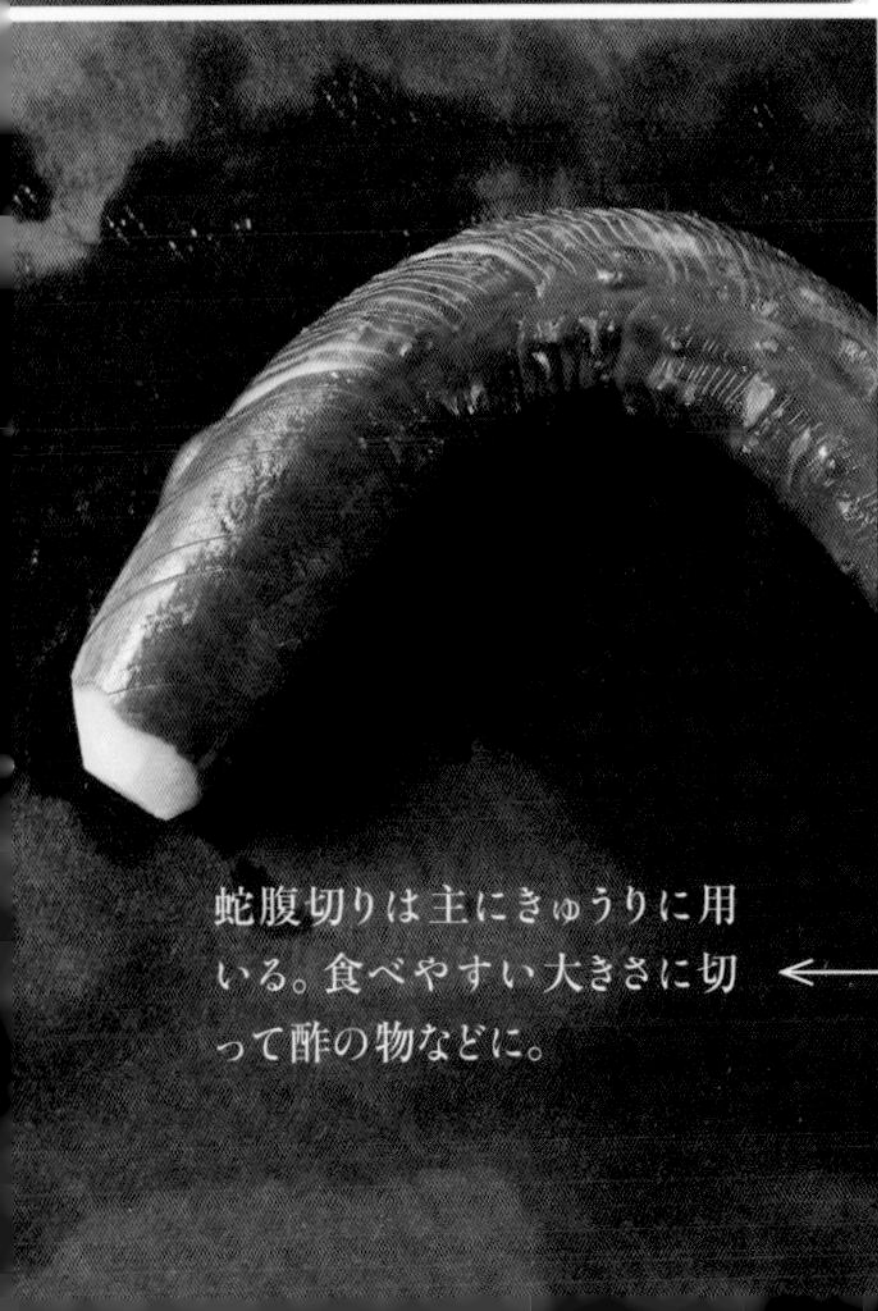

蛇腹切りは主にきゅうりに用いる。食べやすい大きさに切って酢の物などに。

野菜の加熱調理

野菜はゆでる、煮るなどの加熱方法があります。加熱することは、食材をやわらかくする、色鮮やかに仕上げる、レシピにふさわしい食感にするなどの効果があるので、調理のコツを確認しましょう。

ゆでる（青菜）

青菜は90℃以上のたっぷりの熱湯に湯の質量の1％の塩を入れて、根元から入れてさっとゆでる。

電子レンジ加熱（じゃがいも）

じゃがいもは皮つきのまま水とともに耐熱ボウルに入れ、電子レンジで加熱するのがおすすめ。

おか上げする

キャベツなどの野菜は、ゆでたらざるにあげ、うちわであおいでしっかり水分を飛ばす。

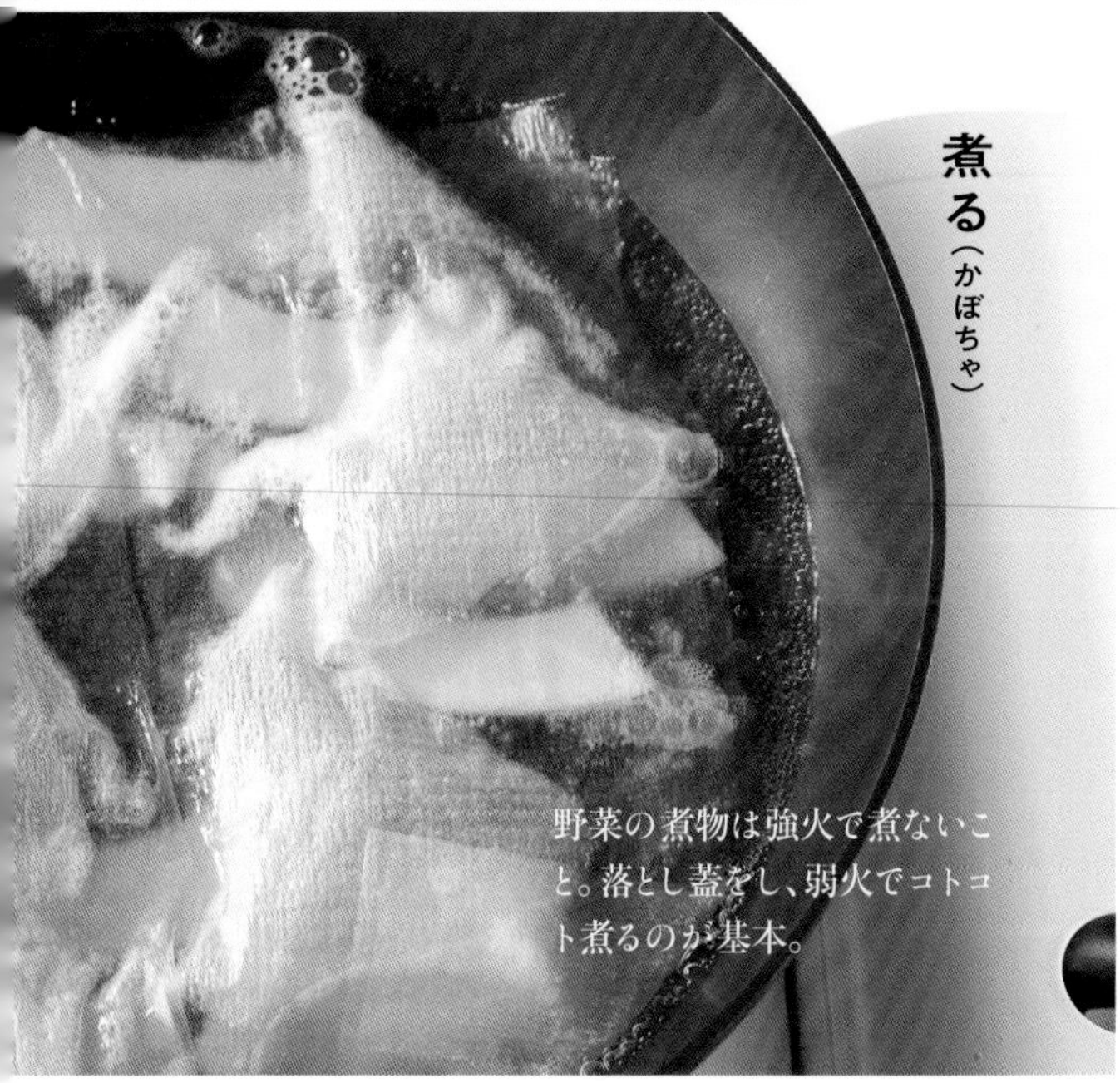

煮る（かぼちゃ）

野菜の煮物は強火で煮ないこと。落とし蓋をし、弱火でコトコト煮るのが基本。

煮る（肉じゃが）

落とし蓋と蓋をすることで、煮汁の対流を抑えて煮崩れを防ぎ、ふっくら煮上がる。

←

具材がやわらかくなってから、しょうゆを加えると香りが飛ばず、味もしみ込む。

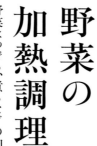

水っぽくならない〝グリーンサラダ〟のコツ

サラダが水っぽくなり、ドレッシングの味がぼんやりしてしまうことはありませんか？　グリーンサラダを作るときは、水けをよくきることがとても大切です。だからといって手づかみでふったりして水けを飛ばすのはNG。葉野菜はサラダスピナーなどで水けをきらないと葉が潰れてしまいます。ドレッシングと和えるときも食べる直前に手でふんわりと和えると、葉がシャキシャキのまま水っぽくならずに食べることができますよ。

材料　2人分

グリーンリーフ（またはレタス）……2枚

ベビーリーフ……1パック

A
- ごま油……大さじ1
- 酢……小さじ2
- しょうゆ……小さじ1
- 塩・こしょう……各少々

作り方

1. グリーンリーフは芯の先端を少し切り落とし、根元部分を冷水に10分ほどつけておく(a)。一口大にちぎり(b)、ベビーリーフとともに冷水に10分ほどつける(c)。ざるにあげ、サラダスピナーに入れて（またはざるにボウルをかぶせて）水けをきる(d)。蓋をして（またはボウルに移し、ラップをして）密閉し、冷蔵庫に10分ほど入れる。
2. ボウルにAを入れて泡立て器で混ぜる。
3. 別のボウルに1を入れて2を全体に適量かける(e)。底から手ですくいながら均一に和える(f)。器にふんわり盛る(g)。

グリーンリーフなどのレタスは、芯の表面を薄く切り落としてから冷水につけておくと、葉がピンとして元気になります。

a

グリーンリーフはひねらないように注意しながら指先でちぎるのがコツです。

b

ベビーリーフは水につける直前に袋から出しましょう。パリッとするまで10分ほど冷水につけます。

c

水けをきるときは、葉を潰さないようにサラダスピナーを使うか、ざるにボウルをかぶせてしっかりふり、水けをきります。

d

調理科学のポイント

冷水につけることで、野菜の細胞に水分が入り込むため、食物繊維が冷やされてかたくなり、シャキシャキの食感に。水っぽくならないように水けをしっかりきり、水分を逃さないよう、ドレッシングをそっと絡めるのがポイントです。

水分が出ないように食べる直前にドレッシングと合わせるのがコツ。ドレッシングはボウルの底にたまらないくらいの分量がベスト。

e

ドレッシングを絡めて混ぜすぎると水分が出てしまうので、手で底からふんわりと混ぜます。

f

葉の表側を上にして、空気を入れるようにふんわりと盛りつけましょう。

g

しっとりミルキーな〝ポテトサラダ〟のコツ

まろやかでしっとりしたポテトサラダを作りましょう。じゃがいもは竹串が通るまで電子レンジで加熱すると、しっかり潰すことができます。水分をよく飛ばしながら冷ますのもポイント。味がぼやけずに調味料がしっかり全体に絡みます。マヨネーズだけでなく、練乳も加えてミルキーに仕上げるのがこのレシピの特徴です。野菜の食感やロースハムのうまみも楽しめて、なめらかさがたまらないポテトサラダです。

材料　2人分

じゃがいも……2個（250g）
水……100mℓ
にんじん……1/4本
きゅうり……1/2本
塩……少々
ロースハム……30g
A　マヨネーズ……50g
　　練乳……大さじ1
　　塩・こしょう……各少々

作り方

1. 耐熱容器に皮つきのじゃがいも、水を入れてふんわりとラップをし、電子レンジで約5分加熱する(a)。竹串がスッと通るくらいになったら(b)、熱いうちに皮をむき(c)、ボウルに入れる。すりこぎやフォークで潰し、広げて冷ます(d)。
2. にんじんは細い部分なら2㎜幅の半月切り（太い部分なら2㎜幅のいちょう切り）にし、塩ゆでして冷ます。
3. きゅうりは下処理をし（P104参照）、1〜2㎜幅の輪切りにし、塩をふって10分ほどおく。しんなりしたら(e)、洗って水けを拭き取る。
4. ハムは半分に切り、5㎜幅に切る。
5. ボウルに1、Aを入れて混ぜ合わせ、2〜4を加えて混ぜ合わせる(f)。

じゃがいもはゆでたり蒸したりせず、皮つきのまま耐熱ボウルに水とともに入れてふんわりラップでレンジ加熱が手軽でおすすめ。

a

じゃがいもは必ず竹串がスッと通るまで加熱しましょう。

b

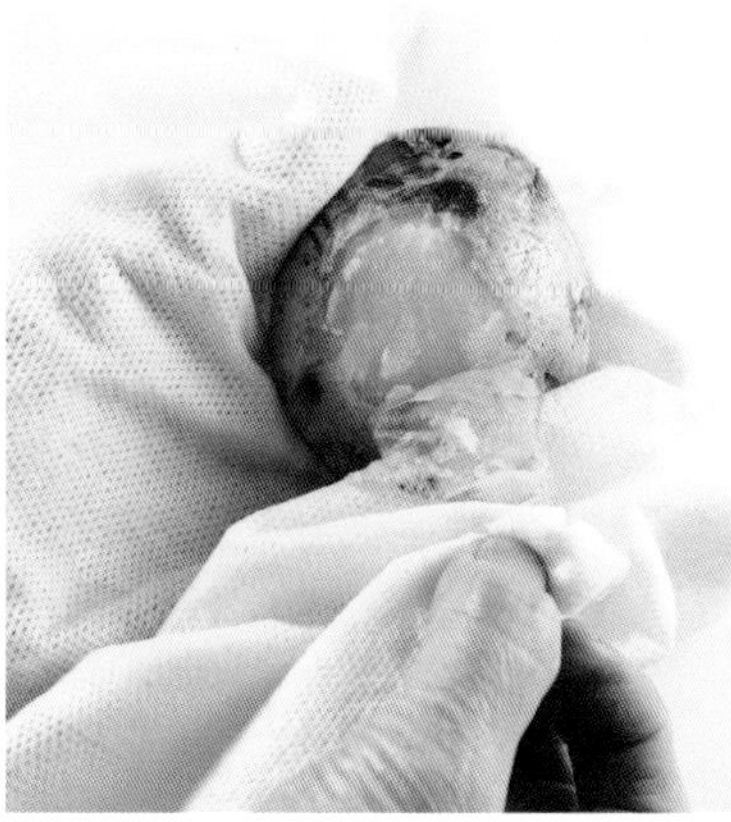

じゃがいもの皮は熱いうちにむくのがポイント。やけどしないように、布巾で持って皮をむきます。

c

じゃがいもは好みの状態まで潰して広げ、余分な水分を飛ばしながら冷まします。

d

調理科学のポイント	じゃがいもは加熱によって細胞同士をつなぐ接着剤のような役割を持つペクチンがやわらかくなり、冷めると再び細胞同士がくっついてかたくなるので、熱いうちに潰すのがポイント。マヨネーズは熱によって分離するので、粗熱を取ってから加えて。

きゅうりは塩をふることで、しんなりさせて割れるのを防ぎ、青臭いアクを出します。洗って水けを取りましょう。

e

先にじゃがいもに調味料を混ぜ合わせて味を均等にしてから、にんじん、きゅうり、ハムを加えて混ぜると、形を崩さずに和えることができます。

f

甘くミルキーに仕上げたい場合は練乳、クリーミーに仕上げたい場合は水きりヨーグルトや生クリーム、クリームチーズを加えます。

時間がたってもおいしい“マカロニサラダ”のコツ

材料　２人分

マカロニ（a）………60g
グリーンアスパラガス………２本
玉ねぎ………1/4個
塩………少々
かたゆで卵（P140参照）………１個
ツナ缶（油漬け）………１缶（70g）
A｜マヨネーズ………大さじ２
　｜塩・こしょう………各少々
オリーブオイル………小さじ１

作り方

1. マカロニは袋の表示時間通りにゆで（b）、水けをきる。氷をあてたボウルに入れ、オリーブオイルを加え（c）、和えて冷ます。
2. アスパラは袴を取り除き、ピーラーで根元に向かって皮をうっすら緑色が残る程度にむく（d）。根元を切り落とし、5㎜幅の斜め切りにする。2分ほど塩ゆでしてざるにあげ、うちわであおいで冷ます。
3. 玉ねぎは繊維に対して直角に薄切りにする。塩をふり、布巾に包んでもみ込む。布巾の上から洗い、きつく絞る（e）。
4. ゆで卵は粗めに切る。ツナ缶は油をきる。
5. ボウルに1〜4、Aを入れて混ぜ合わせる（f）。

時間がたつと、くっつきがちなマカロニサラダ。パスタをオリーブオイルでコーティングするとベチャッとしません。一緒に和えるときに水っぽくならないよう、玉ねぎは塩をふって余分な水分を出し、よく絞りましょう。マカロニ以外にも、サラダに合うショートパスタはいろいろあるので、好みのパスタでお試しください。マヨネーズとツナでコク深く仕上げたマカロニサラダをどうぞ。

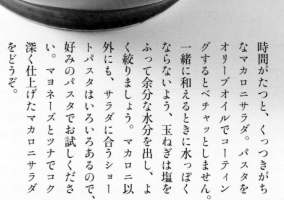

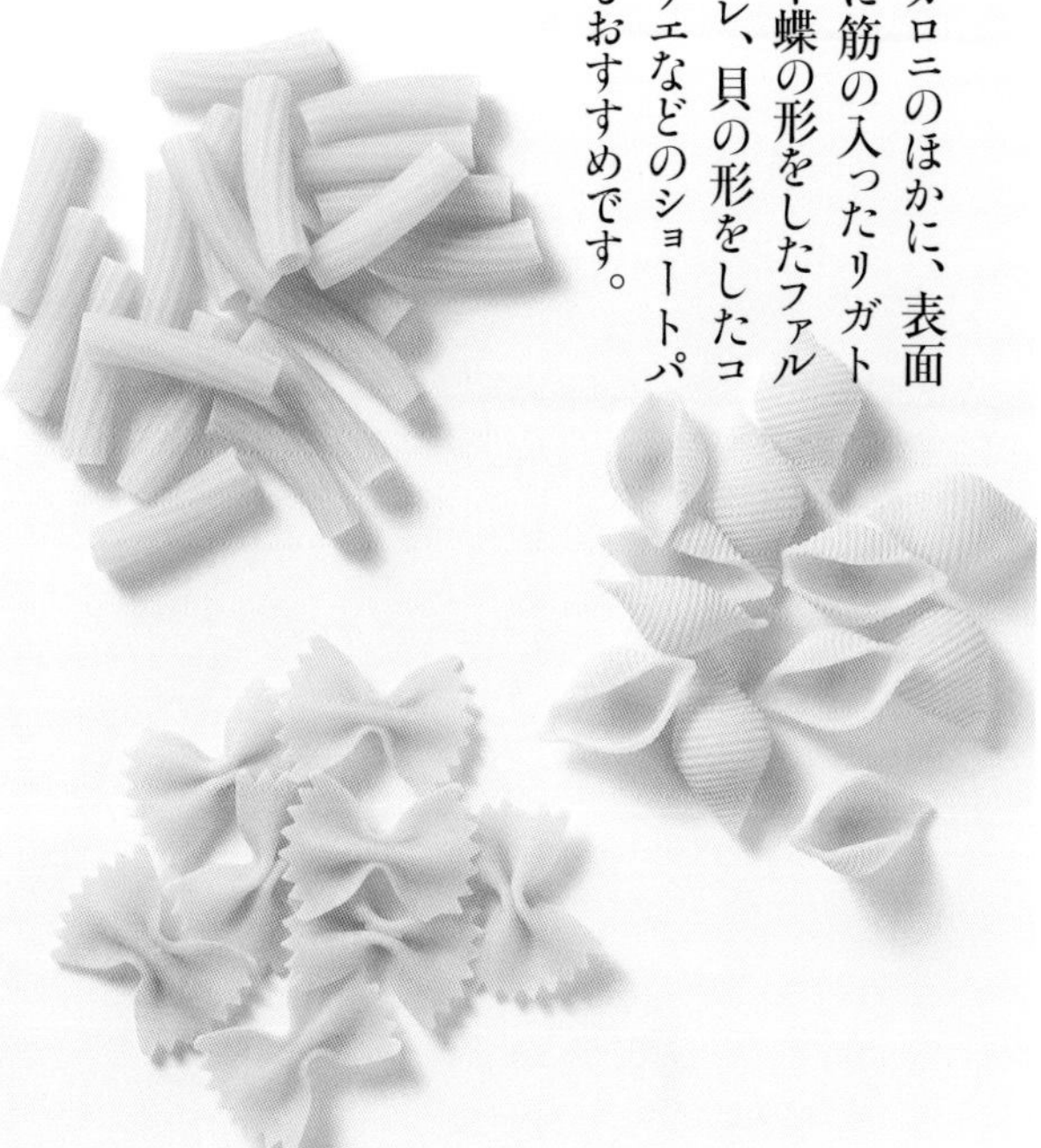

マカロニのほかに、表面に筋の入ったリガトーニや蝶の形をしたファルファッレ、貝の形をしたコンキリエなどのショートパスタもおすすめです。

a

マカロニは表示時間通りにゆでてやわらかくなったら、手早く水けをしっかりときりましょう。そうすることで、それ以上ふやけません。

b

ゆでたマカロニを冷ますときにオリーブオイルを絡めると、表面がオイルコーティングされ、水っぽくなるのを防げます。

c

調理科学のポイント	マカロニにオイルをコーティングしておくと、野菜を加えても水けがしみ込まないので水っぽくなりません。また、マヨネーズは卵黄が乳化剤として働きますが、熱が加わると乳化力が低下して分離しやすくなるため、全体が冷めてから加えて和えます。

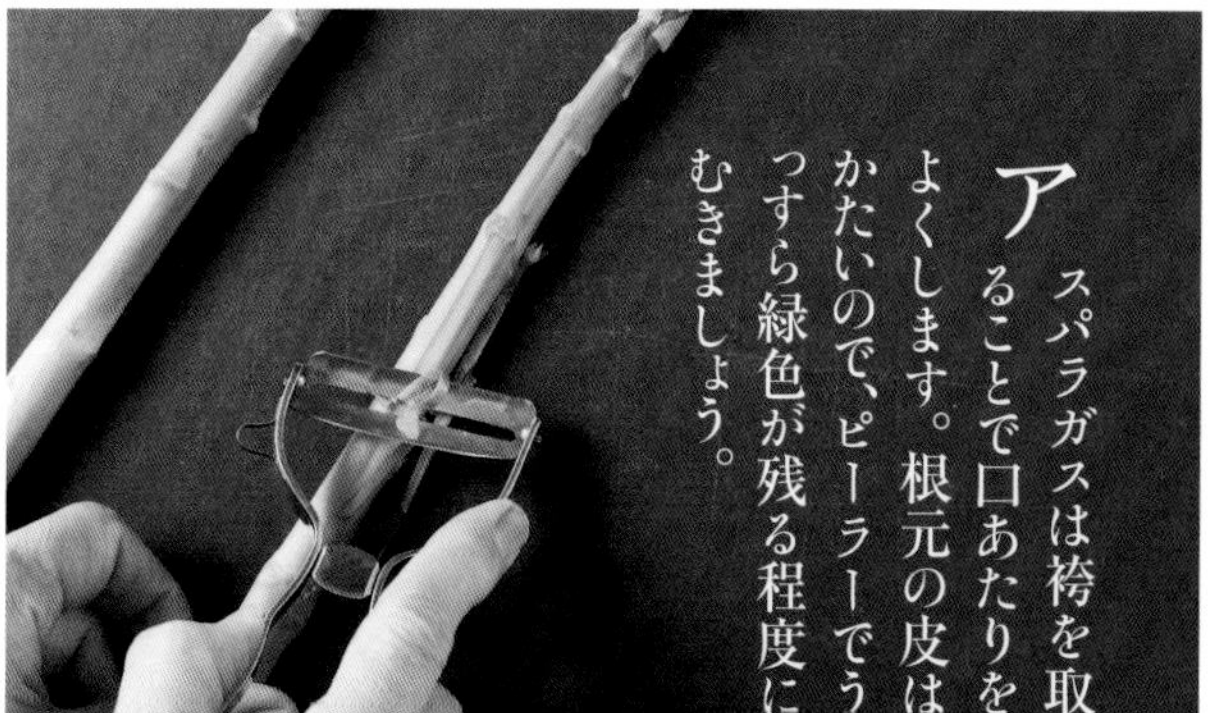

アスパラガスは袴を取ることで口あたりをよくします。根元の皮はかたいので、ピーラーでうっすら緑色が残る程度にむきましょう。

d

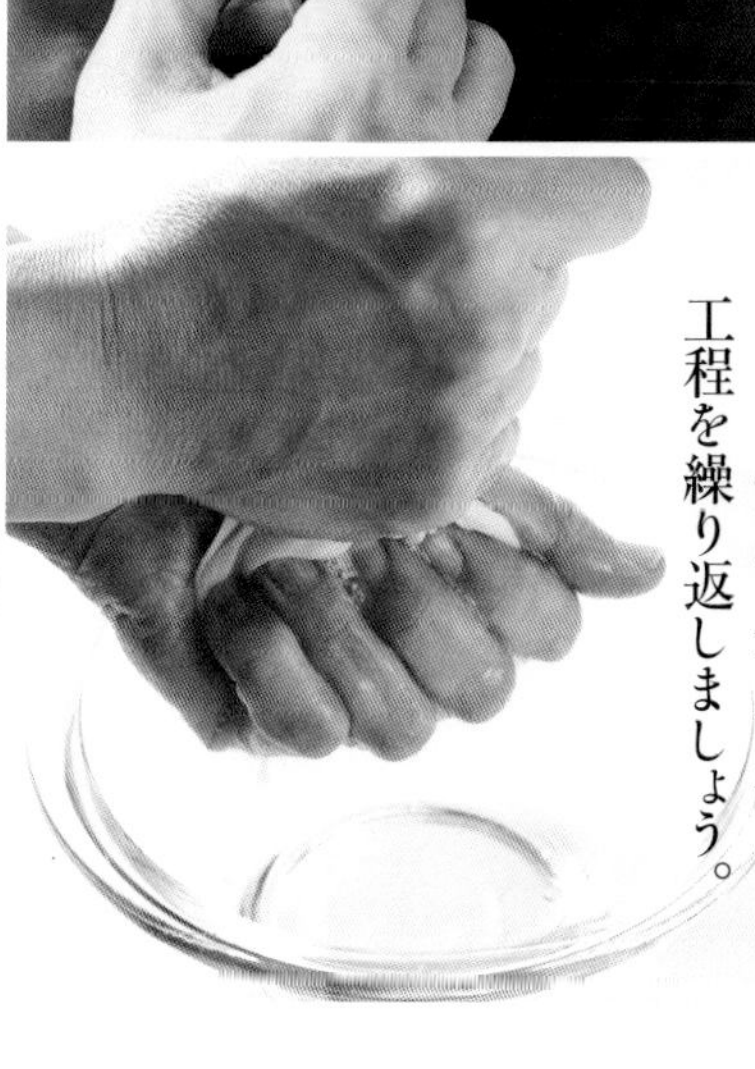

玉ねぎは塩をふって布巾に包み、もみ込むことで辛みとぬめりを落とします。ぬめりが取れるまで何度か洗って絞る工程を繰り返しましょう。

e

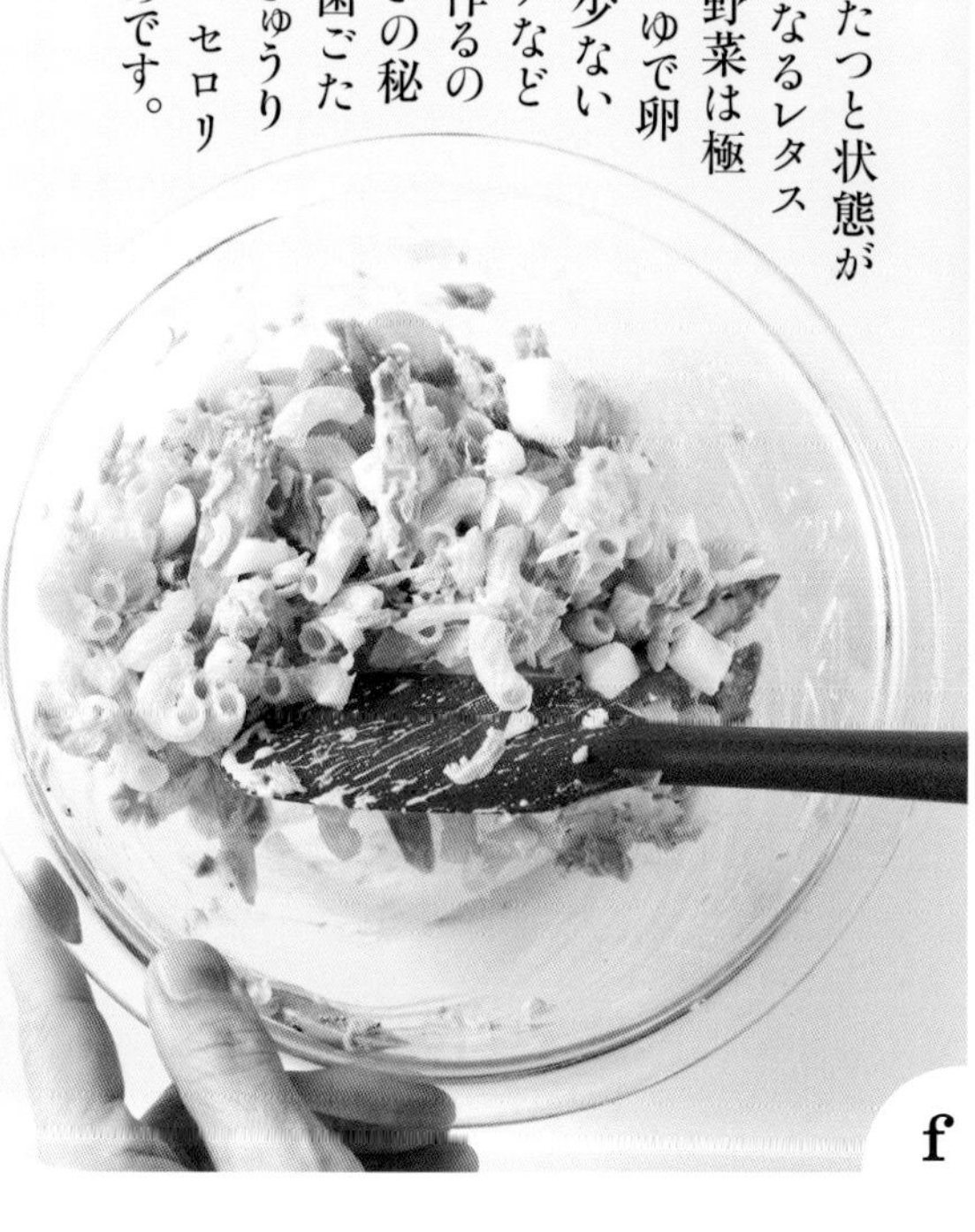

時間がたつと状態が悪くなるレタスなどの生野菜は極力使わず、ゆで卵や水分の少ない野菜、ツナなどを中心に作るのがおいしさの秘訣です。歯ごたえのよいきゅうりやりんご、セロリもおすすめです。

f

色よくシャキシャキおいしい〝おひたし〟のコツ

シャキシャキできれいな色のおひたしにするには、ゆでる前の下準備や、ゆでたあとの冷まし方にコツがあります。小松菜などの青菜は、洗う前に根元を水につけておくことで、シャキシャキの食感になります。また、ゆでたらうちわでしっかりあおいで冷まし、水けを絞りましょう。色鮮やかに仕上がり、味がぼやけずに調味料がよくしみ込みます。ほんのりだしと削り節の香りが広がり、やさしい味わいで体に栄養がしみ渡ります。

材料　2人分

小松菜……150g
塩……ゆでる湯の質量の1%
A　だし……200mℓ
　　しょうゆ・みりん……各大さじ1
削り節……3g

作り方

1. 小松菜は根元のかたいところを切り落とし、十字に切り込みを入れる(a)。根元を水につけてから洗う(b)。深型のフライパン（または鍋）にたっぷりの水（分量外）、塩を入れて沸かし、根元からゆっくり入れて1分ほどゆで(c)、葉を入れて30秒ほどゆでる(d)。ざるにあげ、うちわであおいで冷ます(e)。形が崩れないように水けを絞り、4cm長さに切る。
2. 鍋に**A**を入れて火にかけ、沸騰したらだし用パックに削り節2gを入れて加える。再び沸騰したら火を止めて冷まし、パックを取り出す。
3. 保存容器に**1**を並べ入れ、半量の**2**を注いでラップを密着させ、冷蔵庫で30分以上おく(f)。
4. 小松菜の水けを軽く絞って器に盛り、残りの**2**を注ぎ、削り節1gをのせる。

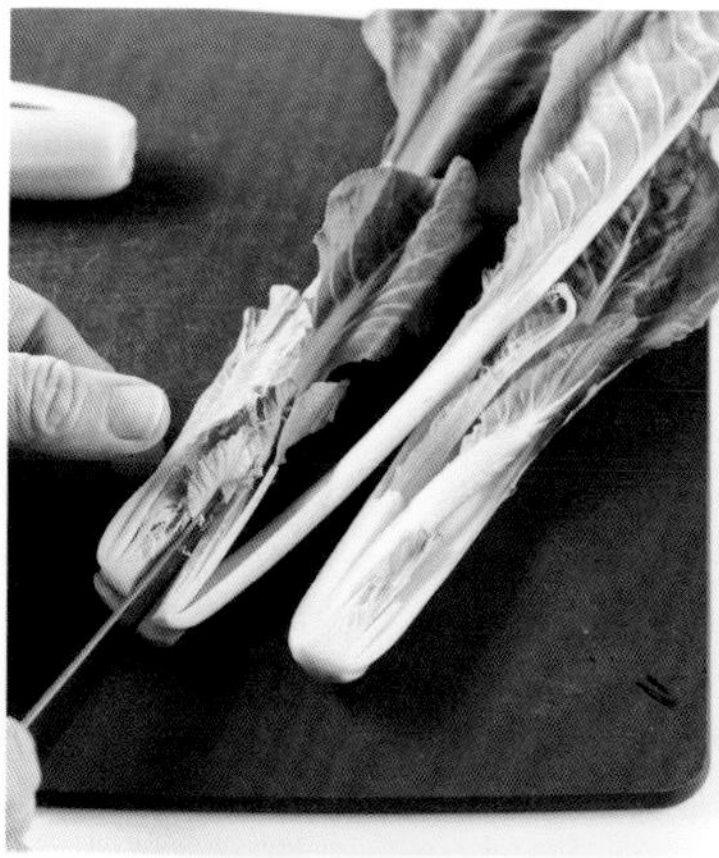

小松菜は根元に十字の切り込みを入れて四つ割りにします。こうすると、根元の土が落としやすくなります。

a

小松菜は根元を水につけてしばらくおき、土を落としてから、全体を水で洗いましょう。

b

塩ゆでの塩の分量は、ゆでる湯の質量の１％。先に茎を根元から入れて１分ほどゆでます。

c

調理科学のポイント	青菜に含まれる色素クロロフィルは40℃ぐらいで褪色する特性を持ちます。たっぷりの湯が沸いてからゆでるのは、湯の温度の低下を防ぐため。シュウ酸を含むほうれん草は、同様にゆでたあと流水にさらしてアクを抜きつつ褪色を防ぎます。

根元をゆでたあとに葉の部分を湯に入れて30秒ほどゆでると均等に火が通ります。

d

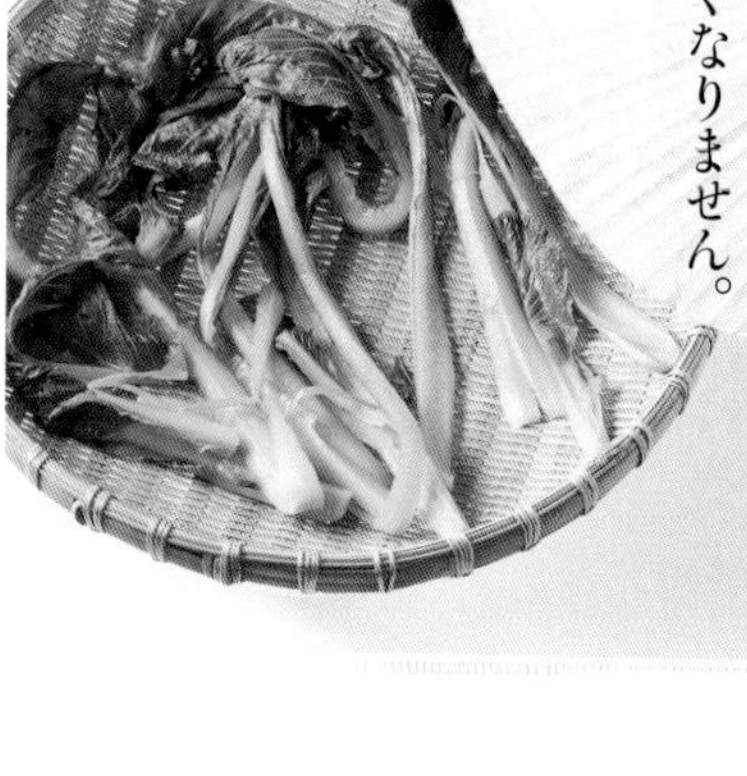

小松菜がゆであがったら、ざるにあげてうちわであおいで冷まします（おか上げ）。こうすると、色がきれいなまま水っぽくなりません。

e

だしのきいた調味液にひたして（仮漬け）、小松菜に味を含ませます。軽く絞ってから器に盛り、残りの調味液をかけましょう。

f

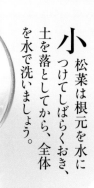

後味さわやか〃酢の物〃のコツ

材料 2人分

ゆでだこ……80g
きゅうり……1本
乾燥わかめ……3g
A 酢……大さじ2
　砂糖・しょうゆ・だし……各小さじ2
針しょうが……適量

作り方

1. たこは細いところは幅広く切るか、切り込みを入れて広げ、残りはさざなみ切りにする(a・b)。
2. きゅうりは下処理をし(P104参照)、斜めに細かく切り込みを入れ、ひっくり返して同様に切り込みを入れて蛇腹状にする(c)。2cm幅に切り、2%の塩水(分量外)に10分ほどつける。しんなりしたら軽く洗って水けを絞る。
3. わかめは水に3分ほどつけて戻し、さっと湯通しし、氷水につけて水けを絞る。
4. Aは混ぜ合わせる。
5. 4の半量を3等分に分け、それぞれに1、2(d)、3(e)を入れ、和える。
6. 軽く汁けを絞って器に盛り、4の残りをかけて針しょうがをのせる。

酸味の調節が意外と難しい酢の物ですが、ほどよい酸味を残しつつ、さわやかな後味になるレシピがこちら。調味液が絡みやすくなるように、たこやきゅうりの切り方を工夫しましょう。水っぽくなりがちな食材は、調味液と絡める前に水けを絞ると味がぼやけません。しょうがを使っていますが、ほかの香味野菜や果物などを使ってさっぱり仕上げることもできるので、いろいろと試してみてください。

たこは身がかたく、表面がツルツルしているので、断面に凹凸をつけることで噛み切りやすくなり、調味液も絡みます。

a

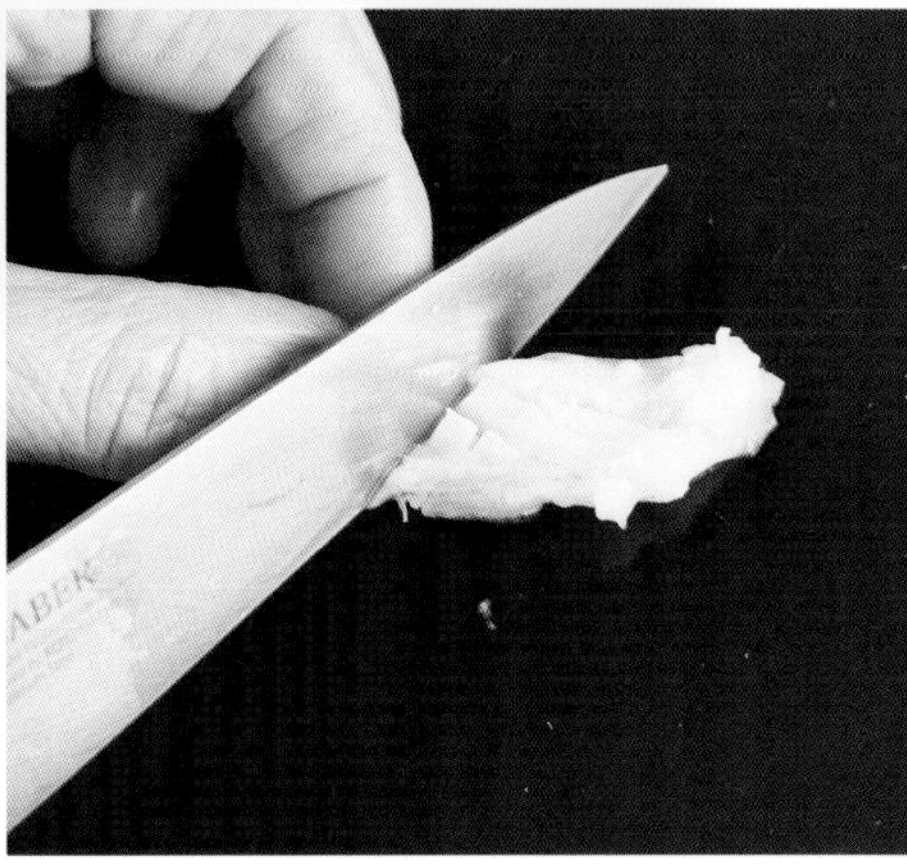

よりやわらかくしたいときは、格子状に細かく切り込みを入れます。

b

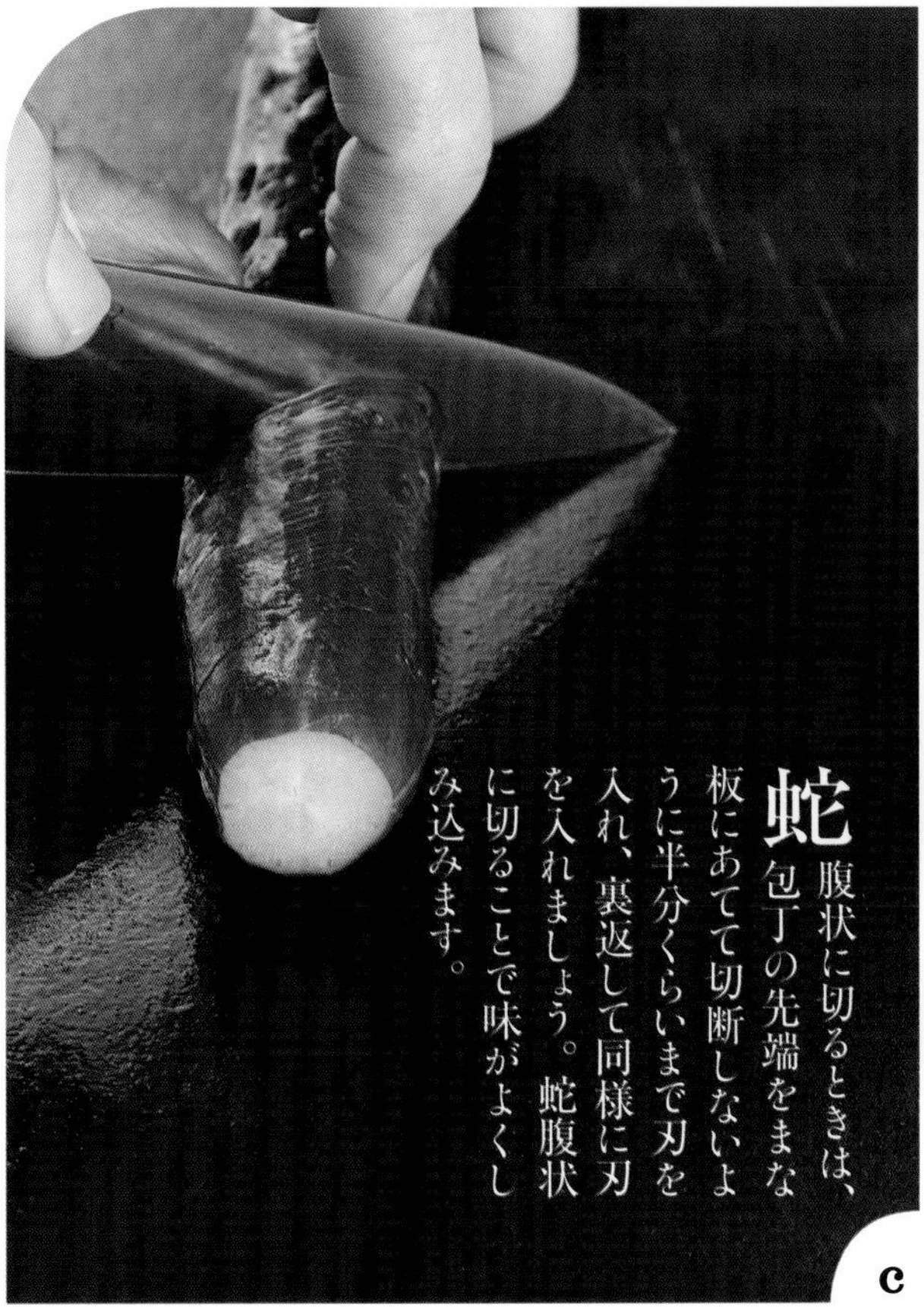

蛇腹状に切るときは、包丁の先端をまな板にあてて切断しないように半分くらいまで刃を入れ、裏返して同様に刃を入れましょう。蛇腹状に切ることで味がよくしみ込みます。

c

調理科学のポイント	酢は、酸化酵素の働きを抑えて褐色や変色を防ぐうえ、さわやかな風味もつけます。また、たんぱく質凝固作用があるので、たこがプリプリに。わかめなどの海藻や青菜は、変色しやすいので盛りつける直前に調味液を絡めます。

水けをきって事前に調味液をかけると、水っぽくならずに調味液も薄まりません。

d

わかめなどの海藻や青菜などは変色しやすいので、盛りつける直前に調味液を絡めるのがポイントです。

e

さわやかな香りのみょうが、レモンやゆずの皮、すだちの搾り汁、歯ごたえのあるりんごやセロリ、長いもなどを使ってもおいしく仕上がります。

味がぼんやりしない〝和え物〟のコツ

材料　2人分

キャベツ……3枚
梅干し……1個
塩昆布……5g
針しょうが……3g
薄口しょうゆ……小さじ1

作り方

1. キャベツは1〜2cm幅の4cm長さに切り(a)、1分ほど塩ゆでする(b)。ざるにあげて広げ、うちわであおいで冷まし(c)、水けをしっかり絞る(d)。梅干しは種を取り除いて刻む。
2. ボウルにすべての材料を入れ、手でもみながら和える(e)。

簡単に作れる和え物だからこそ、もうひと工夫してさらにおいしく仕上げたいですよね。ただ和えるだけでは、キャベツがベチャッとして水分が出てしまい、調味料の味が薄くなってしまいます。キャベツをゆでたあとは、まずはしっかり水分を飛ばしながら冷ますことが大切。冷めたら水けをよく絞りましょう。味をぼやけさせないためにも、和える調味料にうまみや香りのあるものを使うのがポイント。味を引き締めてくれますよ。

キャベツは1枚ずつ重ね、端から1～2cm幅に切ってから、横に向きを変えて4cm長さに切ります。

a

直径26cmぐらいの深型のフライパンなら、キャベツのような、かさのある野菜も手軽にゆでられます。

b

ゆであがったら、ざるにあげて広げましょう（おか上げ）。うちわであおいでしっかり水分を飛ばすことで、味がぼやけません。

c

キャベツが冷めたら、手に取ってギュッと握り、しっかりと水けを絞るのがコツです。

d

調理科学のポイント	生野菜を和えるとき、浸透圧の関係で細胞液中の水分が出てぼんやりした味わいになりがち。ゆでたあとしっかり冷まして水けを絞ってから和えれば、水っぽくなりません。少しおくと味がなじみますが、時間が経つと水分が出るのでなるべく早めに食べましょう。

すぐに食べるときは手でもむと塩昆布の味が入りやすくなります。時間があれば、和えてから少しおくと味がなじみます。

e

ぼんやりとしない味にするには、うまみのある塩昆布のほかにドライトマトなどの食材、香りのあるゆずやレモンの皮、みょうがや青じそ、山椒の実などを使っても。

口あたりやわらか！〝きんぴらごぼう〟のコツ

ごぼうやにんじんなどの根菜類を使った炒め物は、歯ごたえや香りがあっておいしい副菜です。しかし、いざ作ってみると食べたときに筋が残っていたり、かたかったりと、やわらかく仕上げるのは少し難しいですよね。でも、食材の切り方を揃えて火の通りを同じにしたり、炒めたら蓋をして蒸し焼きにするなど、切り方や加熱するときのコツを押さえれば大丈夫。中まで味がしみ込んで、ふっくらとしたきんぴらをぜひ作ってみてください。

材料 2人分

ごぼう……150g
にんじん……40g
水……100mℓ
A しょうゆ……大さじ1
砂糖・みりん……各小さじ2
赤唐辛子の輪切り……少々
ごま油……大さじ1

作り方

1. ごぼうはたわしでこすって洗い(a)、5cm長さの細切り(b)、またはささがきにして(c・d)、水(分量外)に10分ほどつけ、水けをきる。にんじんも5cm長さの細切りにする。

2. フライパンにごま油を中火で熱し、1を入れて香ばしくなるまで炒め、水を加えて蓋をする(e)。沸騰したら弱火にし、5分ほど蒸し焼きにする。

3. 野菜がやわらかくなったら蓋を外し、水分を飛ばしながら炒め(f)、Aを加えてさらに水分を飛ばしながら炒める(g)。

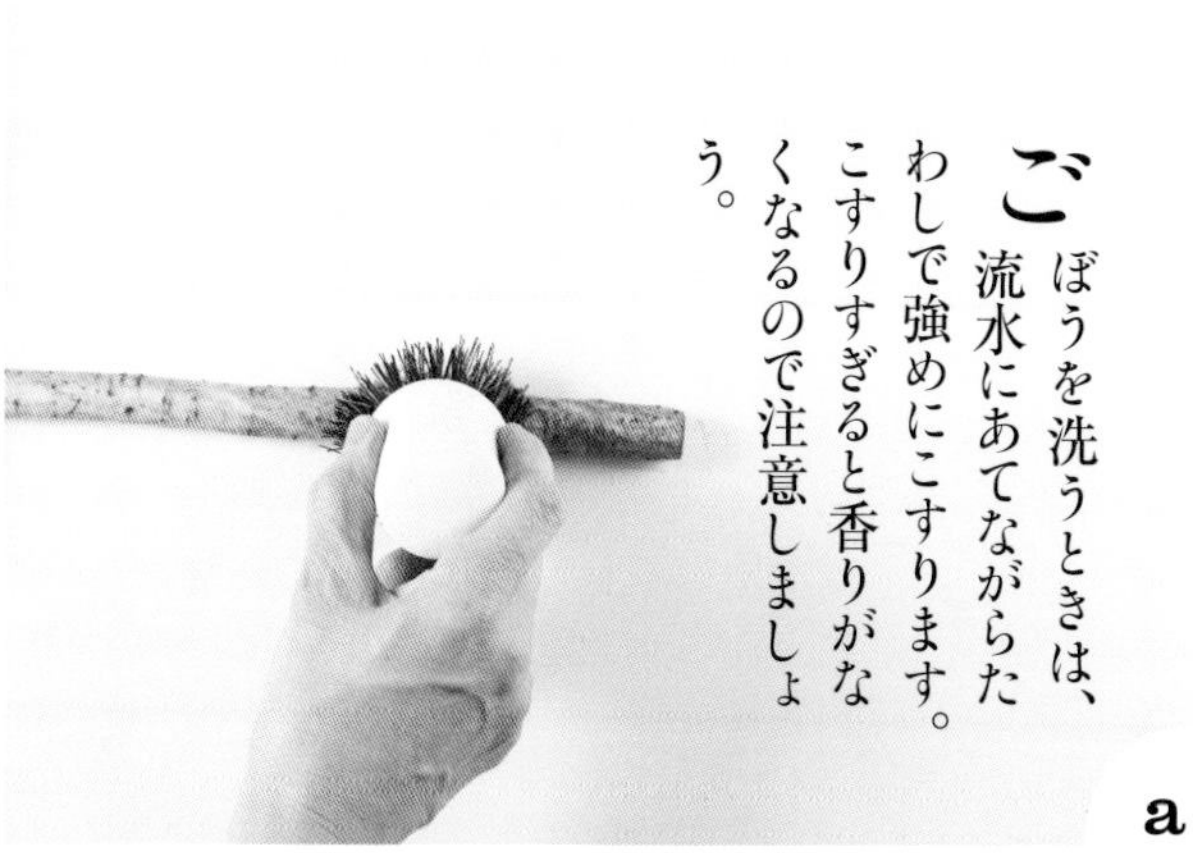

a

ごぼうを洗うときは、流水にあてながらたわしで強めにこすります。こすりすぎると香りがなくなるので注意しましょう。

b

食感を楽しみたいときは細切りや、太めの細切りにして炒め、水分を加えて煮絡めます。

c

ふんわりやわらかくしたいときはささがきに。ごぼうに十字に切り込みを入れ、ごぼうを前後に回しながら細いささがきにします。

d

包丁で切るのが難しい場合、ピーラーやせん切りスライサーでささがきをするのもいいでしょう。

調理科学のポイント	野菜の切り方によって食感を変えることができます。薄く斜めに繊維を断つささがきなら、口あたりをふんわりとやわらかくします。繊維に沿ったせん切りならシャキシャキとした食感に。また、ごぼうをゆでてから炒めてもやわらかく仕上がります。

e

ごぼうとにんじんをごま油で炒めてから、水を加えて蒸し焼きにするとふっくら仕上がります。また、ごぼうは炒める前にゆでるとさらにやわらかくなります。

f

蓋を外し、しっかり水分を飛ばしながら炒めることでふんわりやわらかく仕上がります。

g

最後は空気を含ませるようにふんわり混ぜて炒めると、口あたりがやわらかくなります。

煮崩れしない&ホクホクおいしい〝かぼちゃの煮物〟のコツ

生のかぼちゃはかたいので、やわらかくしようと時間をかけて煮て、煮崩れしがち…。でも、意外と早く火が通るので、軽く煮るだけでOKなんです。火の通りをよくするため、皮部分を所々削げばもっと時短に。ある程度煮たら取り出して味を含ませておくと、きれいな形のまま調味料がしっかりしみ込みます。ホクホクした食感と、甘みのあるかぼちゃがたまらない一品です。

材料 2人分

かぼちゃ……正味250g

A
- だし……400mℓ
- みりん・薄口しょうゆ……各大さじ3
- 酒……大さじ2
- 砂糖……大さじ1

作り方

1. かぼちゃは種とワタを取り除き、3等分に切ってから(a)、2cm厚さのくし形切りにする。包丁で皮を所々削ぎ落とす(b)。
2. 深型のフライパン(または鍋)にA、1を入れ、ペーパータオルで落とし蓋をし(c)、火にかける。沸騰したら弱火にし、3分ほど煮る。ひっくり返し(d)、ペーパータオルで落とし蓋をしてさらに4〜5分煮る。
3. かぼちゃが竹串がスッと通るかたさになったら(e)、ヘラで取り出してバットに並べ、ペーパータオルをかぶせておく(f)。
4. 煮汁を半量になるくらいまで煮詰め、かぼちゃが入ったバットに注ぐ(g)。ペーパータオルをかぶせ、冷ましながら味をしみ込ませる。

かぼちゃはかたいので、グリップ（柄）が太くて持ちやすく、刃が厚くて頑丈な包丁がおすすめ。てこの原理で切るのがポイントです。

a

皮はかたくて調味料がしみ込みにくいので、所々削ぎ落とします。皮と身の間のごく薄い緑色の部分が一番おいしいので、取り除きすぎないように注意。

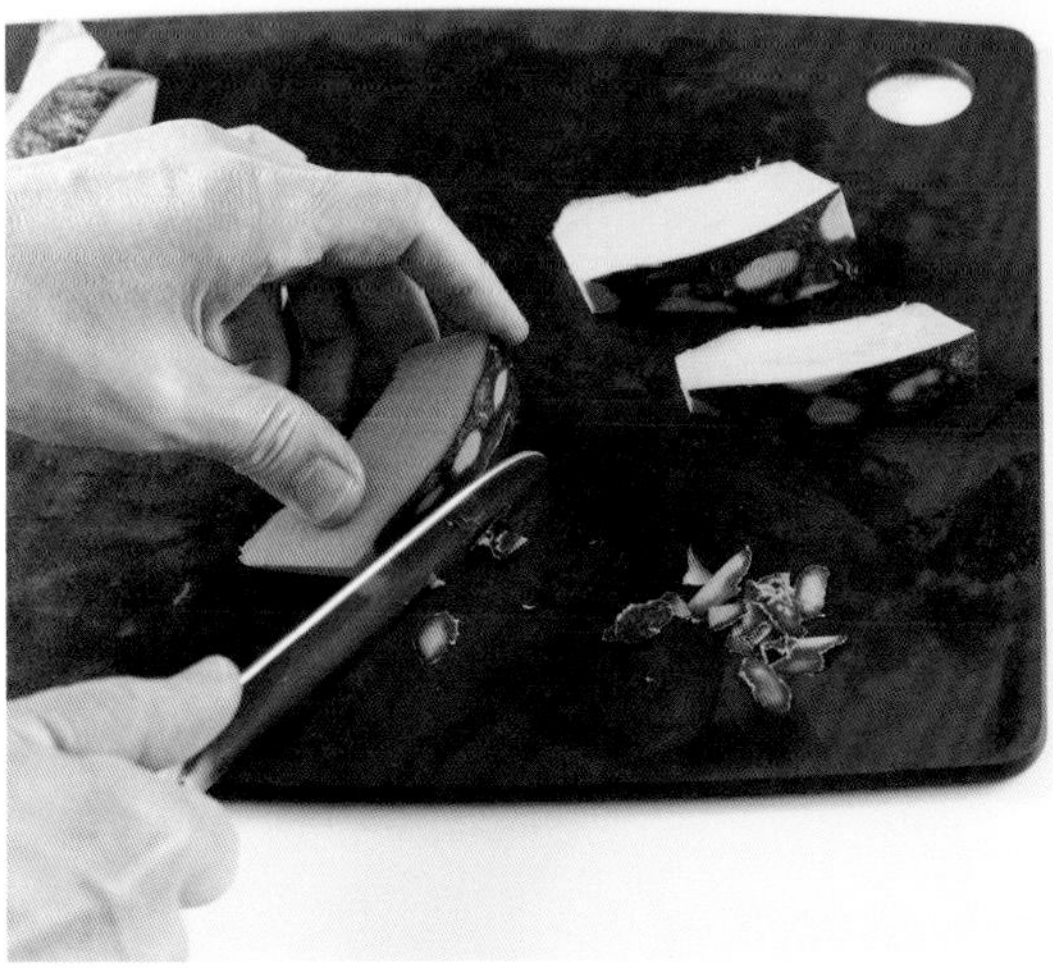

b

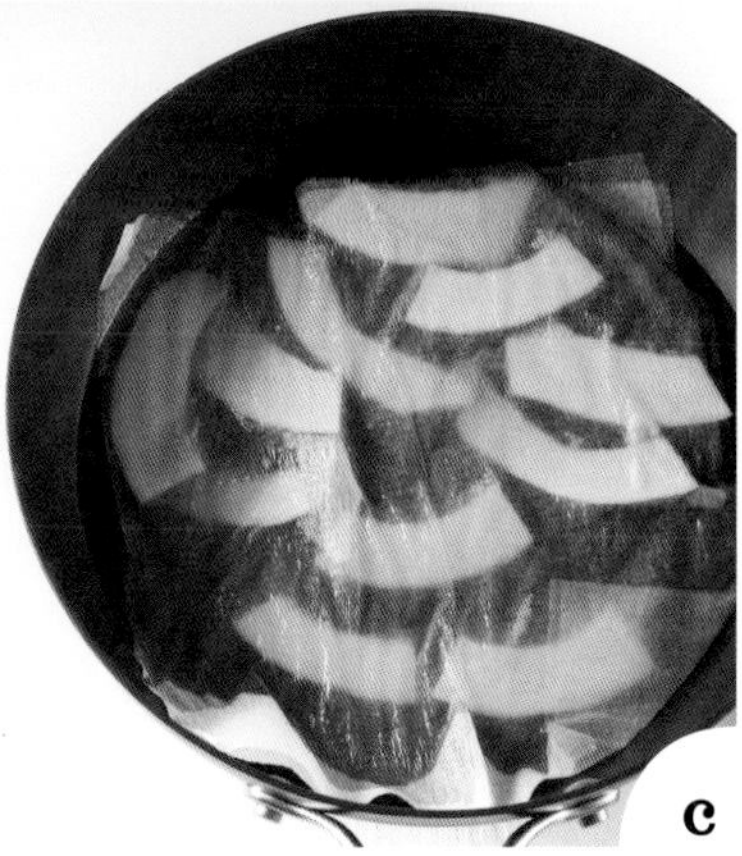

かぼちゃはペーパータオルで落とし蓋をして煮ることで動くのを防ぎ、味を上からもしみ込ませます。

c

調理科学のポイント　かぼちゃは火が通りやすいので、煮すぎないようにしましょう。かぼちゃに含まれるペクチンは冷やすとかたくなるので、食べるときに温め直すとホクホク感が復活します。蒸し器でふっくら蒸してから煮汁につけるのもおすすめです。

かぼちゃはやわらかくなってからひっくり返すと崩れるので、3分ほど煮たらひっくり返しましょう。

d

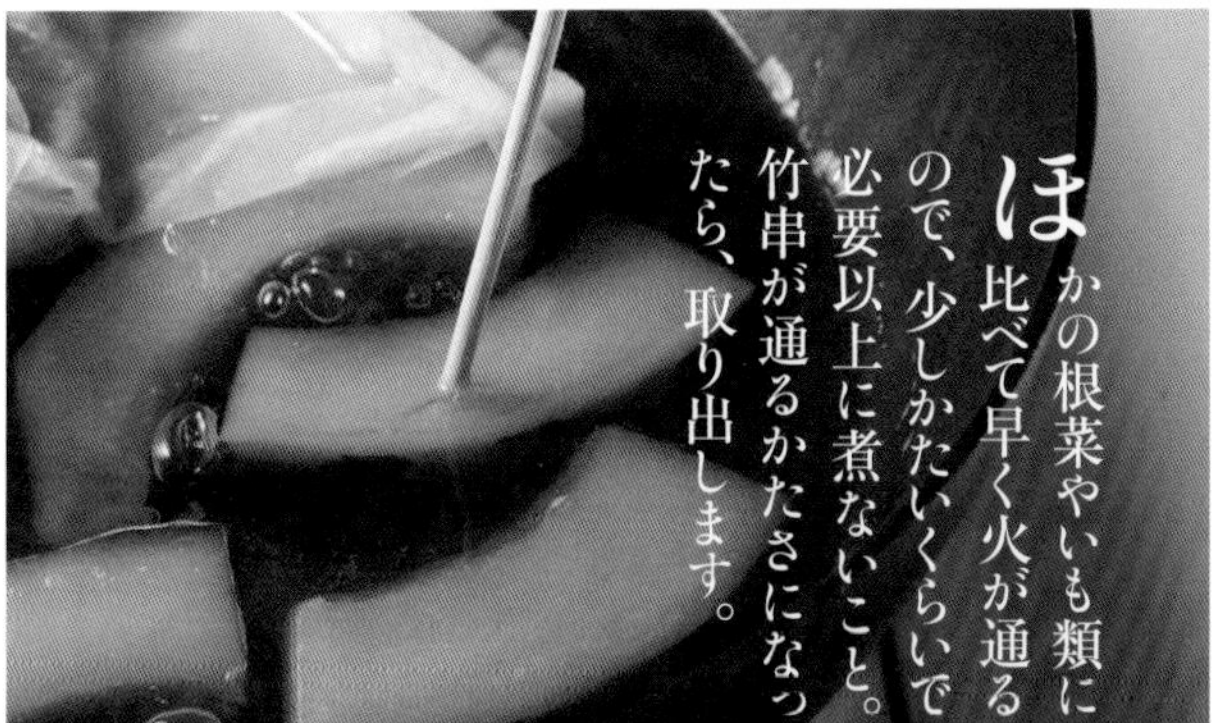

ほかの根菜やいも類に比べて早く火が通るので、少しかたいくらいで必要以上に煮ないこと。竹串が通るかたさになったら、取り出します。

e

かぼちゃをヘラでそっと取り出してバットに移したら、乾燥しないようにペーパータオルをかぶせます。

f

煮汁は半量になるまで煮詰めてからかぼちゃにかけて冷ますと、味がしみ込みます。

g

うまみがしみた じゃがいもがホクホクの 〝肉じゃが〟

定番和食の肉じゃがをおいしく作るコツをご紹介します。じゃがいもがメインなので、小さく切りすぎずに2等分ぐらいにして使いましょう。じゃがいものホクホクとした食感を味わえます。中まで味をしみ込ませるには、先に牛肉と野菜を炒めて火を通してから、落とし蓋と蓋をしてゆっくり煮るのがコツ。牛肉のうまみや、野菜の甘みがたっぷり溶け出た煮汁がじゃがいもにしみ込みます。香ばしくてコク深い絶品肉じゃがです。

材料 2人分

牛こま切れ肉……200g
じゃがいも（インカのめざめ）……3個
玉ねぎ……1個
にんじん……1/2本
しらたき……100g
スナップえんどう……4本
しょうがの薄切り……4枚
A だし……400mℓ
酒……大さじ3
砂糖・みりん……各大さじ2
しょうゆ……大さじ3
サラダ油……小さじ2

作り方

1. じゃがいもは2等分に切る。玉ねぎは横半分に切って芯を取り除き、6等分のくし形切りにする。にんじんは乱切りにする。しらたきは10cm長さに切り、さっとゆでる。スナップえんどうは筋を取って塩ゆでし、半分に切る。

2. 深型のフライパン（または鍋）にサラダ油、しょうがを弱火で熱し、しょうがぷくぷくしてきたら牛肉を入れて中火にし、ヘラで炒め(a)、色が変わったら玉ねぎ、にんじんを加えて炒める(b)。全体がしんなりしたらじゃがいもを加えてさらに炒める(c)。

3. A、しらたきを加え、沸騰したらアクを取り除き、クッキングシートで落とし蓋をし、蓋をして15分ほど弱火で煮込む(d)。途中、一度じゃがいもをひっくり返す。じゃがいもが竹串がスッと通るかたさになったら、しょうゆを加え(e)、全体に煮汁をかけ(f)、5分ほど煮込む。火を止めてしばらくおき、味をしみ込ませる。器に盛り、スナップえんどうをのせる。

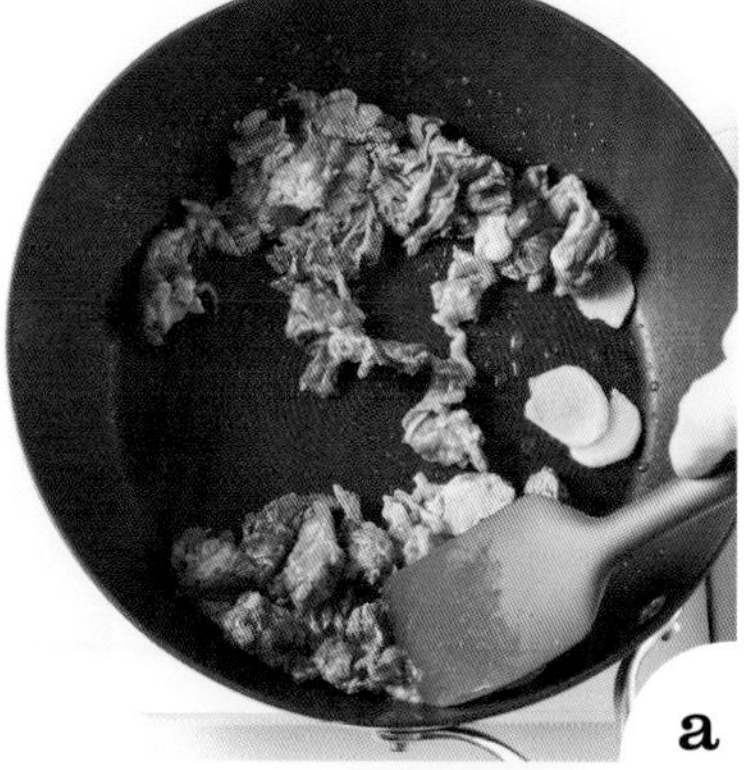

a

しょうがを最初に炒めて香りを出し、牛肉を軽く色が変わるまで炒めて、香ばしくします。

b

牛肉の脂で玉ねぎとにんじんをよく炒めることで、うまみがアップし、コク深くなります。

c

かたい根菜をよく炒めると、そのまま煮込むよりも味わい深くなり、煮込み時間も早くなります。

d

落とし蓋をして蓋をし、弱火でゆっくり煮込むと、煮崩れずにふっくら仕上がります。

調理科学のポイント

男爵は細胞がほぐれやすいので煮崩れしやすく、インカのめざめやメークインはほぐれにくいので煮崩れしにくい特性があります。好みで選んでください。また、じゃがいものペクチンは冷蔵庫で冷やすとかたくなるため、作りおきした場合は温め直して食べましょう。

e

しょうゆは最後に加えると、香りが飛ばず、味もしみ込みやすくなります。

f

仕上げに煮汁をかけながら煮て、しっかり全体に味をしみ込ませます。火を止めてしばらくおき、味を含ませるのも大切なポイントです。

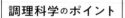

column

野菜の調理科学トリビア

青菜のゆで方や、水っぽくならないためのコツを
しっかり覚えてぜひ試してみてください。

青菜や豆類などをゆでるときは、湯に質量の１％の塩を入れることで浸透圧の作用が働き、野菜が早くゆで上がり、鮮やかな緑色になる。また、野菜の水分が抜けるので、水っぽくならずに保存性も高まる。

アクの強い野菜は、ゆで上がったら冷水にとり、変色を防ぐ。小松菜や白菜、キャベツ、ブロッコリーなどは水っぽくならないよう、ゆでたらおか上げして、うちわであおいで冷ます。崩れやすいかぼちゃなどは、蒸すとよい。

和え物を作るときは、ゆで野菜をしっかり冷ましたあとに。酢やレモン汁などと和える際は、わかめやきゅうりなどは酸化して退色するので食べる直前に和える。

Part 5

目からウロコの基本の卵・豆腐・乾物料理

卵料理を絶妙な火の通りでおいしく仕上げるコツや、
豆腐や乾物料理の秘訣をご紹介。
知られていなかった知識も盛りだくさん。
すぐに試したくなる料理ばかりです。

卵の調理の基本

加熱すると凝固する熱凝固性、かき混ぜると空気を抱き込む起泡性、油と水を混ぜ合わせる乳化性などの特性があります。

卵を割り入れる

卵は1個ずつ別の容器に試し割りをするのが基本。傷んだ卵が混ざってしまうのを防ぐため。

1つの容器に卵1個を割り入れてから、ほかの卵と合わせる。

卵を溶きほぐす

菜箸2本を少し離してボウルの底につけ、卵白を切るように左右に動かしながら溶きほぐす。

菜箸で卵白を数回持ち上げたり、ボウルを回転させて切るように混ぜる。

メレンゲを作る

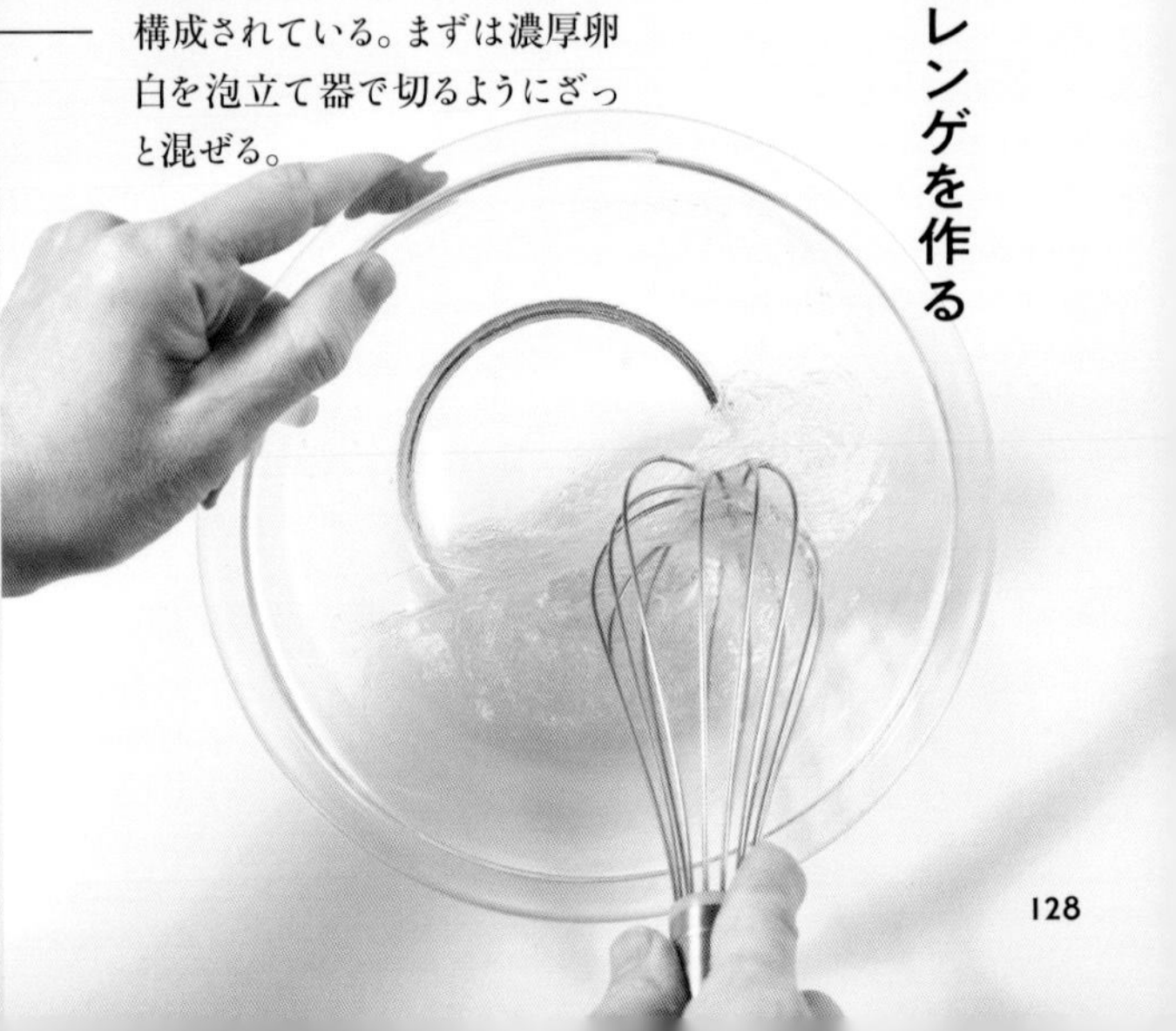

卵白は濃厚卵白と水様卵白で構成されている。まずは濃厚卵白を泡立て器で切るようにざっと混ぜる。

泡立て器、またはハンドミキサーを使ってツノが立つまで泡立てる。

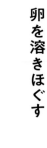

卵をゆでる

ときどき菜箸で卵を90度ずつ回転させると卵黄が中央にくる。

ゆで上がったら湯を捨て、流水で一気に冷ます。急速に冷やすことで白身が縮み、殻との間にすき間ができるためむきやすくなる。

卵を焼く

菜箸で卵白を切るように混ぜてから、調味液を加えるのがコツ。

だし巻き卵はだしが多く、火加減が強いと破けるので、ゆっくり水分を乾かすように焼く。

オムレツは、フライパンを動かしながら手早くよく混ぜ、半熟に仕上げる。

卵を蒸す（茶碗蒸し）

茶碗蒸しの卵液は、一度ざるやストレーナーで漉して、卵白のかたまりや膜を取り除く。

茶碗蒸しは、弱火にして80～90℃くらいの低温で時間をかけて蒸すのがなめらかな食感にするコツ。高温になるとスが立ってしまう。

豆腐の調理の基本

そのまま冷や奴で食べるほか、煮物や揚げ物などさまざまに調理できる豆腐。木綿や絹ごしなど種類もあるので料理に合わせて使いましょう。

角切りにした豆腐を湯通ししておくと、身が締まり、煮崩れしにくくなる。

豆腐の水きり

豆腐をペーパータオルで包み、バットにおく。その上に重しをして10分ほどおく。

豆腐を温める

湯豆腐は土鍋を使い、昆布を敷くことで火のあたりをやわらかくする。まず昆布でだしをとっておく。

豆腐を入れて弱火にかけ、グラグラ沸騰しないように温めることで、スが立つのを防ぎ、なめらかな食感に。

豆腐を炒める

豆腐は水分が多いので、炒める前に必ず湯通しを。崩れないように大きく混ぜる。

豆腐を揚げる

水分を拭き取り、片栗粉をまぶしたらすぐ油に入れ、表面がかたい感触になるまで揚げる。

乾物の調理の基本

乾物は十分に戻してから調理をするのが基本です。戻し方が足りないとおいしく仕上がりません。乾物の戻し方を確認しましょう。

ひじきを戻す

水に浸し、さっと洗って表面のゴミを取り、手ですくってざるにあげる。

→

ボウルに入れてたっぷりの水を注ぎ、30分ほどおいて戻す。戻しすぎないように注意する。

切り干し大根を戻す

たっぷりの水でさっと洗って表面のゴミを落とし、ざるにあげて新しい水に浸す。

→

そのまま20分ほどおいて戻し、やわらかくなったらざるにあげて絞る。

高野豆腐を戻す

大きめのバットにぬるま湯と高野豆腐を入れ、芯がなくなるまで30分ほどつけて戻す。

→

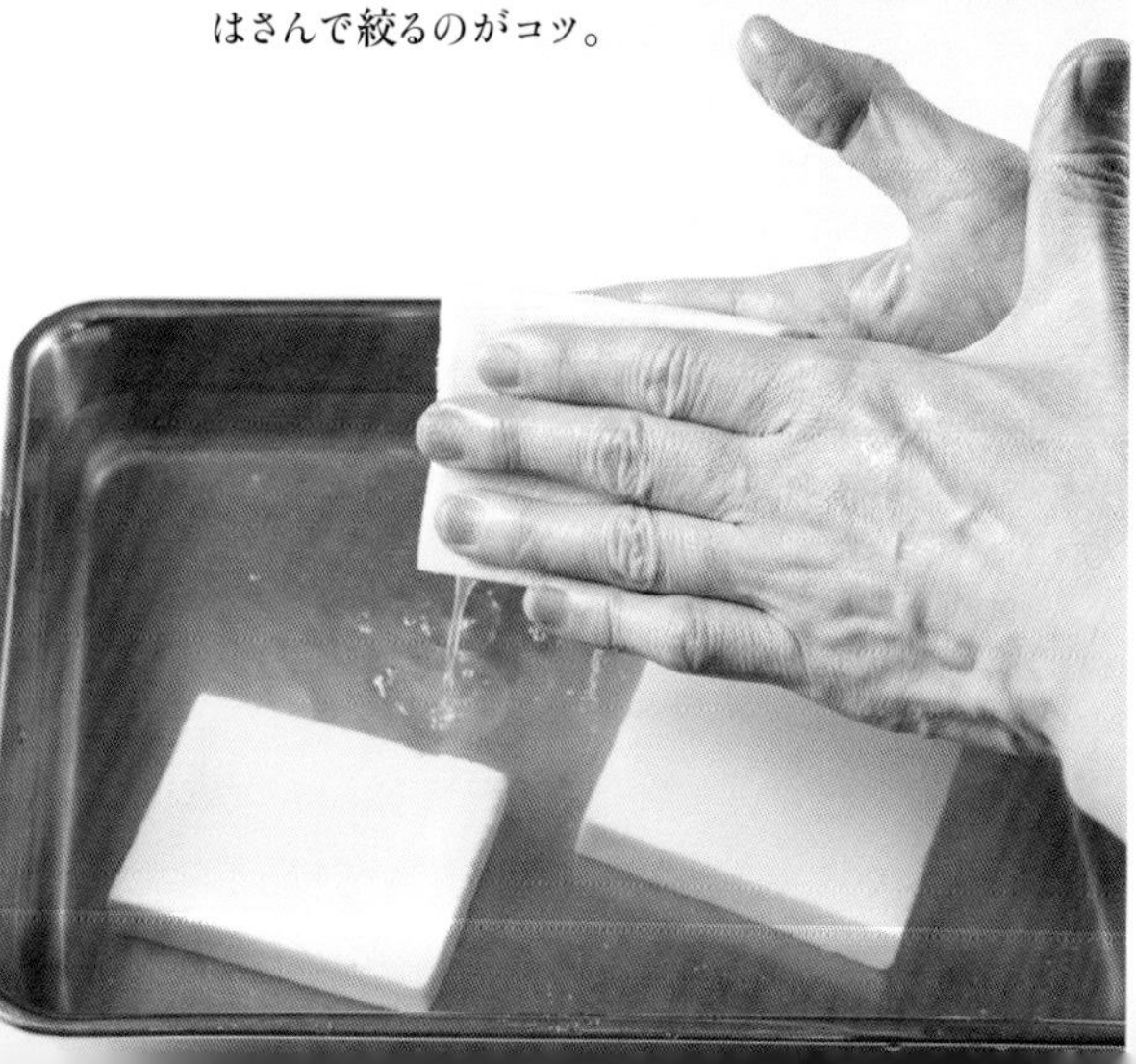

押し洗いをして油分や乾物臭さを抜く。崩れないように手ではさんで絞るのがコツ。

ふわふわ〝かに玉〟

かに玉は加熱しすぎるとかたくなってしまうので、ふわふわに仕上げるテクニックを覚えましょう。卵は全卵をそのまま混ぜるのではなく、卵白をメレンゲにしてから加えましょう。さっくりと混ぜるとふわふわに焼き上がります。弱火で蒸し焼きにすると、中に空気を閉じ込めてふっくら仕上げることができます。とろ〜っと甘いタレをかに玉に絡めて召し上がれ。

材料 2人分

卵……2個
塩……少々
かにのほぐし身（またはかに風味かまぼこ）……40g
長ねぎ（白い部分）……2.5cm
塩ゆで枝豆……10粒

A
牛乳……大さじ1
酒……小さじ1
塩・こしょう……各少々

B
鶏がらスープ……60mℓ
砂糖・酢……各大さじ1
酒・しょうゆ……各大さじ1/2
トマトケチャップ……小さじ1

水溶き片栗粉……水小さじ2＋片栗粉小さじ1
サラダ油……大さじ1
ごま油……適宜

作り方

1. かには水けを軽くきり、長ねぎは粗みじん切りにする。
2. ボウルに卵白1個分、塩を入れ、泡立て器で泡立ててメレンゲを作る（a）。
3. 別のボウルに卵1個を割り入れ、卵黄1個分、Aを加えて泡立て器で混ぜる（b）。かに、長ねぎ、2を加え、ヘラでさっくり混ぜる（c）。
4. フライパンにサラダ油大さじ1/2を弱火で熱し、3を流し入れる。混ぜずに蓋をし、3分ほど蒸し焼きにする（d）。
5. 薄く焼き色がついたら、鍋肌から残りのサラダ油を回し入れ（e）、鍋を揺らして底をはがしながらひっくり返す。蓋をしてさらに2分ほど蒸し焼きにし、卵に火が通ったら器に盛る（f）。
6. 5のフライパンにBを入れて混ぜる。火にかけ、沸騰したら、水溶き片栗粉を加えて混ぜながらとろみをつける。再び沸騰したら枝豆を加え、好みでごま油を鍋肌から加えて混ぜ、5にかける。

a

メレンゲは泡立て器、またはハンドミキサーを使ってツノが立つくらい泡立てるのがコツ。

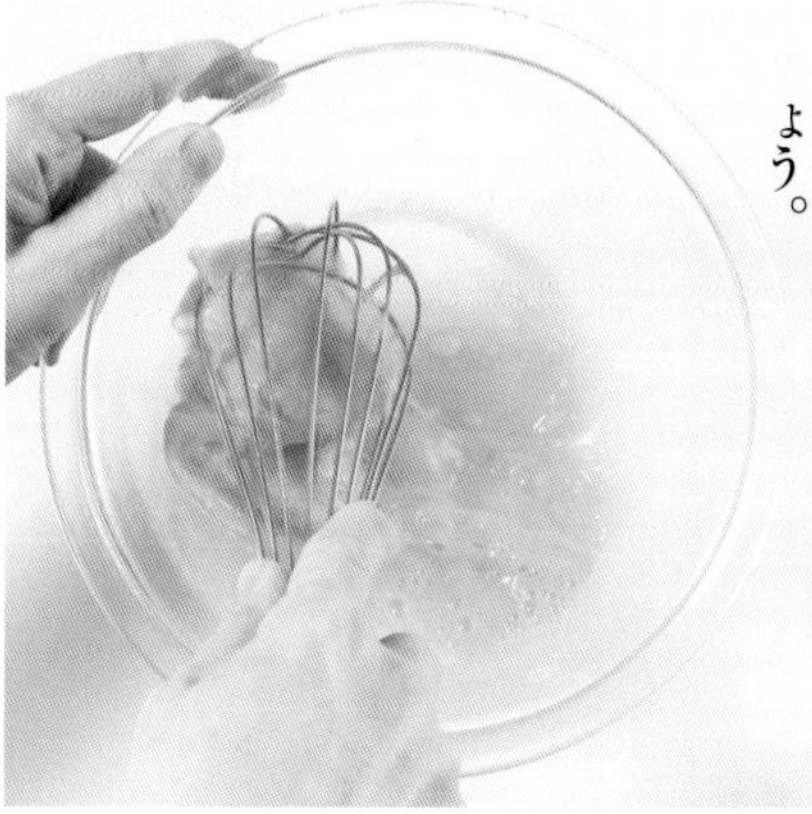

b

卵液を混ぜるときは、ボウルを斜めにして泡立て器で空気を入れるように勢いよく混ぜましょう。

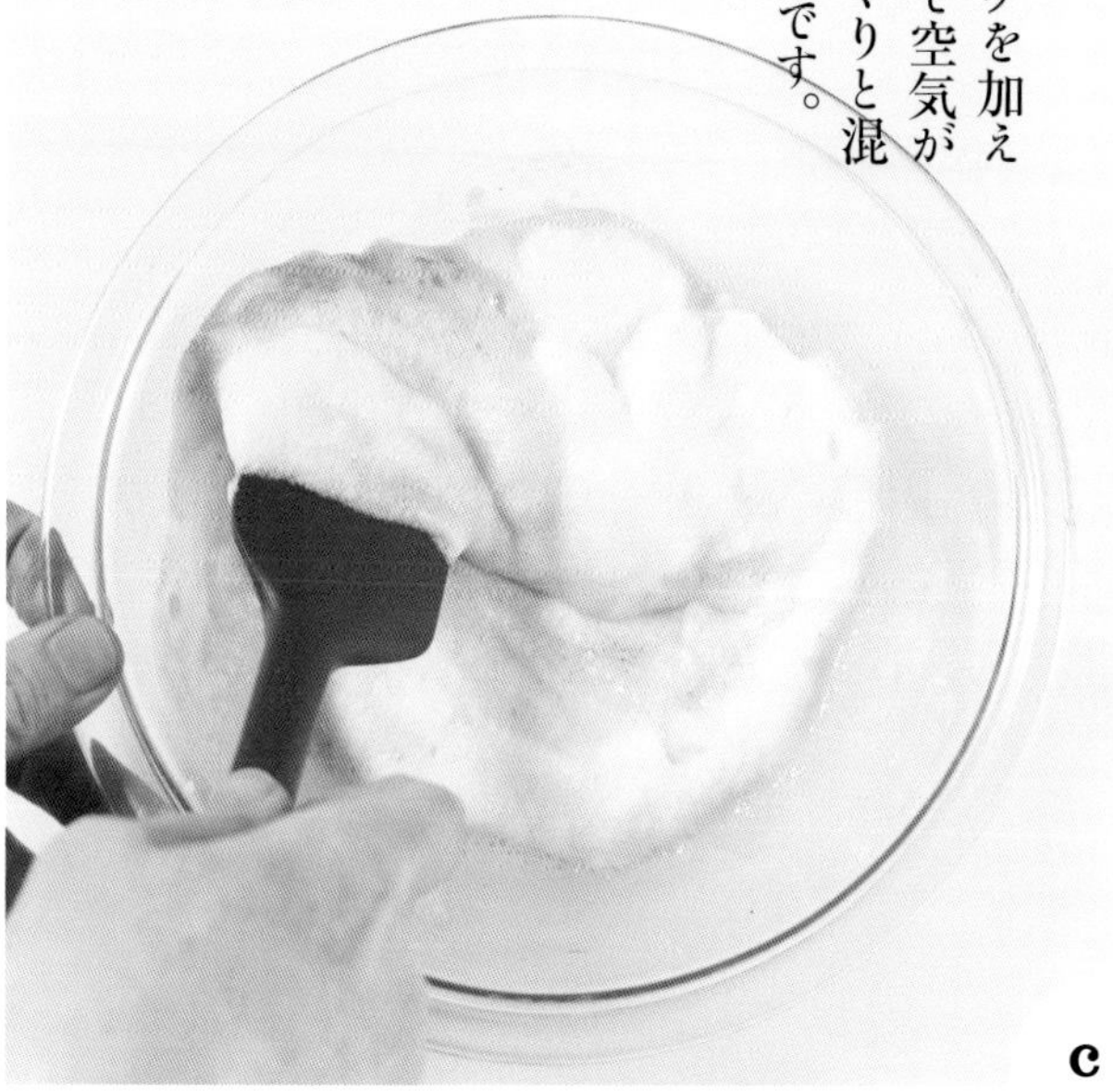

c

卵液にメレンゲを加えたら、ヘラで空気が入るようにさっくりと混ぜるのがポイントです。

調理科学のポイント

卵白には水様卵白と濃厚卵白があり、サラッとした水様卵白の方が泡立ちやすく、卵黄の周りを覆っている濃厚卵白は泡が消えにくいという特性があります。ツノが立つまで泡立てるときは、卵は常温に戻しておくのがよいでしょう。

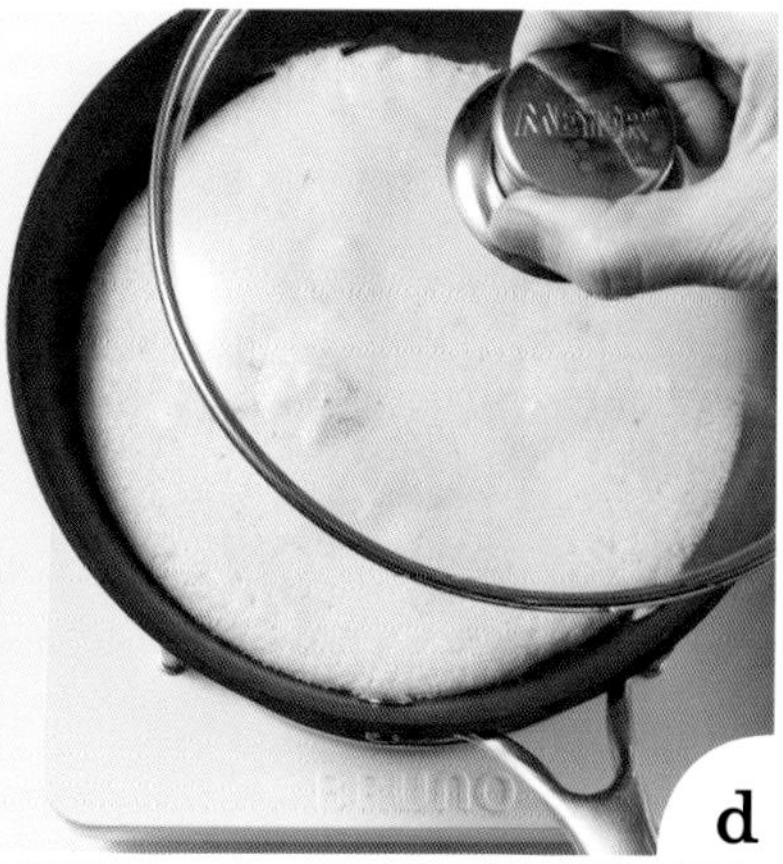

d

蓋をして蒸し焼きにすることでふんわりと仕上がります。またはそのまま１７０℃のオーブンに入れて焼いても。

e

サラダ油を鍋肌から回し入れて揺すると底面に油が行き渡り、卵がひっくり返しやすくなります。

f

潰さないように焼き、火が通ったらすぐに器に盛るのがふわふわ食感を保つ秘訣です。

だしの風味が広がる〝だし巻き卵〟の作り方

材料　2人分

卵……3個

A
- だし……60mℓ
- 薄口しょうゆ・みりん……各小さじ1
- 塩……ひとつまみ

サラダ油……適量

大根おろし・しょうゆ……各適量

作り方

1. ボウルに卵を割り入れ、菜箸で卵白を切るように混ぜ(a)、Aを加えて混ぜる。

2. 卵焼き器を弱めの中火で熱し、サラダ油を塗る(b)。1の卵液を菜箸で一滴垂らして音がするのを確認したら、レードル1杯分を入れる(c)。卵液の泡が膨らんできたら菜箸で軽く潰し、ふちまわりをはがす(d)。半熟になったら卵焼き器の奥から手前に反動をつけながら巻き(e)、巻き終わったら奥側にサラダ油を塗り(f)、巻いた卵を奥に寄せる。

3. 手前にサラダ油を塗り、卵液をレードル1杯分入れる(g)。巻いた卵の下にも卵液を流し(h)、半熟になったら同様に手前に巻く(i)。焼き色がつかないように注意しながら、卵液を流し入れては巻く工程を合計4回繰り返す(j)。

4. 卵焼き器を裏返し、巻きすにのせて包み、長方形に成形する(k)。少しおいて1.5cm幅に切り(l)、器に盛る。

5. 大根おろしは水けを絞り、4に添えてしょうゆをかける。

だしの風味が広がるだし巻き卵を作りましょう。卵液を作るときは、卵白と卵黄、調味料が均一に混ざり合うようによく混ぜます。卵焼き器に卵液がくっつかないように、サラダ油をひたしたペーパータオルで塗りながら焼いていきましょう。巻く工程が難しいと思われがちですが、同じ工程を繰り返すだけなので本書を参考にすれば、きっときれいに作ることができますよ。水分を閉じ込めてしっとりとジューシーに仕上がっただし巻き卵です。

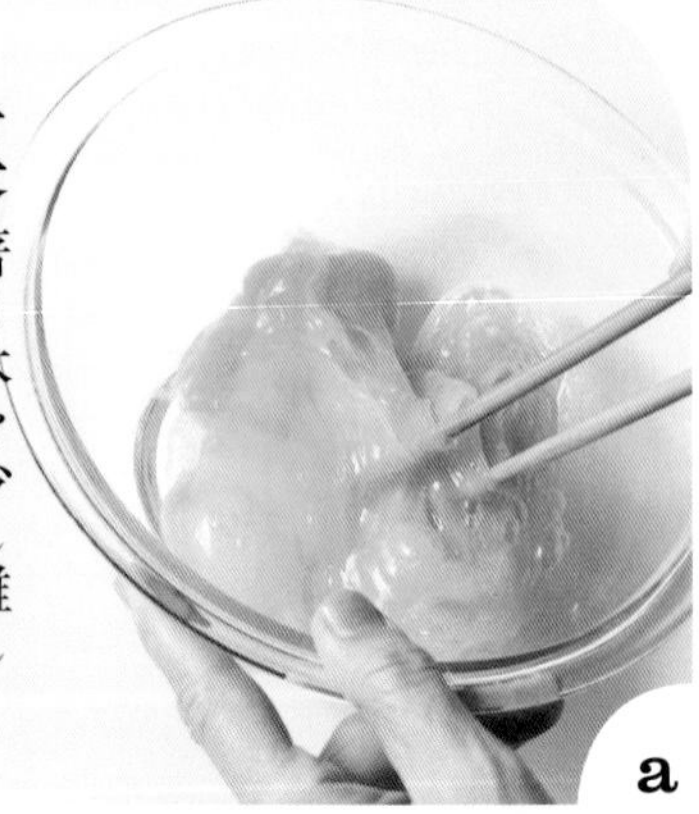

a

菜箸2本を少し離した状態にして混ぜ合わせ、卵白を持ち上げたり、ボウルを回転させて切るように混ぜると、全体がよく混ざります。

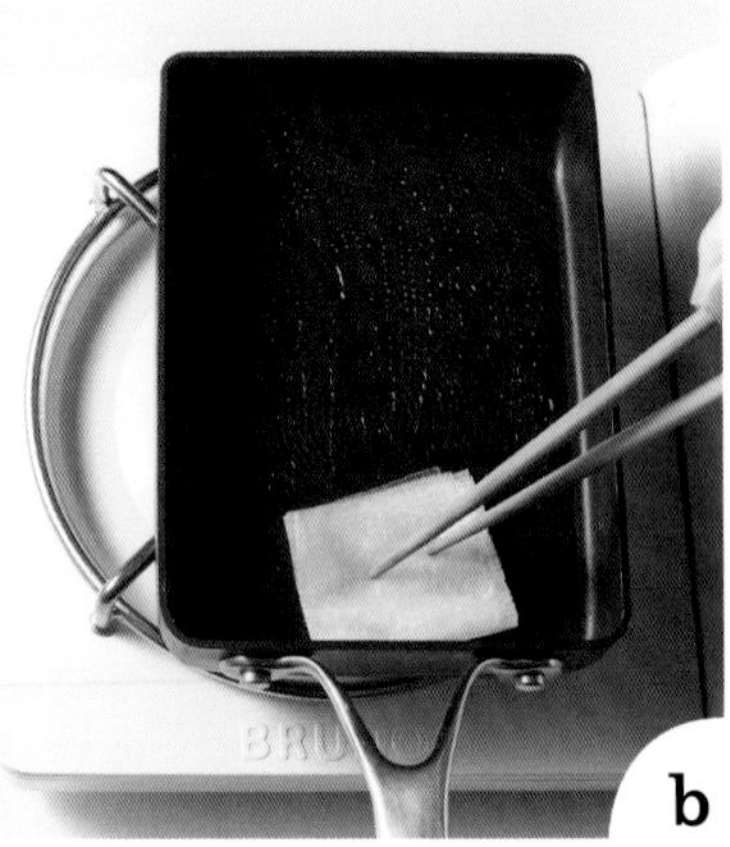

b

サラダ油を浸したペーパータオルをあらかじめ用意しておくと、卵焼き器に素早く油を塗ることができます。

c

菜箸で卵液を一滴垂らしてジュワ〜ッと音がしたら卵焼き器が熱くなった証拠。その時点で卵液を流し入れます。

調理科学のポイント	だし巻き卵の卵とだしの割合は、だしの方を多くするとよりふわふわになります。だしを加えると卵のたんぱく質が薄まるので、凝固力が弱まり、やわらかい口あたりになるためです。焼くときは難しいのでコツを覚えましょう。

d

卵はふちからかたまってくるので、はがしておくと巻きやすくなります。また、卵焼き器を斜めにして卵液が流れなくなったら半熟の目安です。

e

半熟になったら、菜箸を使って奥から手前に向かって巻きます。このとき、卵焼き器の柄を持って傾け、反動をつけながら手前に巻きます。

f

巻き終わったら、奥側にサラダ油を塗ります。四隅までしっかり塗っておきましょう。

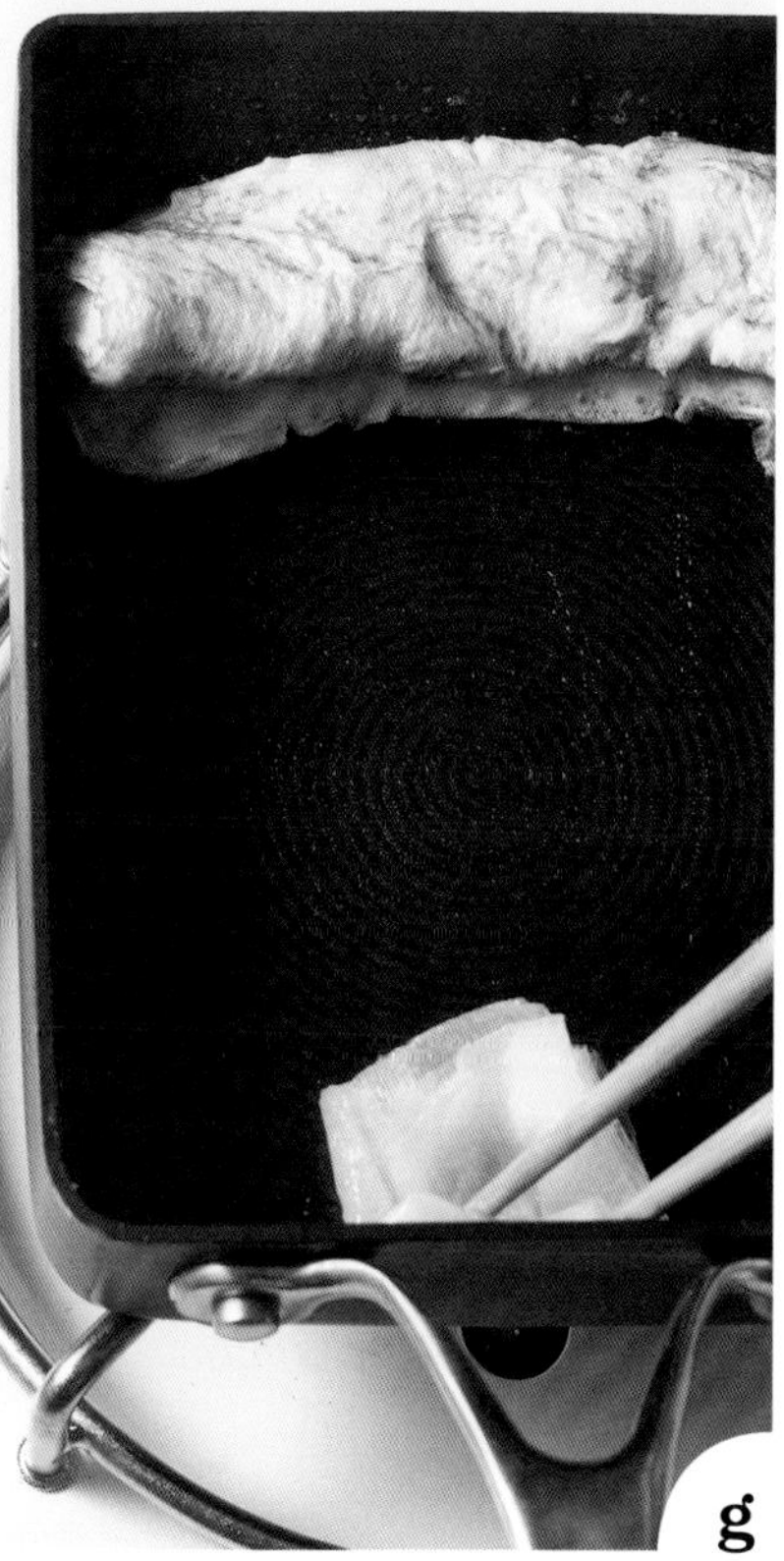

g

巻いた卵を奥に寄せ、手前の空いたところにサラダ油を塗り、卵液を流します。

h

菜箸で巻いた卵を持ち上げ、巻いた卵の下にも卵液を流し込みます。

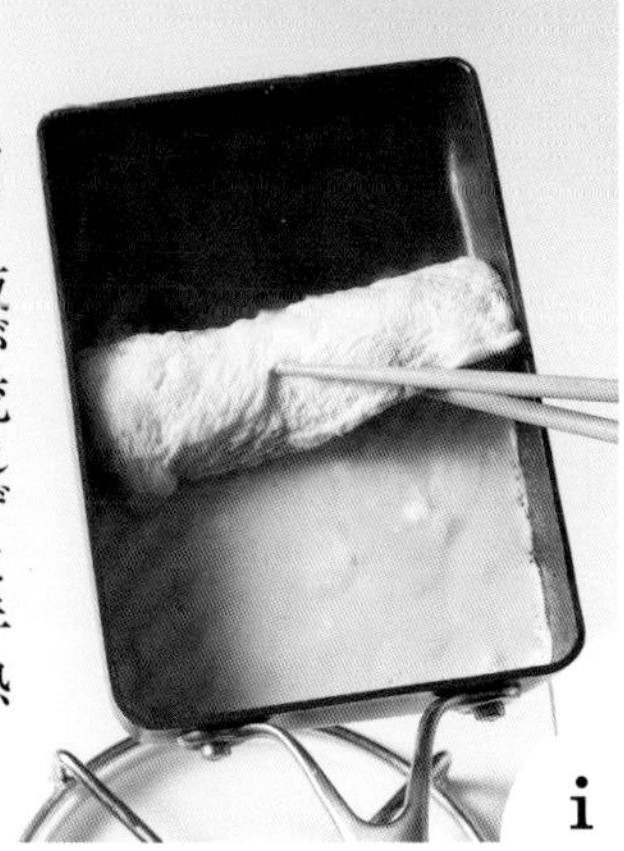

i

卵液が流れずに半熟になったら、斜めに箸を入れて巻く工程を繰り返します。同じ場所を何度も持つと割れるので、ふんわり支え、反動を使って巻きます。

調理科学のポイント	だしは、卵の30〜60%まで加えることができますが、多く加えると焼き方が難しくなります。火加減が強いと破けやすくなるので、ゆっくり水分を乾かすように弱めの中火で焼きかためてから巻かないと崩れやすくなるので注意します。

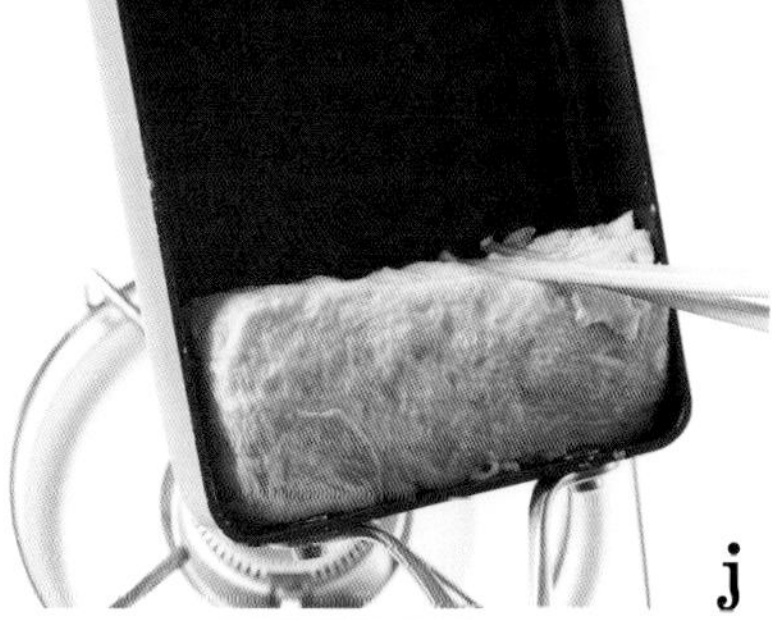

j

卵液を4回流し込んで巻き終わったら、卵焼き器の角にあてて四角く成形します。

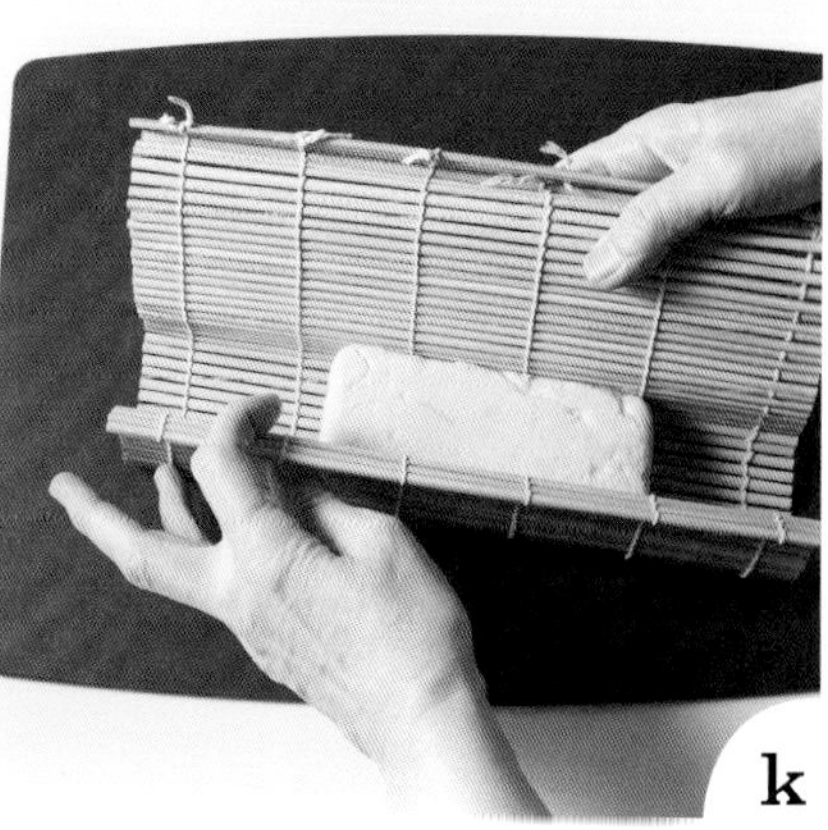

k

巻きすを使うとさらにきれいな形の卵焼きに仕上がります。

l

焼いてからすぐに切ってしまうと卵液が出てきます。焼き上がったあと、少し時間をおいて余熱で火を通してから切りましょう。

とろとろ〝半熟オムレツ〟

半熟でとろとろなオムレツを作るのは時間との勝負。卵を加熱しすぎないのが一番のポイントです。フライパンに卵液を入れたらよく混ぜて軽く火が通ったらOK。余熱でも火が通るので、かたくならないように、形を整えるのは火から外して行いましょう。バターがふわっと香り、中がとろりと半熟でとろけるおいしさ。トマトソースとの相性も抜群です。

材料　2人分

卵……4個

A
- 牛乳……大さじ2
- 塩……小さじ1/4
- こしょう……少々

バター(無塩)……15g

サラダ油……適量

トマトソース……適量

つけ合わせ

チャービル……適宜

作り方

1. ボウルに卵2個を割り入れ、Aの半量を加えてフォークでよく混ぜる(a)。
2. フライパンを中火で熱し、サラダ油をペーパータオルで塗る。バター1/4量を入れ、ヘラで側面にもまんべんなく塗る(b)。バターの1/4量を加え、小麦色に色づいたら**1**を一気に加えてフライパンを前後に揺すりながらヘラでよく混ぜる(c)。
3. 半熟になったら混ぜるのをやめて3秒ほど焼く。火から外して濡れ布巾にのせ、卵をフライパンの奥に巻く(d)。器に盛り(e)、ペーパータオルで形を整える(f)。
4. 同様にもう1個オムレツを作り、トマトソースをかけ、つけ合わせを添える。

a

フォークで卵白を持ち上げながら混ぜると卵白が切れやすくなります。

b

サラダ油とバターはフライパンの側面にも塗りましょう。卵をひっくり返すときにフライパンにくっつかなくなります。

c

フライパンを前後に動かしながらとろとろになるように混ぜ、かたくならないように1分以内に仕上げましょう。

調理科学のポイント

卵黄と卵白は濃度が違うので、丁寧に攪拌します。フライパンに卵液を流し込んで周囲からよく混ぜるのは、フライパンに接触する時間を短くして全体の温度を60℃ぐらいに保つため。外側はかたまり、中は半熟状のフットボール形が理想。

d

フライパンの柄を持ち上げ、ヘラで手前から奥に折りたたむように巻いていくと、きれいに成形できます。濡れ布巾の上で行うことで温度を下げ、それ以上卵に火が通るのを防ぎます。

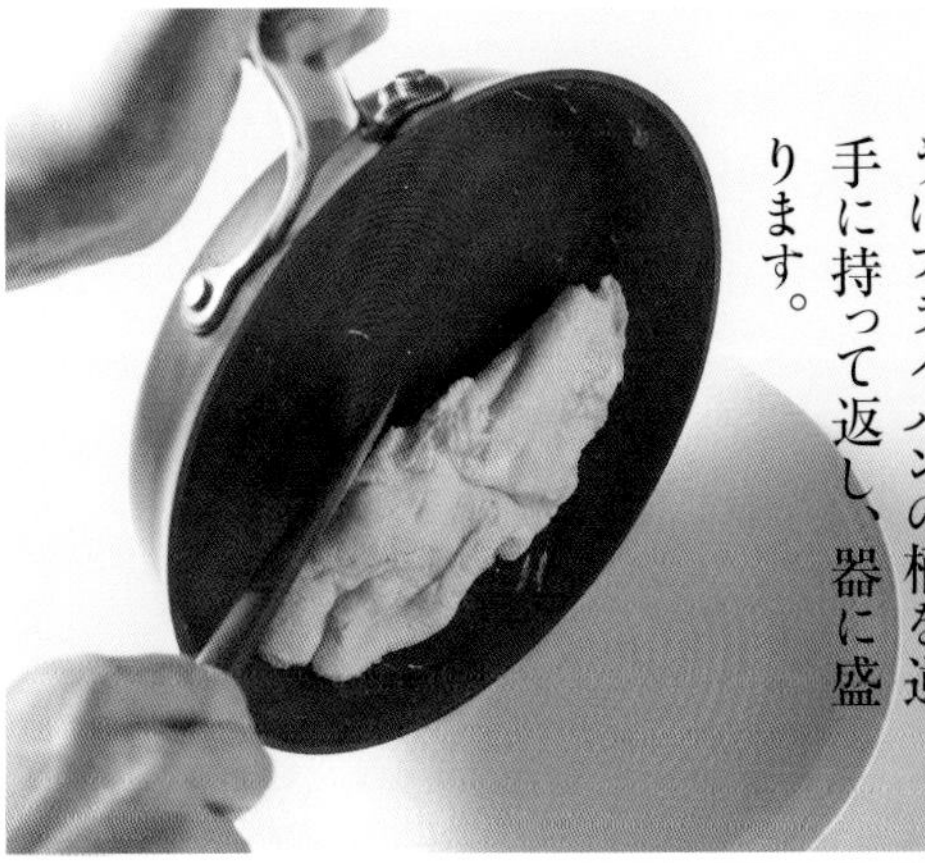

e

焼き上がったら、きれいな面が上になるようにフライパンの柄を逆手に持って返し、器に盛ります。

f

ペーパータオルで上から形を整えると、さらにきれいな仕上がりになります。

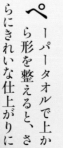

〃かたゆで卵〃〃半熟卵〃〃温泉卵〃

かたゆで卵の作り方

ボウルに卵とかぶるくらいのぬるま湯を注いでつけておく(a)。鍋に水と卵を入れて中火にかけ、沸騰するまでときどき横に90度ずつ回転させる(b)。沸騰したら弱火で11分30秒ほどゆでで、流水で冷やす(c)。

半熟卵の作り方

ボウルに卵とかぶるくらいのぬるま湯を注いでつけておく(a)。かたゆで卵と同様にして加熱し(b)、沸騰したら弱火で6分ほどゆでで、流水で冷やす(c)。

温泉卵の作り方

ボウルに卵とかぶるくらいのぬるま湯を注いでつけておく(a)。鍋に水と卵を入れて中火にかけ、66℃にする。温度計で測って温度を保ちながら35分ほどゆでで、流水で冷やす。

かたゆで卵と半熟卵、温泉卵の作り方のポイントが盛りだくさん。どれもお湯の温度と加熱時間が肝心になります。温度が低かったり、加熱時間が短いと卵黄がとろとろになりすぎてしまいます。逆に温度が高かったり、加熱時間が長いとかたくなってしまったり…。アバウトに作ると理想のかたまり具合にならないですが、本書のポイントを押さえてレシピ通りに作れば失敗せずに作れますよ。

a

卵は冷蔵庫から出してすぐに沸騰した湯に入れると割れるので、熱湯に入れる前にぬるま湯につけておきましょう。

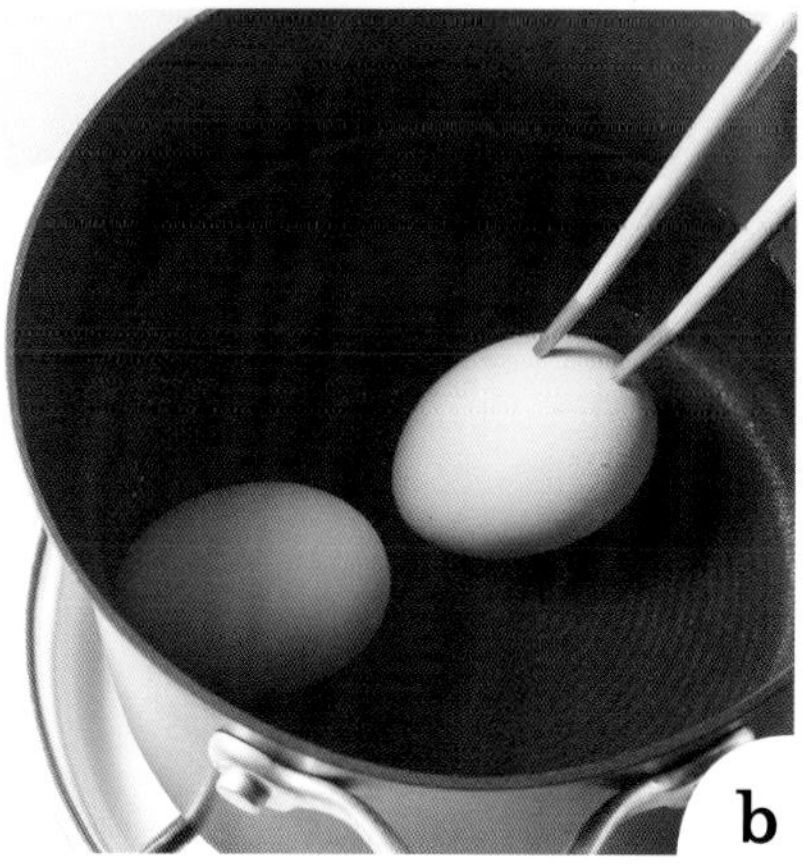

b

卵は横に90度ずつ回転させることで、卵黄が中心にきてきれいに仕上がります。

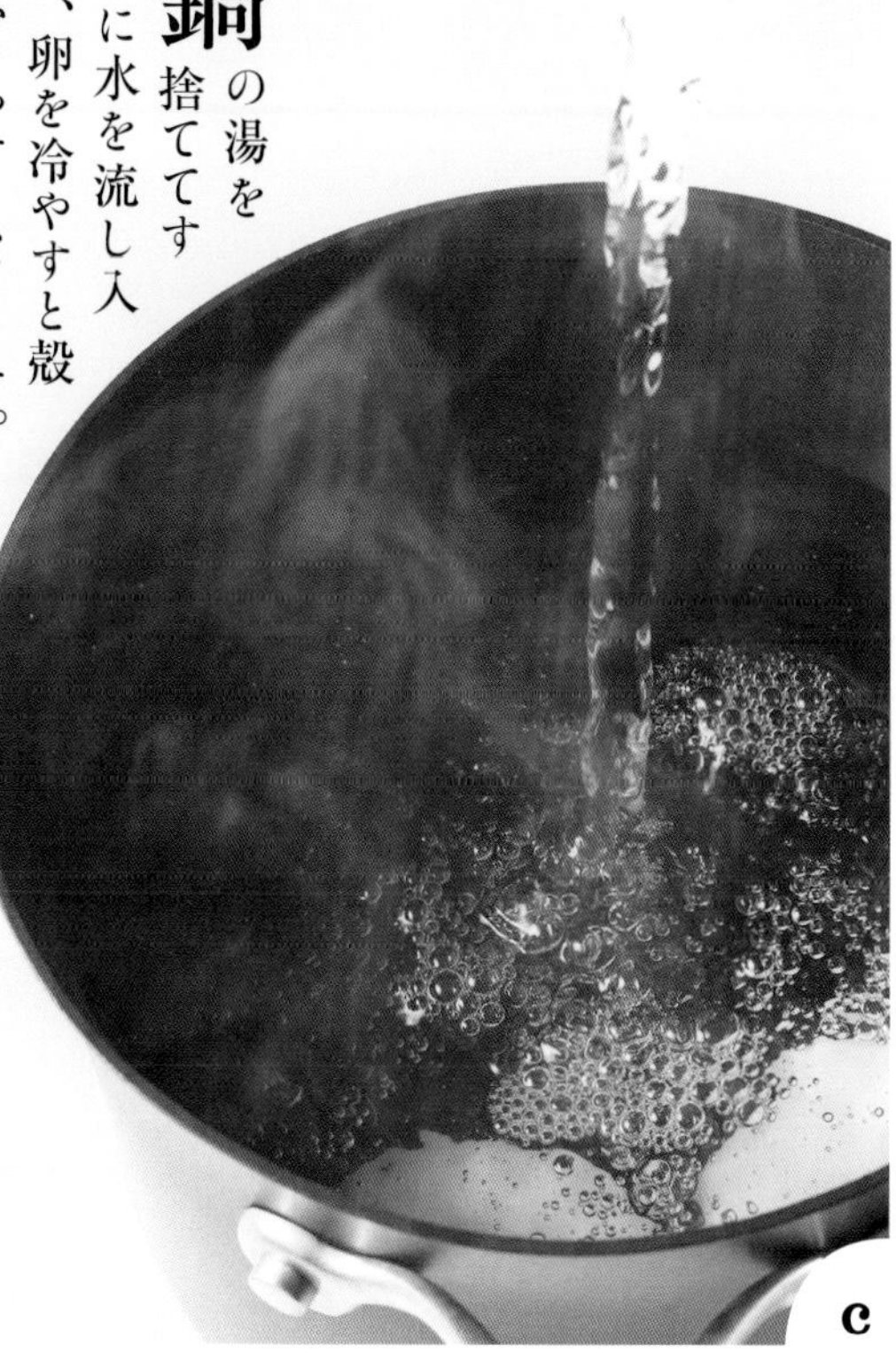

c

鍋の湯を捨ててすぐに水を流し入れ、卵を冷やすと殻がむきやすくなります。

調理科学のポイント

・卵の卵黄と卵白はたんぱく質の種類が違うため、熱による凝固温度が異なります。卵白は80℃以上、卵黄は70℃でしっかりかたまります。

・かたゆで卵は、卵白も卵黄もしっかりかたまった状態です。90℃程度の湯でかたまるので、沸騰させ続ける必要はありません。

・半熟卵は、卵白はかたまっていて卵黄はかたまっていない状態です。熱は卵白に伝わったあと、卵黄に伝わるので、沸騰したら短時間で引き上げることで、半熟卵が完成します。

・70℃の湯で30分加熱した場合と80℃の湯で20分加熱した場合で比べてみると、70℃で30分加熱した場合は卵黄も卵白も完全にかたまらない状態、80℃の湯で20分加熱した場合は、卵黄、卵白ともに完全にかたまった状態になります。

・温泉卵は66℃を超えなければ、少し長い時間ゆでても卵白も卵黄も完全にかたまることはありません。

失敗しない！ふるふる〃茶碗蒸し〃の作り方

おいしい茶碗蒸しを作るには、卵とだしの割合がとても重要。だしが多いと卵がしっかりかたまらずにしゃばしゃばになったり、逆にだしが少ないとかたくなりすぎてしまいます。本書のレシピを参考にして、ふるふるしたやわらかい茶碗蒸しに仕上げるためのポイントを押さえておきましょう。鶏肉やしいたけ、えびなどのうまみをたっぷり含んだ食材を使うのもおいしく作るためのコツ。食材のうまみがだしと混ざった口溶けなめらかな茶碗蒸しです。

材料 2人分

卵……1個

A
- だし……140mℓ
- 薄口しょうゆ・みりん……各小さじ1
- 塩……少々

しいたけ……1枚

鶏もも肉……50g

えび……2尾

B 薄口しょうゆ・酒……各少々

三つ葉……2本

作り方

1. 深型のフライパン（または鍋）、布巾、器、布巾を巻いた蓋を用意する(a)。ボウルに卵を割り入れて溶きほぐす。**A**を加えて混ぜ(b)、ざるで漉す(c)。

2. しいたけは軸を切り落とし、薄切りにする。鶏肉は1.5cm角に切り、**B**で下味をつける。えびは背ワタを取り除き、塩ゆでして殻をむき、**B**で下味をつける。三つ葉は3cm長さに切る。

3. 器にしいたけと鶏肉を入れ、**1**の卵液を注ぐ。

4. フライパンに布巾を敷き、**3**を並べ、水を2cmの高さまで入れる。布巾を巻いた蓋をし(d)、強めの中火にかけ、沸騰してから2分ほど蒸す(e)。表面が白っぽくなったら弱火にして15〜20分蒸す。

5. 竹串を刺して透明な汁が出たら(f)、えびと三つ葉をのせて蓋をし、1分ほどおく(g)。

蒸し器や深型のフライパンで蒸す場合は、水滴が落ちないように布巾を巻いた蓋をかぶせます。また、フライパンの底に布巾を敷いて器を安定させましょう。せいろの場合は、水滴が落ちないのでそのまま並べます。

茶碗蒸しを作るときは、卵とだしの割合は１：３が鉄則。

b

a

ストレーナーでしっかり漉すことで、口あたりがなめらかに仕上がります。

c

調理科学のポイント	なめらかな口あたりにするためには、スを立たせないことが大切。蒸す温度は90℃くらいだとサラッとした口あたりに、80℃ぐらいの低温でじっくり蒸せばねっとりした食感に。火力が強すぎるとスが立つので注意します。

器の蓋をすると火が入りにくくなるので、蓋はせずに蒸しましょう。

d

沸騰してから2分ほど蒸したら弱火にして、スが入らないようにします。

e

竹串を刺して透明な汁が出たら中まで火が通った目安です。

f

ゆでて下味をつけたえびと三つ葉をのせ、蓋をして余熱で火を通しましょう。

g

アツアツ〝湯豆腐〟の楽しみ方

材料　2人分

絹ごし豆腐……1丁（300g）
昆布……10cm四方
水……約500mℓ
A　しょうゆ……100mℓ
　みりん……大さじ1
　酒……小さじ1
　削り節……2g（だし用パックに入れる）

つけ合わせ

好みの薬味（小ねぎの小口切り、しょうがのすりおろし、刻み昆布、削り節、もみじおろしなど）……各適宜

作り方

1. 土鍋に水、昆布を入れて30分～半日おく（a）。
2. タレを作る。鍋にAを入れ（b）、火にかけて沸騰したら、火を止めて1～2時間おく。パックを軽く絞って取り出す（c）（タレは保存容器に入れて密閉し、冷蔵庫で1か月ほど保存可能）。
3. 豆腐は6等分に切る。1の土鍋に豆腐を加えて弱火にかけ（d）、中まで温める。器に盛り、2のタレをかけて好みの薬味を添える。

好みの薬味をのせて味変を楽しめる湯豆腐ですが、なんといっても、ゆでるときのだしが命です。昆布と削り節の成分をしっかり抽出し、だしで豆腐をゆでると、上品でうまみのある湯豆腐に仕上がります。このレシピでは昆布でだしをとっていますが、貝などを加えてうまみを抽出すると味わいが変わります。うまみたっぷりの湯豆腐をぜひご賞味ください。

昆布は水に30分~半日つけておき、昆布のうまみを抽出します。

削り節はだし用パックに入れて加えると、あとで取り出しやすいのでおすすめです。

パックを取り出すときは、軽く絞ってうまみをしっかり出しましょう。

調理科学のポイント	土鍋を使うことで熱のあたりをやわらかくします。また、昆布を敷いて溶け出す塩分によって凝固作用を抑え、スが立ちにくくなります。70℃ぐらいでゆっくり加熱するとスが立たず、たんぱく質の熱凝固を防いでなめらかな食感に。

豆腐を加えたら、湯気が出ている状態の火力を保ちながら温めます。スが入る前の豆腐のうまみがあるうちにいただきましょう。

はまぐりなどのうまみのある貝を加えたり、だしに煮干しを加えてもおいしくいただけます。

煮崩れしない〝麻婆豆腐〟

豆腐が煮崩れしやすい麻婆豆腐ですが、本書の作り方を覚えておけば失敗なしで作ることができます。豆腐は下処理をしないと崩れやすいので、湯通しして締めてから加えるのが一番のポイント。また、豆腐は加熱不要な食材なので、最後に加えて軽く混ぜるだけでOK。しっかり形が残った豆腐をピリッと辛みのあるあんとよく絡めていただきます。

材料　2人分

絹ごし豆腐……1丁（300g）
豚ひき肉……150g
長ねぎ……4cm
しょうが……1/2かけ
にんにく……1/2かけ
豆板醤……大さじ1/2
塩・こしょう……各少々
A｜酒……大さじ2
　｜しょうゆ……大さじ1強
　｜甜面醤……大さじ1
鶏がらスープ……250mℓ
水溶き片栗粉
……水大さじ2＋片栗粉大さじ2
サラダ油……小さじ2
小ねぎの小口切り・花山椒・花椒油・ごま油……各適宜

作り方

1. 長ねぎは粗みじん切り、しょうがとにんにくはみじん切りにする。豆腐は1〜1.5cm角に切り、熱湯に3分ほどつけておく(a)。

2. 深型のフライパン（または中華鍋）にサラダ油を弱火で熱し、長ねぎ、しょうが、にんにくを入れて炒め、香りが出たら豆板醤を加えて1分ほど炒める(b)。ひき肉、塩、こしょうを加えて強めの中火にし、ほぐしながら香ばしくなるまで炒める(c)。

3. 中火にし、Aを順に加えて炒め(d)、鶏がらスープを加え、沸騰したら、水溶き片栗粉を加えて混ぜながらとろみをつける(e)。水けをきった豆腐を加え、大きく混ぜる(f)。器に盛り、好みで小ねぎ、花山椒、花椒油、薄煙が出るまで熱したごま油をかける。

a

豆腐はぐつぐつゆでずに湯通しするだけでOK。豆腐を締めて煮崩れを防ぎます。

b

豆板醤は炒めることで、熱によって辛みが出て、より辛さが引き立ちます。

c

ひき肉はほぐしながら脂をしっかりと出して、香ばしくなるまで炒めるのがポイント。

調理科学のポイント

豆腐は熱を加えるとたんぱく質の熱凝固が起こり、余分な水分を出してかたく締まる特性があります。加熱しすぎて豆腐の中心温度が100℃になってしまうと、スが立って風味が落ち、食感も悪くなるので、80℃程度で沸騰させないようにしましょう。

d

Aを加えたら、鍋底のうまみをこそげ取るように混ぜ合わせます。

e

水溶き片栗粉はダマにならないように混ぜながら加えましょう。

f

とろみがついてから最後に豆腐をそっと入れ、形が崩れないようにヘラで大きく混ぜます。

衣サクサク、ふわふわ〝揚げ出し豆腐〟の作り方

サクッとした衣で、中はふわふわの揚げ出し豆腐を作りましょう。水分が多い豆腐は、衣をつける前にしっかり水きりし、ペーパータオルで水けを拭き取っておくことがポイントです。崩れやすいので、そっと油に入れて全面いい色になるまで揚げましょう。衣はサクサクで、豆腐の水分がジュワ〜ッと溢れて絶品です。さわやかな大根おろしとしょうがをだしにしみ込ませてさらにおいしく。

材料 2人分

木綿豆腐……1丁（300g）
しし唐辛子……4本
片栗粉（またはすりおろした麩）……大さじ2

A
- だし……100mℓ
- しょうゆ・みりん……各大さじ2
- 砂糖……大さじ1/2
- 削り節……3g（だし用パックに入れる）

揚げ油……適量
大根おろし・しょうがのすりおろし……各適量

作り方

1. 豆腐は水きりをし（a）、4等分に切る。しし唐辛子は素揚げの際に破裂しないように包丁で数か所切り込みを入れる。
2. タレを作る。小鍋に**A**を入れて火にかけ、沸騰したら火を止める。30分ほどおいてざるで漉す。
3. 深型のフライパン（または鍋）に揚げ油を豆腐の高さの半分ほど入れて170℃に熱し、しし唐辛子を入れて1分ほど揚げ、取り出す。
4. ペーパータオルで豆腐の水けを拭き取り（b）、片栗粉をまぶす（c）。揚げ油を180℃に熱し、豆腐を入れて（d）、薄く色づくまで揚げ（e）、油をよくきる。
5. 器に**2**のタレを注ぎ入れて**4**を盛り、大根おろしとしょうがのすりおろしをのせて**3**を添える。

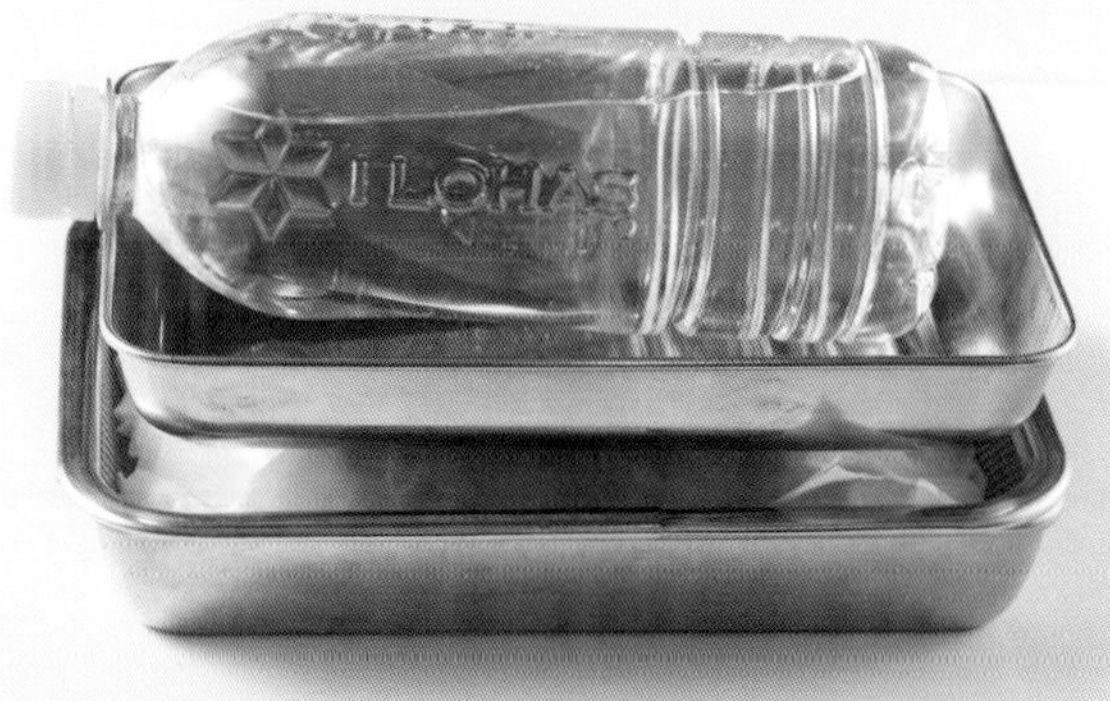

a

豆腐はペーパータオルに包み、重しをして10分ほどおくか、電子レンジで1分加熱して水きりをします。ざるつきのバットがあると便利です。

b

切った豆腐は、表面の水分をペーパータオルで拭き取ってから片栗粉をまぶしましょう。

c

片栗粉をまぶしてから時間をおくと豆腐の水分を吸ってしまうので、まぶしたらすぐに揚げましょう。

調理科学のポイント	片栗粉を揚げる直前にまぶす理由は、片栗粉が水分を吸ってから加熱すると粘りが出てしまうから。また、豆腐に直接熱を伝えないので中心温度がゆっくり上がり、たんぱく質の急激な熱凝固を防ぐため、豆腐のやわらかさをキープできます。

d

豆腐を揚げ油に入れるときは、油はねしないように、手でつかんでそっと入れるのがポイント。

e

豆腐は全面を揚げ、箸で表面をつついてかたい感触になるまで揚げましょう。

コクがたっぷり〝ひじきの煮物〟

コクがあり、ふっくらとおいしいひじきの煮物の作り方をご紹介します。芽ひじきはやわらかいので、味がしみ込みやすい半面、水で戻しすぎると煮崩れしやすいので注意が必要です。鶏肉やにんじんは先に炒めると、煮汁を加えたときにうまみが溶け出ておいしく仕上がります。ひじきの煮物は、豆腐ハンバーグやひじきコロッケなどにアレンジしてもおいしいので、ぜひ試してみてください。

材料 2人分

乾燥芽ひじき(a)……15g
油揚げ……1/2枚
鶏もも肉(皮なし)……100g
にんじん……20g

A 酒……大さじ1
みりん……大さじ1

B だし……100mℓ
しょうゆ……大さじ1と1/2
砂糖……小さじ2

サラダ油……大さじ1/2

作り方

1. ひじきを戻す(P131参照)。ふり洗いしてさらに汚れを落とし、底にたまった汚れがつかないようにすくい上げて水けをきる(b)。

2. 油揚げは湯通しをして3cm長さの細切りにする。鶏肉は1cm角に切り、にんじんは3cm長さの細切りにする。

3. 深型のフライパン(または鍋)にサラダ油を中火で熱し、にんじんを入れてさっと炒め、鶏肉を加えて色が変わるまで炒める(c)。**1**、油揚げを加えてよく炒める(d)。**A**を加えて炒め、アルコール分を飛ばす。

4. **B**を加えて落とし蓋をし(e)、煮汁がなくなるまで弱火で15分ほど煮る(f)。仕上げに混ぜながらさっと煮て水分を飛ばす。

a

長ひじきは茎で、歯ごたえがあります。芽ひじきは葉の部分でやわらかく、表皮が溶けやすいのでゆですぎに注意。

b

ひじきは戻しすぎると、やわらかくなりすぎて形も崩れ、栄養価も半減します。戻ったらすぐに手ですくい上げて水けをきりましょう。

c

にんじんと鶏肉を先によく炒めることで、にんじんの甘みが引き出され、鶏肉の脂で香りとコクが出ます。

調理科学のポイント

ひじきは油との相性がよい特性があります。油にはマスキング効果があり、ひじき特有の磯臭さを消すとともに、油脂の香気成分をプラスするため、コクのある味わいに。油揚げ、鶏肉のうまみを加えることで、さらにおいしさをアップ。

d

ひじきは油と相性がよいので、よく炒めてから調味料を加えるのがポイント。

e

酒とみりんのアルコール分を飛ばしてから、調味料とだしを加えます。落とし蓋をし、ヘラで押さえて密着させ、弱火でじっくり煮ましょう。

f

煮汁がなくなるまで煮ることで、うまみが凝縮されてコク深い味わいになります。

だしが決め手のふっくら 〃切り干し大根の煮物〃

おいしい切り干し大根の煮物を作るには、だしをたっぷり吸わせるのがポイント。切り干し大根は水で戻したら水けをしっかり絞りましょう。大根臭さがなくなり、だしや調味料が浸透しやすくなります。

香ばしく炒めた鶏肉やにんじんのうまみが溶け込んだ煮汁も大根に吸収され、コクがさらにアップします。噛むたびにジュワ〜ッと煮汁が溢れ出て、ふっくらとした食感がたまらない一品です。

材料 2人分

切り干し大根……40g
鶏むね肉（皮なし）……100g
にんじん……40g
A　だし……400mℓ
　　酒……大さじ2
　　砂糖……大さじ1
薄口しょうゆ……大さじ2
サラダ油……大さじ1

作り方

1. ボウルにたっぷりの水（またはぬるま湯／分量外）を入れて切り干し大根をつけながらもみほぐし（a）、ざるにあげて水けを絞る。ボウルの水を入れ替えて切り干し大根を20分ほどつけて戻す。水けを絞り（b）、長ければ4cm長さに切る。

2. 鶏肉は下処理をし（P24・1〜5参照）、4mm幅の細切りにする。にんじんは3cm長さの細切りにする。

3. 深型のフライパン（または鍋）にサラダ油を中火で熱し、にんじんを入れてさっと炒め、鶏肉を加えて色が変わるまで炒める。切り干し大根をほぐしながら加え（c）、広げながら炒める（d）。

4. 水分が飛んだらAを加え（e）、ひと混ぜしてしょうゆを加え、さっと混ぜる。蓋をし、切り干し大根の歯ごたえが残る程度に煮る（f・g）。

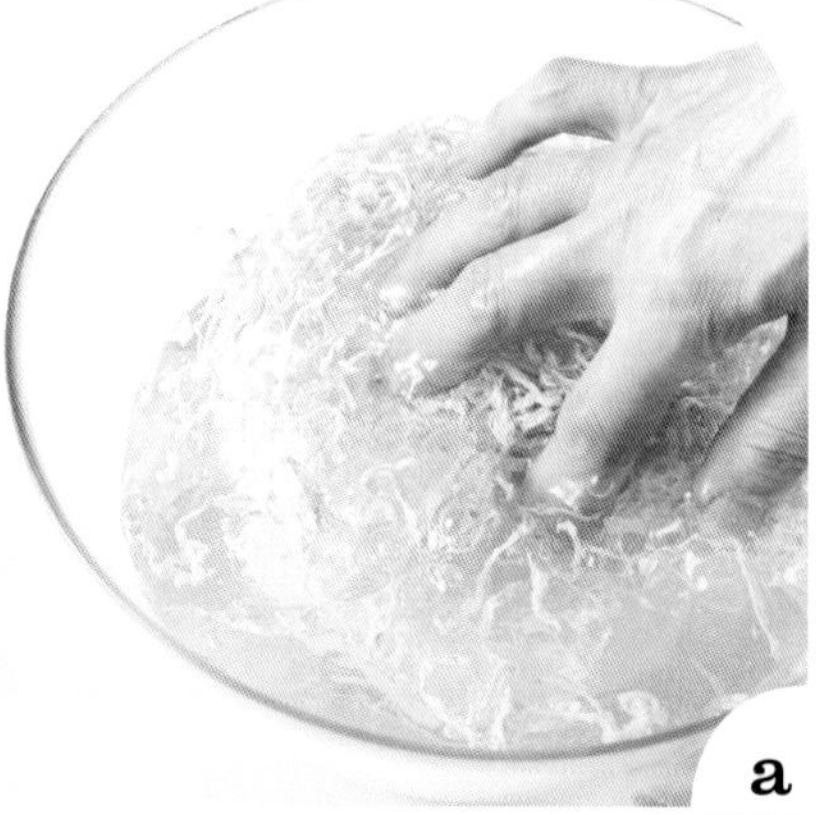

a

切り干し大根の乾物臭さが気になる場合は、何度か洗って臭みを洗い流しましょう。

b

切り干し大根はさっと洗ってたっぷりの水に入れて戻したら、水けをしっかり絞りましょう。好みで戻し汁をだしとして使うこともできます。

c

切り干し大根は、鶏肉やにんじんなどと一緒に炒めるとコクが増しておいしくなります。

d

切り干し大根はフライパン全体に広げながら炒め、水分と臭みを飛ばしましょう。

調理科学のポイント	切り干し大根は、うまみ成分であるグルタミン酸、甘みを感じるアミノ酸などが多いので、戻し汁も使うのがおすすめです。削り節と昆布のだしでふっくら煮てジュワッとしみ出るくらいまで煮詰めるのも、うまみを含んでおいしいです。

e

切り干し大根にだしをたっぷり加え、うまみを吸わせます。

f

濃口しょうゆと比べ、香りがやさしい薄口しょうゆを加え、切り干し大根のうまみを生かします。蓋をしてにんじんがやわらかくなるまで煮ましょう。

g

切り干し大根はやわらかすぎてもおいしくないので、歯ごたえが少し残る程度に仕上げましょう。

たっぷり煮汁を含んだ〝高野豆腐の煮物〟

煮汁がしみしみのおいしい高野豆腐の煮物を作りましょう。ぬるま湯で押し洗いすると乾物臭さが消え、クセのない味に仕上がります。煮汁がしっかりしみ込むように、水けをよく絞るのもポイント。煮込んだときに、味がぼんやりしなくなります。甘みのある煮汁がジュワ〜ッと口に広がり、最後の一口までおいしくいただけます。

材料　2人分

高野豆腐……4個

A
- だし……360mℓ
- 砂糖・薄口しょうゆ……各大さじ1と1/2
- みりん……大さじ1
- 塩……小さじ1/3
- 削り節……3g（だし用パックに入れる）

絹さや……25g

作り方

1. バットに高野豆腐を並べ、ひたひたのぬるま湯（40℃）を入れる。芯がなくなるまで30分ほどつけて戻す（a）。戻ったら、何度かぬるま湯を替えながら手のひらで押し出すように水けを絞り、濁り水が出なくなるまで繰り返す（押し洗い）（b）。両方ではさんで押し出すように水けを絞り（c）、1枚を4等分に切る。
2. 絹さやはヘタと筋を取ってせん切りにする。
3. 深型のフライパン（または鍋）にAを入れて火にかけ、1を静かに入れてクッキングシートで落とし蓋をし（d）、弱火で10分ほど煮る。途中で一度ひっくり返す（e）。
4. 小鍋に2を入れて3の煮汁を少し加えてさっと煮る（f）。器に高野豆腐を盛り、煮汁をかけて絹さやをのせる。

a

高野豆腐はぬるま湯で芯がなくなるまで十分に戻します。戻さずにそのまま使えるものもあるので、袋の表示を確認しましょう。

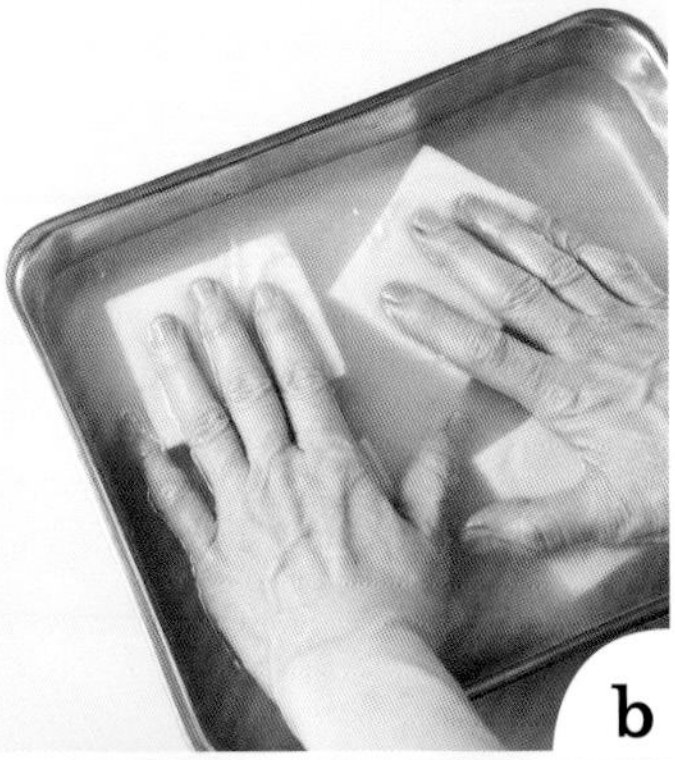

b

ぬるま湯で押し洗いをして油分や乾物臭さを抜きます。濁りが出ると、煮汁が白濁するので、押し洗いをしっかりするのがポイントです。

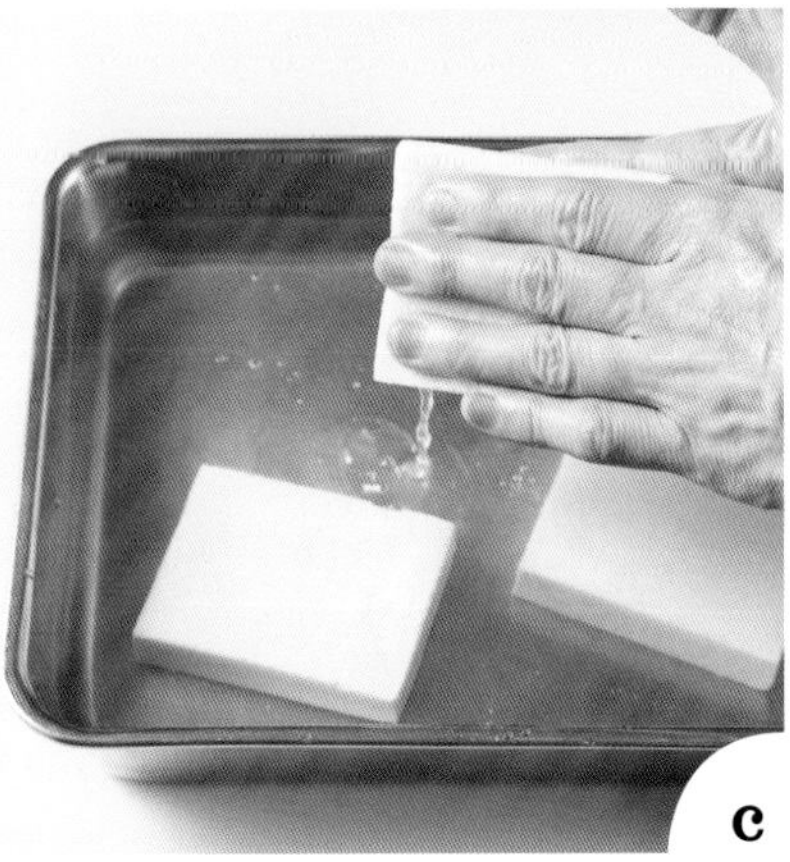

c

両手ではさんで絞ると崩れずに、しっかり水けを絞ることができます。

d

落とし蓋をして弱火で煮ることで、砂糖やみりんの甘みをしっかりしみ込ませます。

調理科学のポイント

高野豆腐を戻してから調理するのは、熱の伝わり方を均一にするため。また、押し洗いをするのは煮汁が濁るのを防ぐためです。しっかり水けを絞ってから煮汁で煮ると、水っぽくならず、味がしみ込みやすくなります。

e

途中で落とし蓋を外し、高野豆腐をひっくり返して煮汁を全体に含ませましょう。

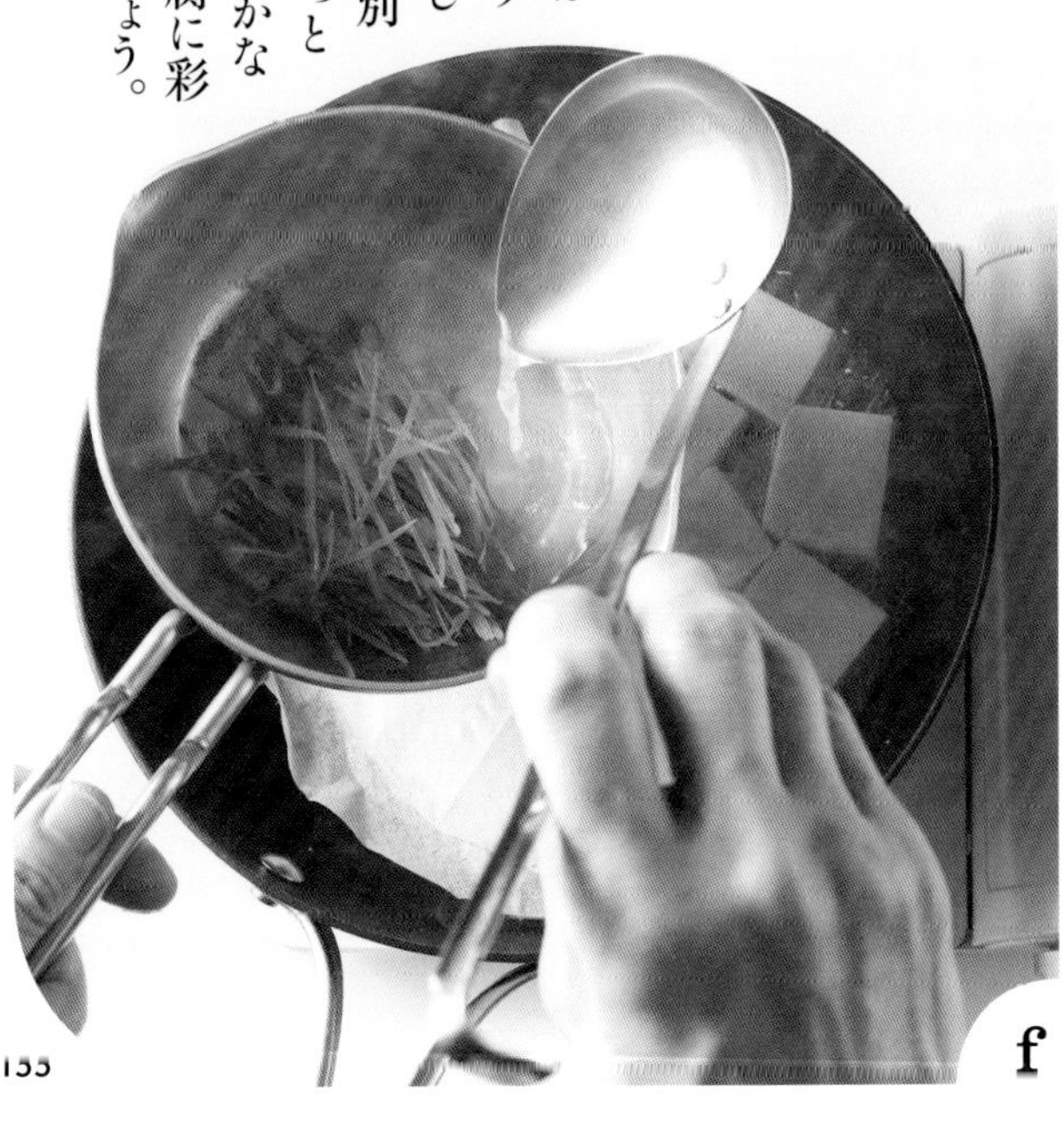

f

絹さやは火が通りやすく変色しやすいので、別の小鍋でさっと煮ます。鮮やかな緑で高野豆腐に彩りを添えましょう。

おかわり必至の〝刻み昆布と豚肉の煮物〟

コクとうまみたっぷりの、刻み昆布と豚肉の煮物の作り方をご紹介します。昆布のうまみが出た戻し汁をだしとして全部使うのがポイントです。炒めて出た豚肉の脂を昆布に吸わせると、コクがさらに増してやみつきの味に。うまみたっぷりの昆布と豚肉がたまらないおいしさで、おかわりせずにはいられません。

材料 2人分

乾燥刻み昆布……15g
水……400mℓ
豚バラ薄切り肉……200g
しょうが……1/2かけ
A 酒……大さじ2
　しょうゆ・みりん……各大さじ1
ごま油……小さじ1

作り方

1. 昆布はさっと洗い、水に10分ほどつけて戻し、昆布と戻し汁を分ける。戻し汁は取っておく(a)。豚肉は1cm幅に切る。しょうがはせん切りにする。
2. 深型のフライパン(または鍋)にごま油、しょうがを中火で熱し、ヘラで炒める(b)。香りが立ったら豚肉を入れて炒める(c)。
3. 豚肉の脂が出て香りが立ったら昆布を加えて軽く炒める(d)。
4. A、昆布の戻し汁を加え、アクが出たら取り除く(e)。ときどき全体を混ぜながら水分がなくなるまで5分ほど煮る(f)。

a

刻み昆布は水で十分に戻します。戻し汁は昆布のうまみが抽出されているので、だしとして使います。

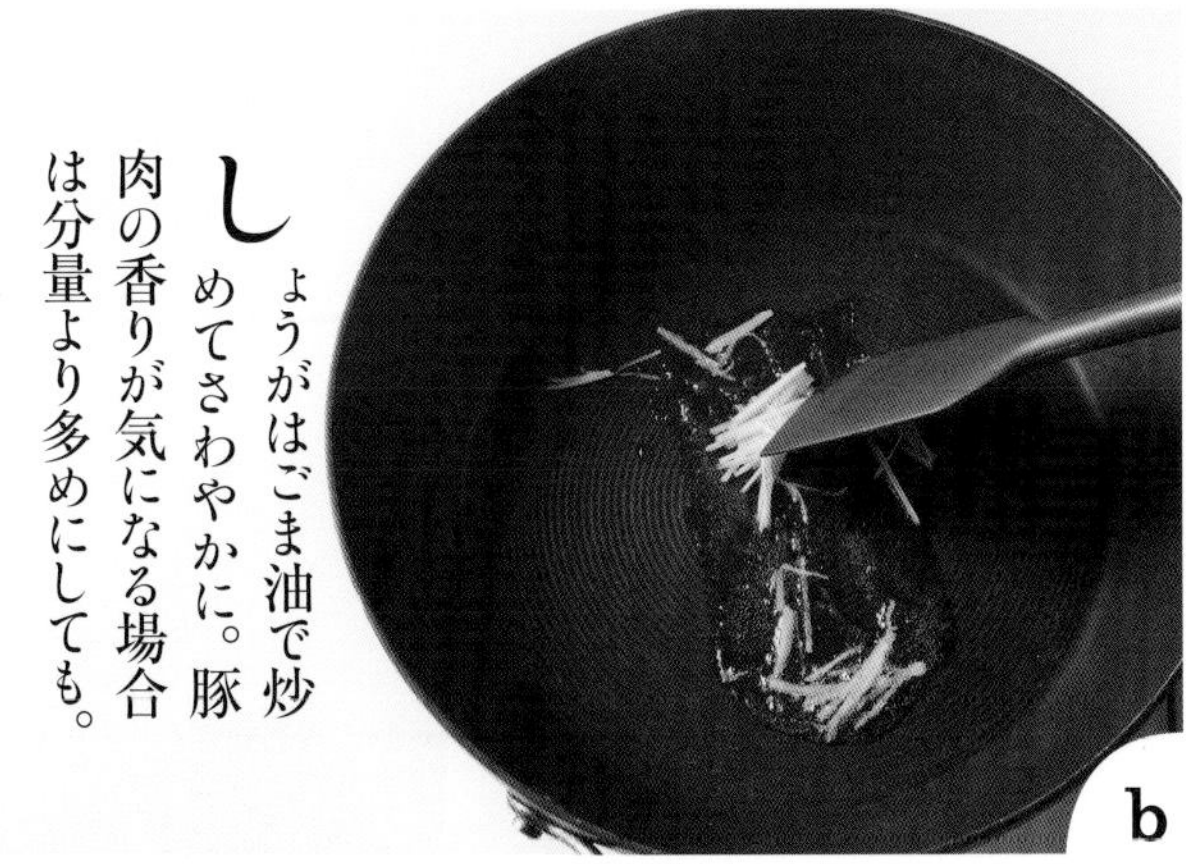

b

しょうがはごま油で炒めてさわやかに。豚肉の香りが気になる場合は分量より多めにしても。

c

豚バラ肉はできるだけ脂身部分を底面につけます。脂を出すようにしてあまり触りすぎずに炒めましょう。

d

豚肉の脂が出て香りが立ったら、刻み昆布を加えて炒めましょう。豚肉から出てきた脂を昆布が吸い、コクが出ておいしくなります。

調理科学のポイント	香ばしくコクのあるごま油×イノシン酸の豚肉×グルタミン酸の昆布は、うまみの相乗効果でおいしさ間違いなしの組み合わせです。よりヘルシーにしたいときは、豚もも肉や鶏むね肉など、好みの部位で作ってみてください。

e

アクが出てきたら、丁寧に取り除きましょう。すっきりとした味わいになります。

f

蓋をせずに水分を飛ばしながら煮詰めます。好みで酢を入れるか、しょうがのせん切りをのせてさっぱり食べるのもおすすめです。

さくいん

川上文代

かわかみ・ふみよ

料理研究家・シェフとしてメディアや雑誌、講師など幅広く活動。企業の料理開発、食育インストラクター、料理コンサルタントとしても活躍している。「デリス・ド・キュイエール 川上文代料理教室」を主宰し、本格的なフレンチ・イタリアン・パティスリーなどのプロの味から家庭料理まで幅広いジャンルの料理を提案している。著書や監修本は１００冊以上あり、著書に『新装版 和食の教科書』（新星出版社）、『小学生からの料理入門 めざせ！ おうちシェフ』（ナツメ社）、『一生使える！ 味つけ大事典』（池田書店）、『副菜いらずの満足ガレット』（誠文堂新光社）、『たれとソースの早引き便利帳』（青春出版社）などがある。

Staff

撮影
邑口京一郎

スタイリング
大畑純子

デザイン
三木俊一／髙見朋子（文京図案室）

調理アシスタント
須永由実子／星野裕子

編集協力／執筆協力
丸山みき（ＳＯＲＡ企画）

編集アシスタント
岩間杏／大森奈津／永野廣美／秋武絵美子（ＳＯＲＡ企画）

企画・編集
森香織（朝日新聞出版 生活・文化編集部）

おいしさの秘密《ひみつ》を大解剖《だいかいぼう》！

調理科学《ちょうりかがく》でひも解《と》く 基本《きほん》の料理《りょうり》

著者
川上文代

発行者
片桐圭子

発行所
朝日新聞出版
〒１０４－８０１１
東京都中央区築地５－３－２
［お問い合わせ］
infojitsuyo@asahi.com

印刷所
大日本印刷株式会社

©2024 Fumiyo kawakami
Published in Japan by Asahi Shimbun Publications Inc.

ISBN 978-4-02- 333402-1

定価はカバーに表示してあります。
落丁・乱丁の場合は弊社業務部
（電話０３－５５４０－７８００）へご連絡ください。
送料弊社負担にてお取り替えいたします。

本書および本書の付属物を無断で複写、複製（コピー）、引用することは著作権法上での例外を除き禁じられています。
また代行業者等の第三者に依頼してスキャンやデジタル化することは、たとえ個人や家庭内の利用であっても一切認められておりません。